"十二五"职业教育国家规划教材
经全国职业教育教材审定委员会审定

老年服务与管理专业
LAONIAN FUWU YU GUANLI ZHUANYE

U0646127

YANGLAO JIGOU
WENSHU NIXIE
YU CHULI

养老机构文书拟写与处理

主　编◎王晓旭　朱小红
副主编◎刘隽铭　杨　柳
参　编◎陈琳翰　张雪英　易　新

北京师范大学出版集团
BEIJING NORMAL UNIVERSITY PUBLISHING GROUP
北京师范大学出版社

图书在版编目（CIP）数据

养老机构文书拟写与处理／王晓旭，朱小红主编.—北京：
北京师范大学出版社，2022.7（2025.1重印）
"十二五"职业教育国家规划教材
ISBN 978-7-303-19210-6

Ⅰ.①养… Ⅱ.①王… ②朱… Ⅲ.①文书－写作－中等专
业学校－教材 Ⅳ.①H152.3

中国版本图书馆 CIP 数据核字（2015）第 153432 号

图书意见反馈　zhijiao@bnupg.com
营销中心电话　010-58802755　58800035
编 辑 部 电 话　010-58808077

出版发行：北京师范大学出版社　www.bnupg.com
　　　　　北京市西城区新街口外大街 12-3 号
　　　　　邮政编码：100088
印　　刷：保定市中画美凯印刷有限公司
经　　销：全国新华书店
开　　本：787 mm×1092 mm　1/16
印　　张：19
字　　数：470 千字
版　　次：2022 年 7 月第 2 版
印　　次：2025 年 1 月第 7 次印刷
定　　价：39.80 元

策划编辑：易　新　　　　责任编辑：周光明
美术编辑：焦　丽　　　　装帧设计：焦　丽
责任校对：陈　民　　　　责任印制：赵　龙

《老年服务与管理专业系列教材》
编 委 会

总　序

　　自 1999 年进入老龄化社会以来，老年人口数量快速增长，2014 年底，我国 60 岁及以上老年人总数达到 2.12 亿，占总人口比重达到 15.5％。据预测，至 2025 年，老年人口数量将超过 3 亿；2030 年，中国 65 岁以上的人口占比将超过日本，成为全球人口老龄化程度最高的国家；2033 年，将超过 4 亿，达到峰值，一直持续到 2050 年。随着经济社会的发展变化，我国人口老龄化面临新形势。当前和今后一个时期，我国人口老龄化发展将呈现出老年人口增长快，规模大；高龄、失能老人增长快，社会负担重；农村老龄问题突出；老年人家庭空巢化、独居化加速；未富先老矛盾凸显等五个鲜明特点。

　　人口老龄化是我国的基本国情，老龄化加速发展是我国经济社会发展新常态的重要特征。人口老龄化问题涉及政治、经济、文化和社会生活各个方面，是关系国计民生和国家长治久安的重大社会问题，已经并将进一步成为我国改革发展中不容忽视的全局性、战略性问题。

　　"大力发展老龄服务事业和产业"是党的十八大积极应对人口老龄化作出的重大战略部署。"加快建立社会养老服务体系和发展老年服务产业"，是十八届三中全体会议积极应对人口老龄化作出的战略决策。新修订的《中华人民共和国老年人权益保障法》明确规定，"积极应对人口老龄化是国家的一项长期战略任务"。

　　新一代老年群体思想观念更解放，经济实力更强，文化程度更高，对养老保障措施、优待制度、服务水平等也有着更高的要求。为应对这种新的变化趋势，我国提出积极应对老龄化的对策——社会化养老服务。社会化养老服务一方面带来全社会共同参与养老服务的良好局面，另一方面也面临着老年服务与管理人才数量和质量短缺的困境。老年服务与管理是一项专业性强的技术工作，它既需要从业者具有专业护理、心理沟通、精神慰藉等方面的专业知识，更需要从业者具备尊老、爱老、敬老和甘于奉献的职业美德。老年服务管理者的管理理念、管理方法、管理水平在很大程度上决定了养老服务机构的发展方向和服务水平。

　　"行业发展、教育先行"，大力培养老年服务与管理专业人才不仅成为解决我国人口老龄化的基本支点，而且是"加快建立社会养老服务体系和发展老年服务产业"战略要求。然而，由于我国老年服务与管理专业起步晚，开设养老服务与管理专业院校少，前期发展缓慢，老年服务与管理专业教材和参考资料相对较少。本次编写的老年服务与管理专业系列教材是教育部"十二五"职业教育国家规划教材，旨在以教材推进课程建设和专业建设，进而提高老年服务与管理人才培养质量。在内容选取上，系列教材立足老年服务与管理岗位需求，内容涵盖老年服务与管理岗位人才需要掌握的多项技能，包括老年人生理结构与机能、老年人心理与行为、老年服务伦理与礼仪、老年人服务与管理政策法规、老年人生活照料、老年人心理护理、老年人康复护理、养老机构文书拟写与处理、老年人沟通技巧、老年人活动策划与组织、老年社会工作方法与实务等 11 个方面的内容。本教材是在北京师范大学出版社的积极推动之下，由全国民政行指委及其老年服务与管理专业指导委员会、中国养老产业与教育联盟（中国现代养老职业教育集团）联合全国各地在老年服务与管理专业建设优秀的职业院校、研究机构和实务机构一线人员联合编写的专业教材，并向全国职业院校和相关机构推荐使用。

"十年树木，百年树人"，人才队伍建设非一朝一夕可实现。在此，我要感谢参与编写系列教材的所有编写人员和出版社，是你们的全心投入和努力，让我们看到这样一系列优秀教材的出版。我要感谢各院校以及扎根于一线老年服务与管理人才教育的广大教师，是你们的默默奉献，为养老服务行业输送了大量的高素质人才。当然，我还要感谢有志于投身养老服务事业的青年学子们，是你们的奉献让养老服务事业的发展有更加美好的明天。

我相信，在教育机构和行业机构的共同努力下，我国的养老服务人才必定会数量充足且质量优秀，进而推动养老服务业走上规范化、专业化、职业化、可持续发展的健康道路。

前 言

　　中国目前已步入了老龄化社会，据预测，到 2015 年老年人总数将达 2.21 亿，其中部分失能和完全失能老年人将达 4000 万人。面对人口高龄化发展趋势，如何增加老年人自理年限，提高其生活质量，实现健康老龄化是全球共同的努力目标。加快发展养老服务业是应对人口老龄化、保障和改善民生的重要举措，对促进社会和谐，推动经济社会持续健康发展具有重要意义。现阶段我国养老服务业人才培养存在规模小、层次单一、质量参差不齐等问题，一定程度上制约了养老服务业的快速发展。为贯彻落实《国家中长期教育改革和发展规划纲要（2010－2020 年）》和《国务院关于加快发展养老服务业的若干意见》，针对老年人服务与管理专业设置不足，专业人才的教育和培养途径方面尚处于基本空白的状态，老年人服务与管理专业国家规划教材编写工作提上日程。

　　老年人服务与管理专业是培养面向养老机构的高素质技能型人才，因而老年人服务与管理专业毕业生掌握养老机构文书拟写与处理的知识与技能，对于提高他们的综合素质和就业竞争力具有十分重要的意义。为此，我们依据教育部《关于全面提高高等职业教育教学质量的若干意见》（教高【2006】16 号）指出职业教育要"以服务为宗旨，以就业为导向，走产学结合发展道路，为社会主义现代化建设培养千百万高素质技能型专业人才"，"培养学生的社会适应性，教育学生树立终身学习理念，提高学习能力，学会交流沟通和团队协作，提高学生的实践能力、创造能力、就业能力和创业能力"，结合老年人服务与管理专业的实际，博采近年来出版的一般文书写作与特定专业领域内的文书写作教材之长，编写了这本《养老机构文书拟写与处理》教材。

　　养老机构文书拟写与处理课程是老年人服务与管理专业的专业方向课，鉴于此，本教材在编写过程中，本着"以服务为宗旨，以就业为导向"的原则选择文种，突出"理论必需、理论够用、重在实践、强化应用"的职业教育特色，引进项目式教学理念，按照情境导入—知识归纳—例文评析—能力检测的体例编写，循序渐进，以期有利于实现教学做一体化，有助于提高学生学习效果。在内容安排上，更加注重涉及养老方面例文的分析，更加贴近专业特色。

　　【情境导入】以情境为载体引导学生自主探究性学习，以提高学生分析和解决实际问题的能力。

　　【知识归纳】是必须具备的相关理论知识。

【例文评析】给出例文并加以详细分析，作为学生科参考的范例，给学生以感性认识。

【能力检测】通过训练，进一步巩固和强化所掌握的技能。

本教材由河南省民政学校王晓旭和朱小红任主编，负责提出编写原则、编写大纲、编写体例并统稿。长沙民政职业技术学院刘隽铭、河南省民政学校杨柳任副主编，参与教材编写的协调工作。具体分工如下：王晓旭编写项目一；上海和佑养老集团陈琳翰编写项目二中的子项目一、四、五；广东社会福利服务中心张雪英编写项目二中的子项目二、三、六；刘隽铭编写项目四；杨柳编写项目五、六；朱小红编写项目七、八、附录；北师大出版社易新编写项目三、九。

本教材面向老年服务与管理及老年护理专业。在编写过程中，我们参考了一些相关资料，引用了一些研究成果和网络上的例文，我们在此对原作者表示十分的感谢。由于编写时间仓促，编写水平有限，不足之处在所难免，恳请各位专家、同行和读者批评指正。

编　者

目　录

项目一　认知养老机构文书

学习目标

了解养老机构文书及拟写的基本知识、写作者的基本素养。

1. 知识目标

◆了解养老机构文书的概念、特点、种类、作用等要素

◆理解养老机构文书的立意、选材、结构、表达方式及语言特点

◆深刻理解文书在养老机构工作的运行中发挥的作用

2. 技能目标

◆掌握养老机构文书的相关知识并能在实践中准确运用

子项目一
养老机构文书概述

情境导入

××养老院是一个刚刚成立的小型养老机构。现有员工6人。所有管理活动都是以口头的形式进行的，文书工作近乎空白。随着机构的不断扩大，院长李×感到原来的管理方式有点力不从心，于是招聘了一名秘书来帮助自己管理。如果你是新来的秘书，你将如何开展文书工作？

上述案例告诉我们文书工作的重要性，那么什么是养老机构文书？养老机构文书具备什么样的特点呢？

知识归纳

一、养老机构文书的基本概念

(一)养老机构文书的含义

养老机构文书是文书的一部分，文书与应用文为同义词，是同一个文体的不同说法。

文书是指国家机关、企事业单位、社会团体或个人在工作、学习和生活中经常使用的，用以传递信息、处理各类公私事务、解决实际问题时的一类文体的总称。为公服务的称公用文书，简称公文；为私服务的称私用文书，简称私文。即："文书＝公文＋私文"。这是广义上的文书。狭义的文书特指公务文书，在本教材中，我们主要使用文书的狭义概念。

养老机构文书是指敬老院、福利院、养老院、老年公寓、护老院、护养院、护理院、托老所等机构在处理各类事务、解决实际问题时而制作的有明确应用目的和较为固定格式的文书。

(二)养老机构文书的特点

与其他的文体相比而言，养老机构文书作为一种"应用"的文体，有着自己鲜明的特点。

1.明确的实用性

养老机构文书的性质依附于老龄工作和养老机构的性质，当前，我国人口老龄化形势日益严峻、老龄问题日益凸显。养老机构如何运用规范化的文书服务，处理出现的各类问题，体现了养老机构文书的根本属性，即实用性。如对老年市场的调研要写调查报告，组织一次老年活动要写活动策划书，老年机构进行的各种比赛要写海报，老年人外出要给机构写请假条，等等。

2. 严格的时效性

养老机构文书是为了解决养老机构工作中出现的实际问题而制发的，要及时进行文书的拟写与处理，在一定的时限内完成。如会议通知要在开会前发出，否则会议的具体要求就失效了；答辩状的拟写，不能拖到开庭后，要在被告人接到原告起诉书之后、法院开庭之前完成；与老年人签订入住养老机构的合同以签订日期为准，有效期限到了则失去履行的法律效力。

3. 特定的针对性

养老机构文书要有的放矢，有明确的范围和读者。如养老机构的公文一般针对工作问题而发，有特定严格的对象和阅读范围，不是人人都可以见到；而规章制度则针对老年人而定，需要写得通俗易懂，便于理解。

4. 客观的真实性

真实，是一切应用文体的共同特点。养老机构文书是为指导工作、解决实际问题服务，文中所用的数据、材料，必须准确、真实，不能虚构和杜撰。如一份养老机构活动策划书，如果不依据老年人的特点，就失去了针对性；老年机构的新闻，如果虚构人物、事件，就变得毫无价值；向上级的汇报材料如果弄虚作假，就是欺骗上级；起诉书随意捏造事实，就是诬告；老人签订入住养老机构合同时，合同文本中不能进行想象和联想，否则将承担违约的法律责任；养老机构制订一个计划不能从现实的人力、物力、财力和其他条件出发，只凭主观愿望，则计划无法实现。

5. 规范的程式性

养老机构文书的程式性是指文书的许多文种都有固定的文体格式与处理程序，这是区别于其他文体的外部特征。例如国家行政机关公文，为了加快办理速度、提高工作效率，其纸张、字体、版面编排、格式、文种的选用等都有明确的规定，任何人不能更改。

6. 内容的简明性

养老机构文书在内容、语言上应力求简单、明确，文章越简明，老年人越容易把握，可以提高工作效率。

(三)养老机构文书的种类

分类标准不同，文书的种类则不同。按使用领域和功能划分，养老机构文书可以分为：事务类文书、策划类文书、新闻宣传类文书、社交礼仪类文书、法律诉讼类文书、商务类文书、公文。

事务类文书：是指养老机构为沟通信息、总结经验、探求问题、指导工作、处理日常事务而撰写的应用文书。又称"常规文书"或"业务文书"。如调查报告、会议记录、简报、规章制度、计划、总结、介绍信、证明信等。

策划类文书：简称策划书，也叫策划方案，就是把策划的过程用文字完整系统地表达出来而形成的文字材料。包括广告文案策划书、市场营销策划书、专题活动策划书等。

新闻宣传类文书：主要是以报纸、广播等媒介为宣传手段，及时向外界宣传介绍养老机构新近发生的事件或情况的文体，不仅用来传递信息，还可以对本机构的特点加以宣传。养老机构常用的新闻宣传类文体一般包括消息、通讯、解说词、演讲稿、新闻评论等。

社交礼仪类文书：是养老机构在各种礼节中使用的文体，包括请柬、聘书、贺词、欢迎(送)词、慰问信、申请书、倡议书、演讲稿等。

法律诉讼类文书：是我国司法机构(包括公安机构、国家安全机关、检察院、法院、监狱及劳改机关等)、公证机关、仲裁组织依法制作的处理诉讼案件和非诉讼案件的法律文书，以及案件当事人、律师和律师组织自用或代书的法律文书的总称。常见的包括起诉书、上诉书、申诉书、答辩书等。

商务类文书：是养老机构或个人在经济活动和经济交往过程中反映经济情况，处理经济事务，研究、解决经济问题的一种具有特定格式的专业应用文体。常见的如协议书、合同、意向书等。

公文：即 2012 年 4 月 6 日中共中央办公厅、国务院办公厅联合印发的《党政机关公文处理工作条例》(以下简称条例)规定的 15 种公文。即决议、决定、命令(令)、公报、公告、通告、意见、通知、通报、报告、请示、批复、议案、函、纪要 15 种公文。其中，除了"命令"属于政府专用公文，养老机构很少用到，其余 14 种养老机构均可参照使用。

(四)养老机构文书的作用

养老机构文书是为养老机构日常工作服务的。养老机构文书的作用表现在以下六个方面：

1. 沟通和联系的作用

通过"沟通"和"联系"可以获取多种信息。养老机构只有上下、左右、内外大范围的沟通、联系，才能使自己"耳聪目明"。如养老机构的工作情况、希望、要求需要及时向上级机关反映；养老机构和其他单位之间商洽工作、协作共事；养老机构在盛大场合或重要活动中使用的演讲稿、欢迎词、欢送词等。这一切多是由文书承担。

2. 依据凭据作用

我国历来就有"私凭文书官凭印"的说法。文书是一种确定的文字记录，记载着各个时期方方面面的情况，它既可以作为今后检查和监督的依据，又可以为制定新的方针、政策提供依据。如养老机构内部的计划、总结、简报等材料记录着日常工作的进展；报给上级机关的请示、报告，收到的上级的有关文件，是养老机构处理事务、判断是非的主要依据；和其他单位之间的联系，也是以某一份文件作为纽带和凭证。

3. 组织管理作用

养老老年机构的管理工作离不开文书，一般是年初要订计划，岁尾要做好总结；为了保证计划的实现，还要制定规章制度，撰写调查报告，报告工作要编写简报，等等。

4．宣传教育作用

指通过文书来宣传和贯彻党的路线、方针、政策。如养老机构公文的发布，绝大多数都是宣传党和国家的方针、政策，宣传单位的典型经验和个人的先进事迹。如向上级报送的简报、报告，等等，实质上也有向上级机关宣传的作用。

5．指导实践作用

为了更有效地指导工作、沟通交流，养老机构文书常在工作的不同阶段行文。如事前行文的文书以"计划"为挖根生文体；事后行文的总结以"总结"为代表性文体。计划是行动的指南；总结可以使人扬长避短，更好地学习、工作。总之，无论是哪类哪种应用文，都具有指导实践的重要作用。

6．规范行为的作用

养老机构文书的许多种类都不同程度地规定了机构内工作人员的行动准则和行为方向，特别是法规性和政令性文件，有的还具体地制定了奖惩办法。这类文件一经发布，就必须坚决执行，任何人都不得违反。

二、养老机构文书工作的基本概念

(一)养老机构文书工作的含义

养老机构文书工作通常也叫文书处理工作，是养老机构行政管理工作的重要组成部分。主要包括文书的形成、处理和管理的程序、手续等，是及时传达信息、互通情况、处理问题、交流经验的重要工具。一个组织，围绕公文的形成、处理与保管工作，有一系列的工作环节，形成一个运转流程，围绕这一流程中所做的一切工作，都是文书工作。

(二)养老机构文书工作的任务与内容

1．养老机构文书工作的基本任务

养老机构文书工作的基本任务，就是根据工作的需要形成公文，组织和处理公文，有秩序而安全地运转公文，完整妥善地保管公文，正确地发挥公文的作用，有效地推进各项工作顺利开展。

2．养老机构文书工作的三大环节

养老机构文书工作主要包括三个大的环节，即公文拟制、公文办理和公文管理。公文拟制是文书工作的前提环节，公文处理是文书工作的中心环节，公文管理是文书工作归结环节。三个环节是一系列相互关联、衔接有序的工作。

3．养老机构文书工作的具体内容

(1)公文拟制程序：包括起草、审核、签发等程序。

(2)公文处理程序：包括收文处理、发文处理和整理归档。收文处理，包括签收、登记、初审、承办、传阅、催办、答复等程序；发文处理，包括复核、登记、印制、核发等程序；整理归档，包括公文的归档、提供借阅与保管、系统整理与归档等。

(3)公文管理，包括建立健全公文管理制度；配备公文管理工作人员和设施；涉密公文管理；公文的撤销、废止和销毁；公文的清退和移交，等等。

三、养老机构文书工作的机构设置

养老机构文书工作担负的是机构综合职能,因此,文书部门是机关综合机构即秘书部门一个组成部分。文书工作的机构设置大体有两种情况:一是对一些较大的养老机构来说,由于它们的文书处理工作任务比较繁重,有些环节又需要具有专门的业务技能,因此设立专门的文书工作部门,如"文书处""秘书科"等,归机构办公室领导。二是对于一些较小的养老机构来说,由于文书处理工作的任务较少,就没有必要设立专门的文书工作部门,一般只在办公室设立一两位专职或兼职的文书工作人员。

例文评析

【例文 1-1】

国务院关于加快发展养老服务业的若干意见

国发〔2013〕35 号

各省、自治区、直辖市人民政府,国务院各部委、各直属机构:

近年来,我国养老服务业快速发展,以居家为基础、社区为依托、机构为支撑的养老服务体系初步建立,老年消费市场初步形成,老龄事业发展取得显著成就。但总体上看,养老服务和产品供给不足、市场发育不健全、城乡区域发展不平衡等问题还十分突出。当前,我国已经进入人口老龄化快速发展阶段,2012 年底我国 60 周岁以上老年人口已达 1.94 亿,2020 年将达到 2.43 亿,2025 年将突破 3 亿。积极应对人口老龄化,加快发展养老服务业,不断满足老年人持续增长的养老服务需求,是全面建成小康社会的一项紧迫任务,有利于保障老年人权益,共享改革发展成果,有利于拉动消费、扩大就业,有利于保障和改善民生,促进社会和谐,推进经济社会持续健康发展。为加快发展养老服务业,现提出以下意见:

一、总体要求

……

二、主要任务

……

三、政策措施

……

四、组织领导

……

国务院(章)

2013 年 9 月 6 日

评析:

1. 这是一篇关于加快养老服务业工作的指导性意见的公文。

2. 标题为"发文机关＋事由＋文种"组成。主送机关顶格书写，为国务院的下级机关。

3. 正文内容分为几个方面阐述：总体要求、基本任务、政策措施和组织领导等方面，详细具体，既给下级养老单位提供了工作的依据和方向，又向全社会宣传了养老服务业快速发展的紧迫性。通知体现了应用文体的特点：内容简明、程式规范。

4. 落款写明发文机关、发文时间，加盖印章。

能力检测

规范流畅的文字是文书写作的一个基本要求。以下是一组病句，在语词搭配方面、逻辑结构方面存在问题。请逐一指出，并在原句意思不变的基础上进行改写。

(1)工薪阶层难以承受十元上下甚至数十元的电影票价。

(2)文件对经济领域中的一些问题，从理论上和政策上作了详细的规定和深刻的说明。

(3)消防队员奋斗火海，使火灾损失降到最小。

(4)本院今年营业收入可超过 92 年的四倍以上。

(5)这是一次竞争激烈的考试，非用十分的努力才能战胜其他竞争者。

(6)他就主动参与社会灾害性事故处理，化解风险，安定社会生活的责任。

(7)无业人员郭某在群众配合下，被公安干警抓获了。

(8)止咳祛痰片，它里面的主要成分是远志、桔梗、贝母、氯化铵等配制而成的。

(9)局长、副局长和其他局领导出席了这次表彰会。

(10)改一改长话累赘、空话讨厌、假话欺人、废话误事的会风很有必要。

子项目二

养老机构文书拟写的基础知识

情境导入

小张从××大学老年服务与管理专业毕业，就被××福利院聘用从事文书工作。上班后，办公室主任给了他一些内部资料，让小张写一份上年度的工作总结。小张的总结交上去后，主任很不满意。原来，小张写成了长篇大论，而且很花哨，一会儿议论，一会儿抒情，总结内容多而杂，没有主次之分，整篇文章像记上年度的流水账，让人不知所云。

这个案例说明：写一篇符合规范的文书，必须把握文书写作的基础知识。

知识归纳

任何一篇文章都是由形式和内容两个方面构成。形式包括文章结构、语言和表达方式，内容包括文章主题及引用的材料等。

一、确立主题思想

文书主题，是作者在文章中所表达的中心思想或写作意图。在文书写作上，主题是统帅，是灵魂。除了一般文体主题要求正确、深刻、新颖外，文书写作主题有以下特殊要求：

（一）客观性

文书的主题要以马克思主义、毛泽东思想、邓小平理论、"三个代表"的重要思想、习近平新时代中国特色社会主义思想为指导，符合党的方针政策，符合实际情况，符合客观规律。因文书对现实的工作起具体指导和实际应用的功能，切忌出现政策上的含混和偏差。如反映情况、介绍经验的文章，拟写的主题要建立在实际存在的基础上，不能子虚乌有，胡乱捏造；说明原委、做思想工作的文章，确立的主题要有的放矢、有鲜明的针对性；传达上级机关政策、指导工作的文书，确立的主题要符合当地的实际情况，不可生搬硬套。

（二）鲜明性

鲜明性指文书的观点在文章中必须明确、直截了当；态度鲜明，不能含糊其辞、模棱两可。如上级机关发给下级机关的"批复"文件，要在文中明确表明上级机关的态度，写清"同意"或者"不同意"等。

(三)单一性

文书一般要求一篇文章表达一个主题，只能有一个中心思想，要围绕一个中心思想把问题说透，不要在一篇文章中表述许多意图，也不要在一篇文章中使用许多与主题无关的材料。如"请示"只能"一文一事"；综合性的工作报告，虽然文中写了几件事情，但要抓住主要工作重点叙说，不可东拉西扯，枝枝蔓蔓。

二、搜集选用材料

(一)材料的概念和类型

材料，就是作者从生活中搜集的一系列的事实或者理论观点，为写作目的服务。包括人物、景物、事例、数据、事件等。文书的材料分为两类，一类是理论性材料，主要包括国家的法律法规、方针政策，各级行政机关的文件条文、规定办法等；一类是事实性材料，主要包括典型事例、图表和统计数据等。

(二)材料的搜集途径

1. 查阅文献

查阅文献可以从中查找同类问题的研究资料。这些资料的搜集与积累，对研究问题、撰写文章有重要的借鉴作用和参考价值，可以从中总结他人研究这类问题的得失，促进问题的深入探讨和研究，有利于文章主题的确定。如通过各种记录、报表、统计数字，报纸、书籍、部门或单位的档案等，可以获取大量的间接材料。

2. 深入调研

对问题"没有调查研究，没有发言权"。调查研究是获得第一手材料的重要方法，很多预先计划研究的问题，会因调查而发现新情况，从而将研究引向深入，进而找出规律，找出解决问题的方法，如运用观察、实地调查、访问、问卷、开调查会等方法直接搜集材料。

3. 学习积累

撰写养老机构文书，需要作者掌握全面系统的知识。因此撰写者平时要注重学习掌握国家有关方针政策，深入了解学习本岗位养老机构的业务知识，通过读书笔记、文献汇编、资料卡片制作、网络下载等方式，多方面积累知识、积累材料，遇到问题，才能有针对性地运用这些材料解决问题。

(三)材料的选择

1. 要切题

材料要根据文章的主旨和文种而选择使用。选用的材料都应围绕主旨，紧扣主旨。从不同的方面、不同的角度来说明主旨。

2. 要真实

材料必须真实，这是文书的实用性决定的。材料既是生活中客观存在的事实，又要反映客观事物的本质和主流。如果材料不真实，文书的实用价值就会大打折扣，所以选择材料时，作者一定要经过鉴别，判断出材料的真伪。

3. 要典型

典型材料是指那些具有代表性和典型意义的材料，这类材料能够集中、深刻地表明事物的本质及规律，同时又带有鲜明的个性色彩，是"以一当十"的材料。否则材料堆积多了，好像记流水账，直接影响文章的质量和价值。

4. 要新颖

新颖，就是现实生活中最新出现的、没有被别人发现过和使用过的材料，在反映真实的基础上要突出新颖生动，因为新材料常常反映新情况、新事物、新思想、新成果等，这样的材料符合时代的特点，更具有时代的特征，容易引起读者的共鸣和思考。

(四)材料使用的原则

1. 要符合文章主旨

作者在写作中，要选用能够很好表现主题的材料，舍弃与主题无关或者似是而非的材料。

2. 要合理安排材料的顺序

对已定的材料，应按照材料之间一定的逻辑顺序合理安排，逻辑顺序主要有时间顺序、空间顺序、思想认识顺序、问题性质顺序、总分总式顺序等。

3. 要主次分明、详略得当

使用材料时，与主旨有关的、典型的、新颖的就要多写、详写，应置于主要核心地位；配合或者间接说明、表现主题的应置于次要地位。

三、安排篇章结构

(一)结构的特点

结构，是指文章内部的组织构造，是为了表现主旨而把各种材料组织起来的安排形式。结构具有以下特点：

1. 单一性

表现在一文一事，结构呈单线前进。有些简短的应用文，除了符合固定的格式外，结构比较简单，如批转性和转发性通知、会议通知、简短批复、请假条、请示等，在行文上常用一段式，即使复杂的文书也只不过材料多些而已。

2. 定型循规性

养老机构许多文书有固定格式，不能随意更改。如公文、商务类文书、法律文书中的起诉状、上诉状等。还有一部分文书，虽然格式不固定，但写作时有一定的规律可遵循。如总结的写作，一般包括：基本情况的介绍、成绩和缺点、经验和教训、存在的问题和今后努力的方向这几个部分的内容。

(二)结构的内容

结构的基本内容包括段落、层次、过渡、照应、开头、结尾等几部分。

1. 段落与层次

段落是构成文章的基本单位，是表达文章内容次序、步骤或者内容转换、间歇、停顿的标志，它具有"空字、转行"的明显的外部标志；层次是文章思想内容的表现次序，也是文章内容的组成部分和各部分之间的次序，文章的层次取决于篇幅长短和内容繁简的实际情况。

文书常见的层次安排有以下几种：

一是时序式。时序式是指按时间的转换或事件的发生、发展过程安排，各层次之间有先后的关系。如调查报告、总结、情况通报等常用这种结构。

二是总分式。总分式是总述和分述的层次关系，文章可先对全文的内容作简要概括，然后依次对其展开论述。具体运用时，可以先总结、后分述；也可以先从几个方面分述，然后再总结。如调查报告、简报、总结等文体常常用这种方式。

三是递进式。递进式是指内容的层层推进、逐层深入，如议案、意见等常用这种结构方式。

四是并列式。并列式是指文章各层之间没有主从关系，而是平行、并列的结构方式。可以分为以下几种：第一，按材料的性质归类安排层次，将中心论点提炼为各个分论点，从不同角度加以论证。如总结、计划、经验类的调查报告等。第二，按空间的分布或者场面的转换安排层次。如综合性简报、情况通报、调查报告等，常把不同地区、不同部门的动态情况，按同一主旨，使用并列的结构方式进行报道。

2. 过渡与照应

过渡是指文章中上下文之间承上启下的衔接和转换。过渡在文章中起着桥梁和纽带的作用。文书常见的过渡办法有三种。一是用过渡词语，常用于前一段末尾或后一段开头，用设问句或分析性的句子加以过渡。如公文复函常见的过渡语："来函收悉，经研究，现函复如下"。二是用关联词语，如首先、其次、总而言之、综上所述、由此可见等。三是过渡段，常用于上下文有转折或跳跃性较大的情况。

照应是指文章前后文之间的关照与呼应。大体可以分为三种类型：一是文题照应，这是指文章或全篇与部分或标题之间的照应。透过题目就能看到文章所表达的意思。二是首尾照应，指文章的开头和结尾相互呼应，或开头提出问题，结尾作出回答；或开头交代原因，结尾告知结果。三是前后照应，是指行文中上下文之间的互相照应。前后照应使内容的联系更加紧密。

3. 开头与结尾

文书的开头。常见的开头方式有：

(1)概述式。开头部分用简明扼要、叙述的方法，概括介绍有关情况或背景，简报、报告、会议纪要、总结等常用此法开头。

(2)提问式。即在开头提出问题，引起阅读者的注意与思考，然后引出正文。调查报告、新闻、情况通报等常用这种方式开头。

(3)目的式。文章开头开宗明义，说明写文章的目的。在开头以"为了""为"等介词构成的主旨句领起下文。如通知、法规、规章、决定等应用文书常用此方式开头。

(4)引文式。即在开头引述对方来函、来电的标题、文号，然后引出下文。如批复常使用此方式开头。

(5)说明式。即在开头引用有关法律、法规或上级指示精神，以"根据""遵照""按照"等词语引出下文，如规章制度、通知、批复等常用这种方式开头。

常见的结尾方式：

(1)总结式。即在结尾对文中的主要问题或观点做出归纳或总结，以加深读者对文章的印象。如总结、通报、调查报告等常用此结尾形式。

(2)号召式。即在结尾处发出号召，号召人们用行动落实文中提出的任务和要求。多用于会议纪要、决定、总结。

(3)强调式。即在结尾对文中的主要观点或问题作强调说明，以引起阅读者的重视。

(4)请求式。即在结尾请求上级批转、批准、批复或请求对方帮助之类的话语。如请示、函等普遍使用此方式结尾。

(5)惯用式。多用于公文的结尾。如："妥否？请批示。""特此公告""希参照执行""以上意见，如无不妥，请批转各地执行。"等带有期望意思的惯用语句作结尾。

四、重视语言文风

一般文书应该使用规范的现代汉语，不能生造词语、违背语法、滥用土语、滥用省略，也不能艰涩深奥，朦胧难懂。在这个大前提下还有特殊的要求，即文书的语言表述要求准确、简明、朴实、得体、规范。

(一)语言要求

1. 要准确

文书的实用功能要求语言准确恰当。养老机构文书有的是传递决策，要人们照办的；有的传递信息，是用来做出或调整决策的；有的是内部信息的交流，等等，因而语意必须确定，不能有不同的解释，不能为了追求生动形象而损害含义的准确。要恰当无误地表达出所要表达的内容，用词用语含义清楚，概念恰当明确，不产生歧义。

要做到语言准确，必须要把握词语的分寸感和合适度，注意语意鲜明，不能模棱两可，含糊其辞。如"大致尚可""有关部门""事出有因，查无实据""据说""也许""基本""大致"等表达含糊的词应谨慎使用。

2. 要简明

简明，指文字的简洁、明白，用较少的文字清楚表达较多、较丰富的内容。要做到简明，首先要精简文意，压缩篇幅，突出主干；其次要反复锤炼，提高概括能力。但"简"要得当，要以不妨碍内容的表达为前提，绝不能为简而生造词语、乱缩略、滥用文言。

3. 要朴实

文书是为解决具体问题而制发的，其语言价值只有在实际应用中才能体现出来。强调用语朴实，通俗易懂。不追求华丽辞藻。多用直笔，不用曲笔。

4. 要得体

文书的语言是为特定的需要服务的，应针对性地运用得体的语言取得最佳的表达效果。如公文宜庄重，调查报告须平实，社交文书需较浓的感情色彩，广告就常用模糊的语言，商业文书要委婉，合同则要精确，等等。需要登报或张贴的，语言要通俗易懂；需要宣读或广播的，语言应简明流畅、便于朗读。公文的写作要根据不同文种和行文关系而使用相应的语言，否则就不得体。

5. 要规范

文书中很多经常使用的词语已经约定俗成，得到社会的广泛认可。成为文书的专用词语和常用词语。要恰当使用特定的专业词语和常用词语。

（二）文书常用的词语、句式

1. 惯用词语

（1）称谓词语

表示称谓关系的词，用来称己方和对方。在应用文中，涉及机关时，一般应直呼机关的全称或规范化的简称；涉及个人时，要直呼对方的职务或"××"同志、"××"先生。在表述指代关系的称谓时，一般用下列专门词语：①第一人称，"本""我""敝"，后面加上所代表的单位的简称；②第二人称，"贵""你"，后面加上所代表的单位的简称；③第三人称，"该"，可用于指代人、事物或单位。

（2）领叙词语

指用于引出文书撰写的根据、理由或文书具体内容的词。文书的领叙词多用于文章的开端，引出法律、法规及国家政策做依据，或引出事实作根据；或用在文章的中间，起过渡、衔接的作用。一般情况下，借助领叙词可以使应用文写得开宗明义。常用的领叙词有：根据、按照、遵照、为了、鉴于、接……、悉、近悉、惊悉、……收悉、为……特……、前接……、近接……等。

（3）经办词语

即用来说明工作处理过程的已然时态，表明处理时间及经过情况。在使用时，应注意这类词语在表述次数和时态方面的差异。常用的经办词有：经、兹经、业经、前经、即经、并经、复经、均经等。

（4）承转词语

又称过渡语，即承接上文转入下文时使用的关联词、过渡用语。承转词用在陈述理由事实之后引出作者的意见和方案。常用的承转词有：为此、据此、故此、有鉴于此、由此可见、综上所述、总而言之、总之等。

（5）期请词语

指用于向受文者表示请求和希望的词语。使用期请词的目的在于营造机关之间相互敬重、和谐的氛围，从而建立正常的工作关系。常用的期请词有：即请查照、希即遵照、希、敬希、希予、请、拟请、恳请、烦请、务求等。

（6）商洽词语

用于征询对方的意见和反应，具有探询的语气。这类词语一般用于公文的上行文、平行文中。在使用时要有针对性，即确定需征询对方的意见时才使用。常用的商洽词有：当否、可否、妥否、是否可行、是否妥当、是否同意等。

（7）受事词语

向对方表示感谢、感激时使用的词。受事词一般用于平行文或涉外公文。常用的受事词有：蒙、承蒙等。

（8）命令词语

表示命令或告诫语气的词语。命令词的作用在于增强公文的严肃性与权威性，引起受文者的高度注意。常用的命令词有：着令、着、特命、责成、着即、切切、不得有误、严格办理等。

（9）目的词语

直接交代行文目的的词语。人们撰写文书，尤其是公文时都有明确而具体的目的，对此需要有针对性地使用简洁的词语加以表述，以便受文者正确理解并加速办理。

（10）表态词语

针对对方的请示、问函，表示明确意见时使用的词语。在使用表态词时，应对公文中的下行文和平行文严加区别。常用的表态词有：照办、同意、可行、不宜、不可、同意、不同意、遵照执行等。

（11）结尾词语

置于公文正文最后，表示正文结束的词语。常用的结尾词有：此致、此布、此复、特此报告、为要、为盼、特此函达、特此函复、特此报告、敬礼、谨致谢忱、请即见复为盼等。

（12）节缩词语①

把一个常用的多音节词语或专门词语经过精简压缩之后变成的词语就是节缩词语。其特点是精练、简短、明快。如"调研""伪劣产品"。

节缩词语都是采用一定的节缩方式把原词语加以概括重组之后形成的，节缩方式有以下几种：

①缩合式。即抽出原词组中每个词中的一个词素，再联合组成一个词，如：

基本建设——基建　公共关系——公关

环境保护——环保　传播媒体——传媒

②双变单。即对双音节词摘取其中一个字作单音节词使用，如：

应该——应　经过——经

根据——据　将要——将

③概括式。即把两个或多个并列词语的共同成分提取出来，再与并列词语的项数组合，形成一个专用词，如：

无商标、无生产厂家、无生产日期产品——"三无"产品

通水、通气、通电——"三通"

④删隙式。即只保留原词组的主干部分（或保留有代表性的成分），删除其他部分形成简称，如：

《中华人民共和国宪法》——《宪法》

"加入世界贸易组织"——入世

⑤省同存异式。即保留两个并列词语的不同部分，抽出相同的部分组合成一个简

---

① 刘涛．应用写作[M]．北京：高等教育出版社，2010：16—17．

短的词语，如：

进口出口——进出口　高档低档——高低档

节缩词语比原词语的意思更鲜明突出，更便于记忆，有利于提高信息传递的效率。采用节缩方式的时候要注意节缩是要把复杂的东西变得简短明了，但不能简化得别人看不懂，或产生歧义。如："火车站管理办公室"就不能节缩为"火管办"，"上海吊车厂"也不能节缩为"上吊厂"。形式上虽简，内容上要明，要大家都能接受，能"流通"，符合语言使用的社会习惯，遵守约定俗成的原则。

2. 常用的句式

(1)句子中介词结构常见，如："关于……通知""有关……问题""根据……文件""为了……特制订本计划"。

(2)日常应用文较少用修辞，一般来讲，应用文常用的修辞有比喻、对比、设问、反问、引用等。

五、表达方式的运用

表达方式，指撰写文章所采用的具体表述方法。表达方式有记叙、描写、抒情、说明和议论五种。文书常见的表达方式为叙述、议论和说明。描写、抒情很少使用。

(一)叙述

叙述是用来交代人物、地点、时间、事件、原因、过程、结果的一种表达方式。文书写作中采用叙述表达方式主要是用来介绍社会活动的基本情况，客观事实，有关事件的成因、背景、经过、结果以及工作进程等。一般用第三人称叙述。叙述时使用概述。概述是用精练的笔墨对所叙写的对象作简要的表述，一般不涉及细节，文字要少，篇幅要短，传达出的信息量要大。

(二)议论

议论就是评论客观事物，表明作者的观点和态度。议论要求就事论事，切忌不着边际。

(三)说明

说明指的是用言简意赅的文字，将事物的形状、性质、特征等解释清楚，或将事理的含义予以诠释的一种表达方式。

例文评析

【例文 1-2】

专题片《百年世博梦》解说词(序)

2008 年 8 月 24 日，第 29 届奥林匹克运动会在中国北京圆满落幕，当缤纷的焰火划过夜空，世界开始关注中国的下一个盛会——中国 2010 年上海世博会。

奥运会闭幕的第二天，国家主席胡锦涛应邀出访韩国。8 月 26 日，他与韩国总理韩升洙共同出席了中韩世博会合作交流论坛并致辞。胡锦涛在致辞中指出，上海世博会将以"城市，让生活更美好"为主题，反映了当前国际社会对人类生存环境的高度关注。

历史上第一次世界博览会于1851年在英国伦敦举办。此后一百五十多年间，全世界先后举办了近一百四十次世博会。在人类历史上，像这样的持续上百年的大型国际盛典为数不多，甚至就在现代奥运会举办初期，主办者还希望借助世博会的影响来推广新生的、还并不景气的奥运会。

中国与世博会的渊源可以追溯到1851年，商人徐荣村从上海发往伦敦的12包湖丝，在首次世博会上捧得金奖，此后，在英国、法国、美国举办的数次世博会上，都有中国展品亮相。改革开放以来，中国与世博会的关系更加密切。2002年12月3日，国际展览局第132次代表大会作出了一个具有历史意义的决定：中国上海成为2010年世界博览会举办地。

中国上海世博会的主题"城市，让生活更美好"，明确了中国作为国际社会大家庭中负责任的一员，对城市发展问题以及可持续发展等全球性问题努力寻求解决之道的决心。

2008年4月，在上海繁华的商业街淮海中路，上海世博会展示中心开幕，关心世博会的市民排起长长的队伍，这些对世博会历史并不了解的人，走进这里，仿佛步入历史长廊，穿越时空。

评析：

1. 这是一篇解说词。是2010年上海世博会主题纪录片解说词的序言部分。解说词是新闻传播类文书的一个文种。

2. 这篇解说词在材料的处理中颇有特色，集中选择了典型材料，紧扣主题；采用了多种表达方式，融记述、描写、说明、议论于一体，表达了中国对举办世博会的期待，也写出了世博会与中国的渊源。

能力检测

一、根据确定的主旨，评改下文在材料、语言与主旨方面存在的问题。

滨海市宏波区高级中学简介

我两年前毕业于滨海市宏波区高中，那是我们区14万人口的唯一一所高中。

它位于市区内繁华地带，相邻的有市场、职业高中等，总建筑面积约两万多平方米，教职工200多人，学生1 500多名。学校的教职员工都就就业业地工作，教学质量显著提高。我们当时的校长和班主任老师曾被评为市先进工作者。我们学校也多次荣获省绿化先进单位，花园式学校等荣誉，这些都是在学校各级领导的带领下全体师生共同努力、共同奋斗的结果。

当然我们学校也存在许多问题，需要及时解决，否则会影响教职工的工作热情。学校存在一些吃"大锅饭"现象、分配不公，学校的后勤出现很多问题，师生都有意见。

再有学生纪律需要整顿等种种现象。

迎着改革开放和科技兴国的春风，学校的全体师生以雄厚的实力，非凡的自信和开拓创新的魄力向前迈进，以崭新的姿态迈向辉煌灿烂的未来。①

二、请为下列材料确立主题

1. 只有真诚而不是做戏，才能使教育者与受教育者之间形成道德情感与道德信念上的共鸣，而现代道德教育最大的误区是受教育者与教育者之间缺乏真诚地交流。一面是振振有词的官话套话，一面是装模作样的"雷厉风行"（缺乏信念投入），双方似乎都是让对方"听"，让对方"看"的，结果使道德教育与道德一样，成为一种外在的功利价值，而不是圆满自足的内在价值。古人说得好，"德者，得也，行德而有得于心者也"。道德之谓道德，就在于它是一种真诚的自觉的向善，而不是一种虚伪手段。现代道德的说教式，是导致现代道德教育扭曲变形的一个根本因素。

2. 反腐败必须依靠人民群众，这是党的群众路线所决定的，也是我们反腐的一条成功经验。但我国国民的总体素质仍然偏低，这严重影响了他们参与国家和社会生活的能力和程度，不利于群众性的监督和制约。只有加强精神文明建设，人民群众的文化素质提高了，参政议政的能力提高了，民主监督的意识增强了，才能更好更有效地对党员、干部实施监督，真正把中共中央提出的切实依靠群众反腐败的方针政策落实到实处。

3. 两名推销员到南太平洋某岛国推销鞋子，他们到那里却发现当地居民没有穿鞋的习惯。于是，一名推销员给公司发了电报，称当地人没有穿鞋子的习惯，并终止行动，另一名推销员也如实向公司反映了情况，却认为很有市场潜力，让公司运一批鞋到当地免费赠予居民试穿，结果不仅打开了市场，而且打破了当地居民不穿鞋的传统习俗，获得了成功。②

三、阅读下文，完成文后问题

茶叶作为一种健康饮料是举世公认的。现代生物化学和医学研究充分证明了茶叶既有营养价值又有药理价值。它与人们的生活习惯关系非常密切。最近中国预防医学科学院传出喜讯，经多次实验证明："日饮一杯茶，癌症可少发。"茶叶现在已被列为世界上六种抗癌饮料之一。其实，早在30年前，如何饮茶的研究就引起了国内外许多科学家的极大兴趣和关注。日本静冈县立大学药学部的富田郏等已发现茶叶有一种抑制癌细胞增殖的新成分。一些专家在动物实验中看到了茶多酚中的主要成分能有效地阻止恶性肿瘤的扩散，能改变正常细胞表面的受体特征，使之不能与致癌物结合。茶叶是一种能有效抗癌的饮料。③

1. 这篇短文的主旨是什么？

2. 打横线的句子与全文主旨是否一致？为什么？如果不一致，该怎样修改才能使其与全文内容统一，从而与主旨相吻合？写出修改后的一句话。

---

① 王粤钦，刘洪英. 新编应用写作[M]. 大连：大连理工大学出版社，2005：14

② 郭雪峰. 应用文实训教程[M]. 北京：北京交通大学出版社，2007：13

③ 刘涛，唐志伟. 应用写作[M]. 北京：高等教育出版社，2010：32.

3. 适合本文的标题是_____。

(1)举世公认的健康饮料——茶叶

(2)抗癌饮料——茶叶

(3)茶叶的营养价值与药理作用

(4)茶叶与人们的生活密切相关

子项目三
养老机构文书写作者的基本素养

情境导入

我国著名的教育家叶圣陶老先生曾对大学生的写作提出这样的看法："写作的范围很广，人在生活中工作中随时需要写作，所以要学写作。写作包括写封信，打个报告，写个总结，起草个发言稿，写一份说明书，写一篇研究论文，诸如此类，当然也包括文学创作。因此，要求学生要学好写作。""大学毕业生不一定得写诗歌小说，但是一定要能写工作和生活中实用的文章，而且非写得既通顺又扎实不可。"

我们在工作和生活中怎样才能使文章写得"既通顺又扎实呢"？

知识归纳

一、写作者基本功要扎实

对于一个养老机构文书写作者来说，具有扎实的写作基本功是写作素养的重要体现。和一般的文章写作一样，文书写作也需要写作者具备基本写作素养，即语言基础和写作能力。如，标点符号的使用，叙述、议论、描写等表达方式的运用，文书写作者要掌握一定的语法、逻辑、修辞和写作知识，并能融会贯通、综合运用，主旨、选材、谋篇布局、遣词造句，甚至要学修改润色，这些基本的技能是一个写作者在平时的写作中需留意的。

要写好文书，只有理论联系实际，多实践，即多写、多练，掌握的写作知识才能逐步化为实际的写作能力。格式是应用文的架构，几乎每种文书都有其相对固定的格式结构，在写作的时候必须熟悉各个文种的规范格式，按照既有的格式进行文字表述。只要符合格式，文章就会显得很规范。文书的语言则应朴实、简明而准确。在平时的写作过程中，我们大多会模仿范文的例子，但也要注意规避某些文章程式化的语言风格。特别是一些事务性和行政类的文书中，应避免受到生硬空洞文风的影响。简单平实的语言往往有巨大的力量，空洞的语句反而会伤害文章的内容表达。

二、较高的政策水平

养老机构文书是为了办理公务、解决问题或进行宣传、教育的，而解决问题的准则、依据，只能是党的方针政策、国家的法律法规，不能是某个人的意见，或某个小集团的利益。国家制定了很多法律和法规，一些部门或地区还根据实际情况颁布了作为法律补充的规章制度。所以，作为一个文书写作者，必须了解党在不同历史时期的方针政策，必须熟悉与自己工作有关的法律、法规、制度，透过现象看本质，得出正确的认识，从而拿出得当的意见、办法、安排、措施，否则，文章就失去了准绳。

三、熟悉业务和其他相关知识

要写好养老机构系统的的文书，必须对相关的业务知识和情况有所了解，否则文章就会写得很浅显而无法深入。特别是公文，如果没有相关的工作经历和经验，不熟悉办公室的业务流程，不了解本单位的具体事务恐怕难以写好。如养老机构的文书拟写，就要求写作者熟悉我国养老事业的发展、养老方面的业务，掌握相关的资料数据，有基层养老工作的经历，熟悉我国老龄群体的状况，否则文章没有切实的内容，必然会降低实际效用，变得空洞而流于形式。

四、注重实际的调查研究

不进行深入的调查研究，没有掌握实际的资料数据，文书写作的前期准备不充分，就很难写出言之有物、切中要旨的文书来。特别是和实际工作紧密结合的文书，在具体写作前更应有实际而深入的调查研究过程。调查到的实际情况，特别是发展变化的新信息，为写作提供了认识的基础。

最典型的是一些事务类文书和商务文书，如养老机构调查报告、养老机构总结等一系列文章，在写作前都需要有充分的时间进行深入调查，获得原始数据后进行系统分析，然后得出最终的结论，写成各种文书形式。

(一)调查研究的类型

可分为全面调查、抽样调查和典型调查三种。

全面调查是指对研究对象的全体所作的无一遗漏的逐个调查，以了解调查对象的全面情况；抽样调查是指从调查对象的总体中，随机地抽选出一部分个体作为总体的代表进行调查，抽样调查的结果作为推断总体情况的一种调查类型；典型调查，是指在特定范围内选择具有代表性的特定对象进行调查的方法。这是调查中经常使用的方法。

(二)调查研究的方法

常见的调查方法有会议调查法、问卷调查法、访谈调查法、资料调查法等。会议调查法可以在短时间内了解到比较详细的情况，效率比较高。访谈调查法要求访谈者要做好访谈前的各项准备工作，熟练地掌握访谈中的提问、引导等技巧，并根据具体情况采取适当的方式进行面谈。问卷调查法，是指调查者运用统一设计的问卷并选定一定数量的调查对象了解情况或征询意见的方法。这种方法能突破时空的限制，同时进行大范围的调查。资料调查法便于汇总整理和分析，资料较为可靠。

五、有较强的分析能力

一个文书写作者，面对大量的杂乱无章的资料，必须善于归类、整理，然后进行分析研究，找出解决问题的途径。如为单位做年终总结，需要把上年度的所有工作进行梳理，找出主要工作，分析总结成功的经验，找出工作需要改进的方向，写作者如果没有较强的分析判断能力，则会面对一堆材料无从下笔。

六、掌握文书的写作规律和格式特点

文书除了需要一般的语文素养和文字能力做基础外，还要掌握文书写作的特殊规律及其形式特点。要提高文书拟写的水平，还要熟练地掌握它的特殊规律，了解其写作目的，使用环境，阅读对象，行文程序，文体格式等。

只有具备了以上六个方面的知识，在文书写作的实践中才能转换为文书所具备的写作能力。

例文评析

【例文 1-3】

在全国老龄办新闻发布会上的讲话

全国老龄办副主任 吴玉韶

新闻界的朋友们：

大家上午好！

欢迎大家出席全国老龄办新闻发布会，感谢大家长期以来对老龄事业的关注和支持！下面，我通报今年"敬老月"活动安排和《中国老龄产业发展报告（2014）》的有关情况。

一、今年全国"敬老月"活动安排情况

为了践行社会主义核心价值观，弘扬中华民族传统美德，营造尊老敬老社会氛围，广泛组织动员全社会力量，为老年人办实事、做好事、献爱心，全国老龄委决定开展第五个"敬老月"活动。今年"敬老月"活动主题是"传承中华美德弘扬敬老文化"，活动时间是 10 月 1 日至 10 月 31 日（"老年节"是 10 月 2 日），活动从今天开始正式启动。活动内容主要有五项：积极开展走访慰问和为老人志愿服务活动；广泛开展敬老文化宣传教育活动；大力开展老年文化体育活动；深入开展老年维权优待活动；组织开展"老有所为"先进典型宣传活动。全国老龄办除了组织全国"敬老月"活动外，将继续组织中央主流媒体和老龄媒体，加大老龄宣传力度，同时将在今年"敬老月"期间举办首届全国"敬老文化论坛"、开展"老有所为"先进典型人物宣传活动，与公安部联合编印《中国老年人防诈骗指南》等。

二、《中国老龄产业发展报告(2014)》情况

(一)编辑出版《中国老龄产业发展报告(2014)》的背景和意义

由中国老龄科学研究中心编写、社会科学文献出版社出版的《中国老龄产业发展报告(2014)》今天正式发布,这是我国第一部老龄产业发展报告,也是我国第一部老龄产业蓝皮书。

当前,我国已进入人口老龄化的快速发展期,老龄产业发展也遇到难得的契机。一是人口老龄化进程加快释放了老龄产业发展空间。2013年我国老年人口数量已达2.02亿,人口老龄化水平达到14.9%。2020年,我国老年人口数量将达到2.6亿。同时,高龄老年人口将以年均100万的速度快速增加,失能和半失能老年人口将在2020年突破4600万,老年人在生活照料、医疗卫生、康复护理等方面的需求不断增加。二是经济转型升级促进了老龄产业发展。我国经济持续增长,特别是经济转型升级、大力发展第三产业、积极鼓励民间投资等,为老龄产业发展带来了新机遇。三是政策扶持助推老龄产业发展。十八大提出积极应对人口老龄化、大力发展老龄服务事业和产业的要求,把老龄产业提升到与老龄事业并重的新高度。国务院及国务院相关部委和地方政府密集出台一系列促进老龄产业发展的规划政策法规,老龄产业政策环境进一步优化。预测表明,2014—2050年间,中国老年人口的消费潜力将从4万亿左右增长到106万亿左右,占GDP的比例将从8%左右增长到33%左右,老龄产业将逐渐进入到快速发展阶段。

中国老龄科学研究中心组织编写的《中国老龄产业发展报告(2014)》,以比较权威的数据、翔实的资料,系统梳理了中国老龄产业的框架、体系与内容,深入分析了目前中国老龄产业发展的整体状况,对中国老龄产业的发展进行了展望,这对于全面了解老龄产业发展现状,认清老龄产业存在问题,研判老龄产业发展趋势,理清老龄产业发展思路,为政府制定老龄产业政策提供理论依据,引领国内老龄产业发展方向,动员全社会共同参与、推动老龄产业科学发展,具有积极意义。

(二)《中国老龄产业发展报告(2014)》主要内容

《中国老龄产业发展报告(2014)》由总报告、行业篇、专题篇、附录4部分组成,包括1个总报告、8个分报告和4个附录,主要内容包括:

1. 中国老龄产业发展基本态势

一是老龄产业四大板块逐步形成。我国老龄产业由老龄金融业、老龄用品业、老龄服务业和老龄房地产业四大板块构成的态势已逐渐清晰。其中,老龄金融业是核心板块,不仅面向老年期人群提供金融服务,主要是面向年轻人群提供为老年期金融准备的相应服务,蕴含巨大发展潜力。四大板块相互融合、不可分割,构成了中国老龄产业的有机组成部分。未来,中国老龄产业将历经成长期、高峰期和成熟期三个阶段,在2025年前后形成供需两旺的良好态势,迎来老龄产业发展黄金期,并在2031—2050年间,进入老龄产业发展成熟期。

二是老龄金融业前景广阔。目前,银行、保险、基金、证券等金融机构已开始纷纷试水老龄市场。银行积极创新,不断推出养老专属理财产品;保险机构开始推出形式多样的养老保险产品;养老基金理财产品、养老金信托产品也纷纷开发问世。目前,

中国30～59岁的潜在老龄金融服务对象在6亿左右，40～59岁的潜在老龄金融服务对象在4亿左右，即使到人口老龄化的高峰期，潜在老龄金融服务对象也在4亿左右。老龄金融业前途无可限量，将成为未来全球最大的老龄金融市场。

三是老龄用品业市场潜力巨大。中国老龄用品业的市场规模潜力巨大，以老龄用品、保健品、康复辅具、医疗器械为主的老龄用品业发展加快，市场需求日益旺盛，市场供给不断丰富，生产和销售企业越来越多。未来，科技创新和服务创新将成为老龄用品业发展的两大引擎，智能化康复训练设备、老年电子科技产品等蕴含巨大发展空间；集老龄用品研发、生产和销售为一体的老龄用品产业园区、老龄用品产业集群等正在逐步形成；打造老龄用品业民族名牌将受到关注，老龄用品中的民族企业、民族品牌将被着力培育，成为推动中国老龄用品业发展的重要着力点。

四是老龄服务业优先快速发展。以养老服务、健康服务为主的老龄服务业具有形成产业集群的突出特点和优势，是老龄产业发展的优先领域，发展潜力巨大。"医养护"模式赢得市场青睐；专业连锁化机构发展迅速；智能信息化服务方兴未艾；服务培训市场应运而生；养护、医疗、康复护理服务发展迅猛。未来，以医疗康复、长期护理、健康管理为主的养老和健康服务将成为重中之重；中端服务市场需求将被逐渐释放，成为行业发展大势；集团化、品牌化、连锁化、智能化趋势更加明显，老龄服务产业链和产业集群的形成将推动其他板块共同发展，进而促进老龄产业的整体发展。

五是老龄房地产业市场持续走旺。中国是全球最大的房地产业市场，也将成为全球最大的老龄房地产业市场。以房地产开发企业、保险公司、养老服务集团为代表的各路资本纷纷涉足老龄房地产业。初步形成了以综合性养老社区、养老组团、主题养老社区、旅游度假型养老公寓等为主要形式的市场开发模式。未来，中国老龄房地产市场的供给仍将持续走旺，金融创新将提供强大动力，复合型老龄房地产项目将备受青睐，市场竞争模式将更加多元，品牌化、连锁化将成为市场发展主体，通用人居环境建设将成为行业发展新趋势，服务则始终是老龄房地产市场的核心竞争力。

2. 中国老龄产业发展存在问题及对策建议

总体上讲，中国老龄产业发展处于初级阶段，还面临着一些困难和问题，突出表现为：一是产业发展理念滞后，重老龄服务、轻老龄用品、老龄金融；二是产业组织培育滞后、产业空间布局无序、产业结构雏形尚未形成；三是产业有效需求不足，鼓励老年人消费的政策支持不够；四是老龄产业政策系统性不强，落实不到位，老龄产业市场秩序有待规范等。

促进老龄产业健康快速发展，要最大限度创造老龄产业发展的有效刚性市场需求；加快出台完善重点领域的老龄产业政策；加速培育老龄产业组织；构建老龄产业融资平台；加快老龄金融创新；着力开发老龄用品市场；打造老龄服务网络；建立国家老龄产业核心技术研发基地等。

谢谢大家！

评析：

1. 例文是2014年全国老龄办副主任吴玉韶的一篇讲话稿。

2. 以简要的总结方式介绍了今年全国"敬老月"活动安排情况；编辑出版《中国老龄

产业发展报告(2014)》思路。正文包括了一、全国"敬老月"活动安排情况；二、《中国老龄产业发展报告(2014)》情况两个大的方面。

3. 文章的结构比较清晰，通篇文字详略得当、重点突出。

能力检测

一、你申请到了大学生科研项目的资助，将对你所在城市的老年机构进行调研并设计一个优化发展方案，那么你的前期调研应从哪些方面收集资料？

二、针对例文 1-3，请在不影响文章大意的基础上缩写成 100 字左右的提纲。

项目二　事务类文书

学习目标

1. 知识目标

◆了解养老机构调查报告、会议记录、简报、规章制度、计划、总结、介绍信、证明信等几种常用事务文书的概念、特点、作用与种类等

2. 能力目标

◆学会写作养老机构的调查报告、会议记录、简报、规章制度、计划、总结、介绍信、证明信等文书

子项目一
调查报告

情境导入

　　有一家养老院，有段时间，退园的老年人突然增多，到底是内部因素还是外部因素，是主观原因还是客观原因？养老院的领导立刻组织展开调查。让办公室的文秘小张起草一份翔实的调查报告，以供解决问题使用。拿到调查报告以后，领导发现了事情的起因，是自己内部一新来员工传达园区一项新的优惠政策时有谬误，而且态度不好，说话难听造成的。通过采取措施及时给老年人们解释，做工作，稳定了老人们的情绪，避免了出现更为严重的后果。

　　这说明，调查报告的使用可以为养老机构提供解决问题的第一手准确的文字资料。那么如何写一份合乎规范的调查报告呢？

知识归纳

一、调查报告的概念

　　调查报告是机构负责人为了了解某一事件真相，或达到某一目的，让调查者运用科学的方法，对被调查的对象或现象进行深入、全面的了解分析研究，透过现象，找到事情发生的真相或调查清楚某种现状后，提交的一种文字材料，是一种实用的文体。

二、调查报告的特点

1. 真实

　　养老机构里，写出的调查报告通常用意明确，如反映真实情况、分析解决问题、推广经验、教训警戒等。如果调查报告与事实有偏差，就起不到这些作用。因此，养老机构调查报告不允许夸张、编造、想象、推测，要求涉及养老机构工作人员、部门名称等内容一定真实。

2. 准确

　　调查报告的用语都是动词、名词，肯定句、陈述句，拒绝"差不多""应该""可能"等表意含糊的词语。说明老人生活现状、精神需求等现象，最好拿数据说话，准确的表述才有说服力。老年机构一篇合格的调查报告必须观点清晰，表述准确。

3. 及时

　　在事情发生后，在第一时间调查，这样写出来的调查报告会更准确，尤其是事件调查、问题调查更应如此。因为事件刚刚发生，人们对结果的期待值很高。如果拖得久了，人们就失去了兴趣，关注度不高，有时事件发生了变化，写出的调查报告反映的问题就不够准确，意义也就不大了，甚至会延误时机，造成不好的后果。所以，老年机构调查报告必须具有及时性。

三、调查报告的种类

调查报告依据内容不同，可以分为反映情况的调查报告、总结典型经验的调查报告、揭示问题的调查报告等几大类型。下面就养老机构常用的调查报告类型作一介绍。

1. 反映情况的调查报告

这类报告通常比较全面、比较系统地反映一个地区、一个系统或一个部门的老年工作的基本情况，它或者提供全面的情况，或者反映出某种动态、倾向，以引起相关部门的重视，成为决策的参考依据。如：某养老院老人医保报销难的调查报告，某市空巢老人生活现状的调查报告等。

2. 总结典型经验的调查报告

这类报告通过对具有参考价值和借鉴作用的养老工作典型经验的分析，为贯彻执行养老政策提供具体的经验和方法。它往往通过对某项老年工作的具体做法和实际收效的调查，分析概括出具有启发和参考意义的经验和办法，以指导和推动老年工作的整体开展。如某养老院医养结合的经验调查。

3. 揭示问题的调查报告

这类调查报告是根据老年机构的工作需要，为了解决矛盾和问题而写的。它通过对老年机构在社会生活和工作中存在的不良现象和问题的调查，指出其危害性，分析产生问题的根源，提出解决问题的建议和办法，引起重视，促其解决。如，某中高端养老院入住率低的调查。

四、调查报告的写作

一般由标题和正文两部分组成。

(一)标题

标题可以有两种写法。一种是规范化的标题格式，即"发文主题"加"文种"，基本格式为"××关于××××的调查报告""关于××××的调查报告""××××调查"等。另一种是自由式标题，包括陈述式、提问式和正副题结合使用三种。陈述式如《深圳市城市社区老年健身活动现状调查报告》，提问式如《老人为何不愿入住养老院》，正副标题结合式，正题陈述调查报告的主要结论或提出中心问题，副题标明调查的对象、范围、问题，这实际上类似于"发文主题"加"文种"的规范格式，如《风采依旧　大美夕阳——关于老年大学的调查报告》。

(二)正文

正文一般分前言、主体、结尾三部分。

1. 前言。有三种写法:第一种是写明调查的起因或目的、时间和地点、对象或范围、经过与方法,以及人员组成等调查本身的情况,从中引出中心问题或基本结论来;第二种是写明调查对象的历史背景、大致发展经过、现实状况、主要成绩、突出问题等基本情况,进而提出中心问题或主要观点来;第三种是开门见山,直接概括出调查的结果,如肯定做法、指出问题、提示影响、说明中心内容等。前言起到画龙点睛的作用,要精练概括,直切主题。

2. 主体。这是养老机构调查报告最主要的部分,这部分详述调查研究的基本情况、做法、经验,以及分析调查研究材料中得出的各种具体认识、观点和基本结论。

3. 结尾。结尾的写法也比较多,可以提出解决问题的方法、对策或下一步改进工作的建议;或总结全文的主要观点,进一步深化主题;或提出问题,引发人们的进一步思考;或展望前景,发出鼓舞和号召。

例文评析

【例文2-1】

关于×县级老年大学工作情况的调查报告

党的十七届六中全会审议通过了《中共中央关于深化文化体制改革、推动社会主义文化大繁荣大发展若干重大问题的决定》,提出了推动社会主义文化大发展大繁荣的指导思想,强调了加强党对文化产业发展的领导。老年大学作为终身教育体系的重要组成部分,和国民教育一起肩负着文化发展、文化传承的重大使命,并积极响应党中央关于推动文化大发展大繁荣的号召。为了使县老年大学能够更好地服务于广大离退休群体,更好地服务于社会,我们组织专门人员,采用召开座谈会、发放调查问卷等形式,对县老年大学工作情况进行深入调研。

一、基本情况

×县老年大学自成立以来已经成功举办了四届,由第一届的70人(离休人员42人,退休人员28人)发展到如今第五届的116人(离休人员5人,退休人员79人,社区居民32人)。学员成分也由开始的以离休人员为主体逐步向以退休人员为主体过渡,同时还吸收了大量的社区居民。另我县还有乡镇(街道)老年大学13处,村(社区)老年大学3处,在校学员共计622人。近几年,随着我县经济突飞猛进的发展,老年大学也牢牢抓住机遇,制定相应策略,不断完善自我,以吸引更多的群众参与到这项事业当中。办学规模不断扩大,学员人数不断攀升,社会影响日益深远。

二、主要做法和经验

(一)精心组织教学,改变单一的课程结构。社会在发展,人们接受的信息量也越来越多,单一的课程结构已不能满足学员们日益增长的精神文化需求。针对这一情况,老年大学与时俱进,积极听取学员们的意见和建议,采取投票选课程和试听试讲等方式，根据老年人自身特点，不断推出新的精品课程。课程总数从办学之初的 3 门课增加到现在的 10 门课。包括针对老年人思想和心理状况开设的时事政治、心理学，针对老年人的健康状况开设的卫生保健课、太极拳、太极剑，同时还开设了书画、花卉、家教等课程。同时，教师队伍也进一步升级。现有任课教师 11 名，累计聘任教师 28 名。其中高级职称 10 人，中级职称 15 名，副县级及以上职务 3 名，大大提高了教学质量。一系列的教学举措使得学员们有更多的选择余地以及更多的知识可学，精神世界得到进一步升华，真正做到老有所学。

(二)制定不同教学方法，积极应对学员文化层次多样性。学员站在不同起跑线上的学习是老年教育区别于国民教育的一个重要特点。在同一届学员里，文化程度差别很大。调查问卷显示，本届学员中小学文化程度占 15%，中学（中专）文化程度占 69%，大学文化程度占 16%。此外，学员们大多从不同的工作岗位上退下来，有政府机关的工作人员，有从事教育行业的，还有工人等等。文化和专业的差异性必然给教学工作带来很大的困难。一般而言，文化水平高、受教育程度深的学员在对知识的接受和认知上较为容易一些。以古代诗词赏析课为例，大学文化水平的学员能很快接受和掌握这堂课所讲的诗词格律要点，而文化程度相对低的学员就不那么容易，有些学员甚至连老师上课示范用的诗词都没听说过。应对这种情况，授课教师们开动脑筋，同样内容的课题，针对不同文化层次的学员制订出不同的授课方案，加上课前的沟通和课下的单独辅导，基本上解决了由于文化层次不同带来的教学问题，做到了让学员们乐于学、学得懂。

(三)针对学员兴趣爱好，组建各种社团。兴趣爱好因人而异，学员们以老年大学为依托，根据个人喜好，采取自愿的原则，先后组建起了老年大学演唱队、老年大学国标舞队、老年秧歌队、老年书画协会 4 个社团。在市县举办的各级各类文体活动中，学员们老当益壮，积极参加，取得了不菲的成绩。书画协会成员×××、×××的作品曾多次入选入展市县举办的书画大赛，并经常举办书画展，吸引大批书画爱好者交流学习。老年大学演唱队也积极参与县里举办的各项文体活动，今年的庆祝建党九十周年唱红歌活动还被山东省委老干部局主办的《老干部之家》报道，引起强烈的社会反响，充分展示了新时期老年人的精神风貌。

三、存在问题

(一)重视程度不够。1983 年，山东省创办了全国第一所老年大学，至今已将近有 30 年，老年大学应该不能算是新鲜事物了。但调查问卷的结果很是让人意外，约有半数的老年人表示对老年大学不是很了解，还有小部分群众表示没有听说过老年大学、不知道老年大学是干什么的。在将来是否会上老年大学这个问题中，60% 的人表示会去，24% 的人表示不会去，剩下 16% 给出的答案是不确定。这些都体现出了人们对老年大学还是认识不清。归根结底是重视不够、宣传不广泛，没有让群众充分了解这一事业，阻碍了老年大学的发展。

(二)经费不足，设施缺乏。县老年大学属于全额拨款事业单位，不具备创收条件，无收入来源。办学资金全靠财政拨款，资金非常有限。经费的不足导致软件硬件设施缺乏，老年大学得不到长足的发展。例如音乐课只有一架脚踏琴，老师不能充分发挥作用；舞蹈课没有专门的教室，学员们长期在公园里的空地上课，遇到阴雨天气只能调课或停课；老年大学演唱队缺少专业的音响设备，严重影响学员们水平的发挥。这些因素都阻碍着老年大学的健康发展，问题亟待解决。

（三）师资力量相对薄弱，教材不够完善。老年大学教师大多数是外聘的学校退休教师，和他们以前从事的教学相比，老年教学完全是一个全新的领域。这就使得有些老师对老年教育的认识很模糊，把以前那套教学方法直接搬过来并不能取得良好的效果，也给教师造成一种对老年教育不知从何着手的疑惑。就全国而言，至今没有一套完整的统一的老年大学教材，老年教育各自为政，乱象丛生，使得教学没有统一标准，缺乏连续性和系统性。教师讲课无从下手，非常随意，教学效果受到影响。

四、对策与建议

（一）加大宣传力度，提高对老年大学的重视程度。领导的重视和支持是老年大学健康发展的基础。应加强宣传，提高领导对老年大学重要性的认识，在政策上支持，资金上倾斜，使老年大学的建设发展与社会经济水平相适应。上级主管单位应联合宣传部门、媒体等进行广泛宣传，使广大群众和社会各界都能对老年大学这样一种公益性事业有一个正确全面充分的认识，从而关心支持这项事业的发展。

（二）完善资金保障，加强设施建设。充足的资金是老年大学建设的基础，建议政府和主管部门要把老年大学的建设资金纳入到年度财政预算，拨付到位。学员们也应发挥自身优势，积极争取社会各界支持，把社会捐赠作为解决资金问题的辅助渠道。在这方面也不乏成功的例子，今年年初，老年大学演唱队就从县××集团募得经费3000余元，置办了一套音响设备，大大提升了演唱队的综合实力。

（三）加强教师队伍建设，不断提高教学质量。老年学员是一个特殊的群体，老年人由于大脑功能的衰退，视觉、听觉、记忆力相对衰退，对知识的接受能力比较弱，年龄文化有差异性。教师应不断提高自身素质，课堂上做到细心耐心，绝对不允许有畏难畏累甚至不耐烦的情绪出现。同时要根据老年人自身特点，不断调整教学思路，完善教学方法，从整体上提高老年大学的教学质量。

评析：

1. 这篇调查报告为规范化的标题格式，即发文主体加文种。

2. 在正文的前言部分，开门见山，直接指出调查的结果。在分析原因部分，从社会、政府、老年机构三方面全面阐述，通过调查问卷、表述事实，条理清楚，中心突出。

3. 在正文的主体部分详述调查研究的基本情况，即举办次数、参加人数；做法、经验有三点，课程设置，教学方法，教学方式。有原因，有观点，有对策，逻辑清晰，做法具体，效果明显。尤其是一系列统计数字的运用，让人心服口服。

4. 在正文的结尾部分，采用指导式写法，提出具体的建议。从宣传上加大力度，引起人们对老年大学的重视，从政府拨款和社会捐赠两方面改善资金不足的困难，从老年大学自身加强师资建设，提高老年大学的教育水平。

能力检测

请同学们根据下列材料，按照例文格式，写一篇调查报告。

一个班级有50名同学，请调查一下全班同学的爷爷奶奶怎么度过晚年，反映了什么问题？你有什么对策和建议让爷爷奶奶生活得更幸福？

子项目二
会议记录

情境导入

　　××福利中心成立多年，文书工作一直比较薄弱，随着机构业务的不断扩大，对外联系的不断扩展，为规范中心的文书书写和提升中心的对外形象，新上岗的福利中心领导要求从最常用的会议记录入手，旨在整体提高福利中心的文书书写水平。如果你是新招聘的办公秘书，你将如何进行会议记录？会议记录包括哪些主要元素？

知识归纳

　　1. 概念
　　会议记录就是与会议同步产生，由记录人员把会议的基本情况、内容及过程等如实记载的原始内部文书。会议记录是机关、单位内部用于记录会议发言的事务性文书。
　　2. 特点
　　(1) 原始性
　　会议记录必须是由记录者按会议进程如实地记录会议的真实情况，会议内容是什么就记什么，记录者不得加工，提炼，不能添加和删减，结构不能随意安排，语言以口语为主。
　　(2) 完整性
　　会议记录必须对会议的名称、时间、地点、出席人员、主持人、记录人、会议议题、领导讲话、与会者发言、讨论和争论、形成的决议和决定等整个会议过程进行详细记录，要求具体、全面、精确。
　　(3) 不对外公开性
　　会议记录是一种原始的记录材料，属于内部文书，不能公开发布，而且还必须长期保存和保密。
　　3. 格式
　　会议记录主要包括标题、会议组织情况、会议内容、结尾四个部分。
　　(1) 标题
　　一般是会议名称＋文种，如《×××××会议记录》。

(2)会议的组织情况

包括会议时间、地点、出席人数、列席人数、缺席人数、主席或主持人、记录人等。

(3)会议内容

这是会议记录的核心部分，一般包括会议议题、宗旨、目的、议程、会议报告和讲话、会议讨论和发言、会议表决情况、会议决定和决议等内容。记录顺序一般按照会议议题顺序记录。

(4)结尾

会议结束，记录完毕，要另起一行将主持人宣布"散会"二字记入，如中途休会，要写明"休会"字样，也可将这一项省略不记。最后主持人和记录人对记录认真核对后签名以示负责。

4.记录方法

主要有两种：一是摘要性记录法，只摘要性地记录会议要点和中心内容即可，主要用于一般工作例会。二是详细记录法，主要用于比较重要的会议和重要的发言，要详细具体地如实记录，对发言人的发言内容要尽可能地详细完整记录，尤其是重要的报告或讲话、讨论中的重要插话、主要问题的不同意见、表决情况及会议主持人的结论发言等。这些内容要求是有言必录，尽量记录原话。

5.会议记录基本要求

(1)准确写明会议标题(名称，要写全称)、开会时间、地点、会议性质。

(2)详细记录会议主持人、出席会议应到和实到人数，缺席、迟到或早退人数及其姓名、职务，记录者姓名。

一般性会议只记录参会对象和总人数，以及出席会议的较重要的领导成员即可，而某些重要的会议，出席对象来自不同单位，应设签名簿，出席者应签署姓名、单位、职务等。

(3)忠实记录会议上的发言和有关动态。

会议发言的内容是记录的重点。会议动态，如发言中插话、笑声、掌声、临时中断以及别的重要的会场情况等，也应予以记录。

一般性会议，记录发言要点即把发言者讲了哪几个问题，每一个问题的基本观点与主要事实、结论，对别人发言的态度等，作摘要式的记录。

某些重要的会议或特别重要人物的发言，则需记下全部内容。有录音机的，可先录音，会后再整理出全文；没有录音条件，应由速记人员担任记录；没有速记人员，可以多配几个记得快的人担任记录，以便会后互相校对补充。

(4)会议记录要重点突出。

一是记录中心议题以及围绕中心议题展开的有关活动；二是记录会议讨论、争论的焦点及与会各方主要见解；三是权威人士或代表人物的言论；四是会议开始时的定调性言论和会议结束前的总结性言论；五是会议已决议或议而未决的事项；六是对会议产生较大影响的其他言论或活动。

(5)会议记录要忠于事实，不能夹杂记录者的任何个人情感，更不允许有意增删发言内容。会议记录一般不宜公开发表，如需发表，应征得发言者的审阅同意。

例文评析

【例文 2-2】

会议记录格式模板

会议名称：××福利中心办公会议记录

会议时间：2022 年 1 月 27 日 1 时 30 分（星期四）

会议地点：中心办公楼六楼小会议室

出席人：×××　　××　　×××　　×××　　×××　　×××

列席人：×××　　×××

缺席人：×××（出差）

主持人：中心主任×××

记录人：中心办公室×××

会议议题：

1.

2.

3.

会议发言：

主持人：（略）

与会者发言：

×××：＿＿＿＿＿＿＿＿＿＿＿＿＿＿＿＿＿＿＿＿＿＿＿＿

×××：＿＿＿＿＿＿＿＿＿＿＿＿＿＿＿＿＿＿＿＿＿＿＿＿

×××：＿＿＿＿＿＿＿＿＿＿＿＿＿＿＿＿＿＿＿＿＿＿＿＿

×××：＿＿＿＿＿＿＿＿＿＿＿＿＿＿＿＿＿＿＿＿＿＿＿＿

＿＿＿＿＿＿＿＿＿＿＿＿＿＿＿＿＿＿＿＿＿＿＿＿＿＿＿＿

主持人总结发言：

1.　＿＿＿＿＿＿＿＿＿＿＿＿＿＿＿＿＿＿＿＿＿＿＿＿＿＿

2.　＿＿＿＿＿＿＿＿＿＿＿＿＿＿＿＿＿＿＿＿＿＿＿＿＿＿

3.　＿＿＿＿＿＿＿＿＿＿＿＿＿＿＿＿＿＿＿＿＿＿＿＿＿＿

4. 会议决议：＿＿＿＿＿＿＿＿＿＿＿＿＿＿＿＿＿＿＿＿＿＿

散会。

主持人：（签字）

记录人：（签字）

（本会议记录共×页）

评析：

1. 这是一份详细会议记录。

2. 要有会议名称。

3. 会议组织情况的内容包括：会议时间、地点、出席人员、列席人员、缺席人员（注明原因）、主持人、记录人等。

4. 写清会议议题。

5. 详细记录会议发言：是会议内容记录的重点，要围绕会议议题、会议主持人和主要领导发言的中心思想，记录发言者的发言要点、主要论据、结论等，即择要而记。要求详细具体，尽量记录原话。

6. 结尾：会议结束，记录完毕，要另起一行写"散会"二字，如中途休会，要写明"休会"字样。

7. 需注明本会议记录的页数。

能力检测

请同学们选择最近你班集体召开的一个会议，根据会议记录写作要求，草拟一份会议详细记录。

子项目三
简　报

情境导入

×××社区医院开展了一场免费的咨询和诊病服务。其中检查出一位中年人患有早期的糖尿病，让其到级别更高，设备更好的医院再次检查，使该病人得到及时的治疗。该病人痊愈后，非常感谢为他诊断的医生，还赞扬该医院医德高尚，医生的专业技能高超，并送了一面锦旗作为感谢。医院的宣传科及时做了一张简报报道此事，以此来宣传医生医德，提高医生为病人服务意识，减少医患之间的矛盾。那么什么是简报？简报具备什么样的特点呢？

知识归纳

一、简报的概念

简报是传递某方面信息的简短的内部小报，是具有汇报性、交流性和指导性特点的简短、灵活、快捷的书面形式。简报又称"动态""简讯""要情""摘报""工作通讯""情况反映""情况交流""内部参考"等。也可以说，简报就是简要的调查报告，简要的情况报告，简要的工作报告，简要的消息报道等。

二、简报的特点

1. 简报具有一般报纸新闻性的特点，但又有本身的特点，主要是：内容专业性强。

简报一般由有关单位、部门主办，由主办单位组织专人撰写，传递该项工作的各种信息，包括情况、经验、问题和对策等，一般性的东西少说，无关的东西不说，专业性的东西多说，专业性十分明显。

2. 篇幅特别简短：简报姓"简"。简，是它区别于其他报刊的最显著的特点。一期简报甚至只登一篇文章，几段信息，或一期几篇文章，总共一两千字，长的也不过三五千字，读者可以用很短的时间把它读完，适应现代快节奏工作的需要。

3. 简报的语言必须简明精练。

4. 限于内部交流。

一般报纸面向全社会，内容是公开的，没有保密价值，读者越多越好，正因为如此，它除了新闻性外，还要求有知识性和趣味性。简报则不同，它一般在编报机关管辖范围内各单位之间交流，不宜甚至不能公开传播，特别是涉外机关和专政机关主办的简报更是如此。有的简报，往往是专给某一级领导人看的，有一定的保密要求，不能任意扩大阅读范围。

三、简报的分类

常见的简报有三种：一是会议简报，主要反映会议交流、进展情况；二是情况简报，反映人们关注的问题，供有关领导参考；三是工作简报，报告重大问题的处理情况以及工作动态、经验或问题等。

综观各种会议简报、工作简报、情况简报，再拿这些简报同一般的报纸、刊物相对照，可以得出这样的看法：简报不再单纯是下级向上级汇报工作的简要书面报告，而是一种专业性强的简短的内部小报。

简报的种类，按时间分，有定期的简报、不定期的简报；按性质分，有工作简报、生产简报、学习简报、会议简报；按内容分，有综合反映情况的简报和反映特定情况的专题简报。

四、简报的作用

1. 反映情况

通过简报，可以将工作进展情况以及工作中出现的新情况、新问题、新经验，及时反映给各级决策机关，使决策机关了解下情，为决策机关制定政策、指导工作提供参考。

2. 交流经验

简报体现了领导机关的一定指导能力，通过组织交流，可以提供情况、借鉴经验、吸取教训，这样对工作有指导和推动作用。

3. 传播信息

简报本身即是一种信息载体，可以使各级机关及从事行政工作的人互相了解情况，吸收经验、学习先进、改进工作。文书的作用表现在人们用它来解决生活中出现的实际问题。

五、简报的结构

简报的种类尽管很多，但其结构却不无共同之处，一般都包括报头、标题、正文和报尾四个部分。有些还有编者配加按语，成为五个组成部分。

例文评析

【例文 2-3】

政协××市六届×次会议简报

（第××期）　大会秘书处　××××年××月××日

今年政府应办几件实事

××委员说：建议市长要有相应的任期目标，要像×××那样一年办几件实事，年终总结，有哪些完成，有哪些没完成，为什么。

改"三公开一监督"为好

×××、×××委员说：报告在谈到廉政建设时，提出实行"两公开一监督"，我们认为应改为"三公开一监督"，即再增加公开市、县两级主要领导的经济收入，以便接受人民群众的监督。

不能再走大投入低效益之路

×××委员认为：××××年我市社会总产值为×××亿元，国民收入为××亿元，而全市的财政收入只有×亿元，很明显，经济效益是很低的。而××××年的计划数字，基本上是按比例同步增长，经济效益无明显提高。这是我市多年来生产发展的一个关键性的问题，即大投入，低效益，致使财政拮据，入不敷出。市领导应着眼长远，从当前入手，立足于大力提高经济效益和增强生产后劲（包括政策、体制、发展规划、产业结构、环境整顿、提高管理水平、提高劳动力的素质、提高劳动生产率、大力发展科技、教育等多方面综合治理）。只有这样，才能使我市的经济进入高一层次的发展，形成良性循环。这才是提高经济效益的真正出路。

报：××政协

抄：××部门

送：××政府

（共印×份）

评析：

1. 这是一份非常简单的简报。主要用于对会议中谈论的几件事情，各委员发表的见解的报道。用来沟通思想，为开展工作统一认识，提供方便。

2. 简报一般都有固定的报头，包括简报的名称、期号、编发单位、发行日期、保密等级和编号。

3. 标题采用"×××简报"的形式，放在第一行居中位置。

4. 正文开头，阐述政府应办的几件事，接着是每个委员对事情的看法。

5. 报尾：文章结束后留空一两行，画一条横实线，在实线下，要标明报哪个上级部门审批，抄送哪些部门。最后，再画一条实线，下面写明印刷的份数。

能力检测

就你学校或单位近期开展的最有意义的活动办一份简报。

子项目四

规章制度

情境导入

> 在某老年活动中心，有一个阅览室。开始去看书的人少，一般只会有一两个人、两三个人在阅读。看完报纸、杂志后，他们一般会放到原来的地方。如果没有放，或者放错了，管理员也能及时整理好。后来，该小区新盖了十几栋楼，去阅览室的人也慢慢多了起来。有时候，屋子里会有一二十人，还有的老人带着几岁的小孙子来。小孩子坐不住到处乱跑，影响他人看书。这时候，管理员就规定，阅览室不能大声喧哗、看过的书要放回原处、损坏要照价赔偿等十几项要求，并写出来张贴在墙上显眼处，提醒大家注意。这就是《阅览室管理制度》。

知识归纳

一、规章制度的概念

规章制度是各种行政法规、章程、制度、公约的总称。老年机构规章制度是老龄委、老干部处、老干部局、老年大学等组织和各种养老机构，为了维护正常的工作、学习、生活秩序而制定的具有法规性、指导性与约束力的文件。

二、规章制度的特点

1. 约束性

规章制度明确规定什么能做，什么不能做，在一定范围内起到规范人们行为的作用。一旦违反，有的还有相应的处罚。

2. 权威性

规章制度的权威性来源于制定单位的权威性，因为只有具有法人资格的单位才可以制定。所以，养老机构在根据单位的职责和权限制定出来后，就是单位权力意志的反映。该老年机构同样掌握规章制度的生效权、修改权和解答权。

3. 稳定性

规章制度制定前，老年机构应该认真调查研究，广泛听取各方意见，确保制度各条款的切实可行。一经颁布，就要各部门和个人严格遵守，不能朝令夕改。只有在特殊情况下或者外部环境发生重大变化时，才可以修订完善。

4．规范性

养老机构规章制度在体式上较其他事务文书更具规范性。表达上和我国一般机关、事业单位、社会团体的规章制度一样，采取条款结构，要求内容鲜明具体，条文准确规范。

三、规章制度的种类

规章制度从性质上可以分为法规类、管理类、公约类。

1．法规类

法规类规章制度指的是章程、条例、办法、规定等，具有法规要求与效力，如《××大学老教育工作者协会章程》《离休干部管理条例》《××养老院办公室管理办法》等。

2．管理类

管理类规章制度指的是老年机构针对某项工作或行动制定的规章制度，目的是为了维护正常的工作、学习秩序，以便于管理。如《××老年大学学习教研制度》《××养老院社工活动部员工行为守则》等。

3．公约类

公约类规章制度是指能够引导人们进行自我教育、自我约束的道德规范和行为准则，包括须知、公约等。如《养老院入院须知》《养老院院民公约》。

四、养老机构规章制度的写作

这里主要讲养老机构章程、制度、公约这三种常用的规章制度的写法。

1．章程的写作

章程一般由标题，通过的时间、会议，正文三部分组成。

标题一般由制定单位和文种组成。

章程通常要有会议通过才能生效。通过的会议和时间要加括号置于标题下方。

章程的正文一般有章条式和条目式两种。

章条式一般适用于比较复杂的章程，分总则、分则、附则三部分。总则一般写制定章程的目的等，类似文章的前言。分则是规章制度的主要内容，分章分条具体地写明规定的若干内容。附则是对中心内容的补充和说明，放在最后一章。这种章程在老年组织管理部门如老干部局等运用较多，一般的养老机构如福利院等用得不多。

条目式一般用于比较简单的章程，有两种：主题条文式和条文到底式。主题条文式由前言和主体两部分。前言部分用简明扼要的文字概述制定该文的目的、依据、性质、意义，然后用承接语"特制定本章程"引领下文，主体部分对具体内容分若干条款予以说明。条文到底式是将前言、主体、结尾都用条款标示出来。一般养老机构多采用此种格式。

![例文评析]

【例文2-4评析】

××市老年人体育协会章程

（××年×月×日在第四次全体会议上通过）

第一章　总则

第一条　××市老年人体育协会（简称：老年人体协）是××市体育局指导下的群众体育团体，是××市体育总会的团体会员，具有社团法人资格。

第二条　本会以"三个代表"重要思想为指导，贯彻执行党和政府有关老龄工作和体育工作的方针政策，在老龄委、老干部工作部门及社会各界的支持下，团结老年体育工作者和体育爱好者，发展全市老年人体育事业，增进老年人身体健康，为更好地实现老有所为、晚年幸福、为社会主义精神文明和物质文明建设服务。

第三条　老年人体育工作属于康乐性质。各项活动都体现安全、友谊、和谐、欢乐，使参加者得到乐趣，增进身心健康。

第二章　任务

第四条　本会的任务

1. 宣传、发动和指导老年人参加体育活动；

2. 研究、提倡适合老年人的体育项目，使老年人体育逐步达到多样化、系统化、科学化、经常化、社会化；

3. 举办全市性的老年人体育比赛；

4. 组织老年体育科学研究；

5. 培训老年体育骨干；

6. 上下沟通情况，总结交流经验，表彰先进；

7. 组织参加全国和全省性的老年体育活动。

第三章　会员

第五条　本会吸收团体和个人会员。各县（市）区和行业老年人体育协会及其他本会认可的合法老年人体育组织和个人，承认本会章程，自愿申请加入本会，经委员会批准成为本会团体和个人会员，并接受本会的业务指导。

第六条　会员的权利

1. 有优先参加本会组织的各项活动，并享受优待的权利；

2. 遵照规定有选举权和被选举权；

3. 有对本会工作提出批评和建议的权利；

4. 有申请退会的权利。

第七条　会员的义务

1. 遵守本会章程，执行本会决议；

2. 交纳会费；

3. 积极组织与推动本县(市)区(行业)老年人体育活动;

4. 宣传老年体育工作;

5. 承担本会委托的各项工作。

第四章　组织

第八条　本会的组织

1. ××市老年人体育协会的领导机构是委员会。委员会的委员,由有关部门、有关团体推荐、提名,由全体代表会选举通过。委员会任期四年。根据老年人的特点,一般不限年龄。期满时,如委员会的推选单位无异议即可推荐连任。

2. 委员会的职责:选举主席、副主席、秘书长。听取审查常务委员会的工作报告。决定本会的重大事项。

3. 委员会日常工作由常务委员会主持。常务委员会由主席、常务副主席、副主席、秘书长组成。

4. 本会聘请德高望重的领导人担任名誉主席或顾问。聘请不继任委员的同志为荣誉委员。

5. 本市委员会会议和常委会会议实到委员半数通过的事项即为有效。

6. 市老年人体协,可根据需要,下设办公室等机构。

第五章　经费

第九条　本会经费来源:政府拨款、会费收入、社会资助或捐赠、有关部门、团体赞助、本会经济实体收入及其他收入。

第六章　附则

第十条　本章程的修改和解释权属本会常务委员会。

第十一条　本章程经全体委员会通过后施行,并报××市体育总会和××市民政局备案。

第十二条　本会终止程序:本会终止需经全体委员会三分之二以上人数通过,清理完结债务后,到登记机关办理注销手续。

评析:

1. 这篇章程标题由制定单位(××市老年人体育协会)和文种(章程)组成。时间(××年×月×日)、会议(第四次全体会议)加括号置于标题下方。

2. 正文是章条式。总则是文章的第一章,先说明组织的性质是××市体育局指导下的群众体育团体,具有法人资格,宗旨是发展全市老年人体育事业,增进老年人身体健康。

3. 从第二章到第五章是分则内容,也是该章程的主要内容,详细规定了协会的任务、协会会员的权利和义务、协会的组织、协会经费的来源等情况。内容具体,表述准确,条款完备,语言简练。

4. 最后一章即第六章是附则,补充说明协会的补充和解释权,以及施行时间和终止程序。

2. 养老机构制度的写作

养老机构制度是该机构制定的要求所属人员共同遵守的准则,是老年机构对某项具体工作、具体事项制定的必须遵守的行为规范或办事流程。

养老机构制度的写作由标题、正文和签署三部分组成。标题有两种形式：一种是适用对象加文种，如《值班制度》《廉政建设制度》；一种由单位名称、适用对象、文种构成，如《××老年大学基础资料管理制度》《××尊长园客房管理制度》。

正文主要采用通篇条文式，将制度的全部内容都列入条文，包括根据、目的、意义、种种规定、执行要求等，逐条表达，形式整齐。有的采用引言、条文、结语式。引言主要用来阐述制定制度的根据、目的、意义、适用范围等。然后将有关规定一一分条列出，最后写一段结语。有时，这两种情况可以结合在一起，灵活运用。

签署是制发老年机构单位名称和日期，在正文之下，相当于公文落款的地方。一般发布日期就是施行日期。

例文评析

【例文 2-5】

××市××老年公寓服务员管理制度

为了保障××老年公寓的诚信与声誉，营造和谐的雇用关系，有效管理工作人员的行为规范，特制定如下制度：

一、公寓入职服务员，必须出示真实有效证件，若有欺骗行为，由本人承担一切责任，情节严重者，交公安部门处理。

二、新到服务员，入职前必须先培训，后上岗，试用期为一个月。在试用期内如发现语言不通、身体有异或不能胜任本职工作者，本公寓则有权提出解雇。

三、公寓服务员在接受工作安排之后，应主动积极地将所分配的工作完成好，如有工作需要，要求个别调动工作事宜的，应服从负责人的安排。

四、公寓服务员态度须热情、体贴、积极肯干、吃苦耐劳。

五、公寓服务员言行举止须文明礼貌，须善待老人、奉献爱心，对待老人须轻言细语，不得谩骂、羞辱、激怒老人。

六、公寓服务员未经许可不得私带外人在公寓逗留或留宿。

七、公寓服务员上班时间必须着装端正、穿戴整齐、精神饱满。上班时间不得闲聊、怠工；不得离开岗位会客访友；不得相互嬉闹、喧哗；更不得擅离职守或妨碍他人工作。

八、公寓服务员严格按照公寓规定的时间上下班，不得迟到、早退和旷工。旷工一天扣罚三天薪金，连续三天旷工者按自动离职处理，不发任何薪金。

九、公寓服务员请假必须经负责人批准，方可准假。未请假或请假未获批准而擅自离开公寓者，按旷工一天处理。

十、公寓服务员须保持工作和生活环境，维护公共秩序，养成节约用水、用电，讲究卫生的良好习惯。

十一、公寓服务员外出时应遵守交通规则、维护社会治安管理条例，要注意个人安全，凡外出人员违反交通规则或社会治安管理条例而引起事故发生的，公寓不承担任何责任。

十二、公寓服务员因失误或自身原因造成老人发生意外的，需视情节轻重，追究其应负的责任。

十二、公寓服务员有以下情况发生的，公寓有权解雇工作人员：

1. 试用期发现服务员不符合录用条件或经过试用期培训不合格者。

2. 严重违反公寓管理、工作秩序的。

3. 言行举止恶劣，谩骂、羞辱、激怒老人的。

4. 故意损坏设备、工具，给公寓造成经济损失的。

5. 服务态度恶劣，损害公寓形象、声誉的。

6. 有贪污、盗窃等行为的，交公安部门处理。

7. 无理取闹、打架斗殴，不服从管理、安排、调度的。

8. 严重影响社会秩序或犯有其他严重错误的。

十三、公寓服务员因错受处罚而不满者，可以向负责人申诉。

凡违反上述条款之工作人员，除按有关规定处理外，亦会按下列程序处理，初犯教育批评，再犯口头警告，情节严重的立即开除（不发任何工资待遇）。

十四、辞职手续

1. 服务员辞职须提前一个月向公寓负责人提出申请。

2. 辞职服务员的当月工资在下个月公寓统一发放日发放。

××市××老年公寓

××年××月××日

评析：

1. 这篇管理制度的标题为单位名称（××市××老年公寓）、适用对象（服务员）、文种（制度）构成。

2. 正文第一段为引言，介绍制度的目的。引言下面用条文形式将对服务员证件、培训、工装、出勤、工作态度等义务和权利规定分条一一写出，内容具体，语言明确，条理清晰，形式整齐。该制度前面采用了引言，后面是通篇条文，没有结语。这是两种写作形式的灵活运用。

【例文 2-6】

××市××老年公寓院民公约

一、爱公寓如爱家，自觉维护公寓内正常的生活及工作秩序。

二、严于律己、宽以待人，团结友爱、互相谅解、和睦相处。

三、严禁吵骂、打架、搬弄是非、聚众闹事，不得干扰公寓内正常的工作秩序和老年人的正常生活、休息和娱乐。

四、保持居室内及公共场所的卫生和安全，不得乱扔果皮纸屑、乱倒水；不得在房间床头吸烟、乱拉乱扯电线、缆线，禁止使用电炉、电壶、电热毯。

五、爱护公物、花草树木；要节约用水、用电。

六、按时交纳各种服务费用。

七、仪表整洁、穿着得体，注重自身文明形象。

八、要服从管理，尊重工作人员的劳动，听从工作人员的善意劝导。

九、不准向工作人员赠送及转借钱物，入住老人之间不能借贷。

十、患病时要听从医生的治疗和安排。

十一、注意行走、推车、坐立、提拿物品时的安全，防止自身意外事故的发生。

十二、老人外出或不回公寓时，必须向责任区域护理员请假并在公寓值班室登记，回公寓时销假。遵守文明公约，不准在公寓内私自组织演讲，搞迷信活动和其他与邪教有关的活动。

评析：

1. 这篇公约是为了维护老年公寓院民的合法权益，根据国家相关法律和公序良俗制定的。

2. 标题由适用范围加文种构成。

3. 正文就有关事项作出了种种规定，条理清晰，内容明确，应该做什么，不应该做什么，一目了然。语言简明扼要，通俗易懂，可行性强。

能力检测

请根据以下材料，以××养老院的名义写一份"××养老院医护人员巡视制度"，要求该院全体医护人员遵守。

为了确保养老院老人有问题被及早发现，医护人员每两小时巡视一次，做好记录；对专护级老人半小时巡视一次；护理站24小时有人值班；对新入院老人要多观察，了解其身体真实情况；夜间巡视不影响老人休息；和老人交谈，要语言亲切，声音温柔；发现异常，要根据情况轻重及时作出判断，采取恰当方式方法处理。

附：

医护人员巡视制度

1. 护士每两小时巡视一次长者房间，严密观察长者情况，准确、及时填写长者护理记录单，记录内容完整、准确。

2. 对于专护级长者每半小时巡视一次房间严密观察长者情况，做到早发现，早预防，早治疗，早住院。

3. 护理站24小时有专人值班，随叫随到，及时解决长者问题。

4. 对新入园长者要勤巡视勤观察，及时有效地掌握长者的生活习惯，记录长者对园区的意见建议。

5. 夜间巡视以不打扰长者休息为前提，做到四轻（说话轻、走路轻、开门轻、操作轻）。

6. 白天巡视时间要多与长者沟通。

7. 做好巡视记录，对发现的问题要及时上报。

8. 在巡视过程中发现护理不足之处要及时提出建议。

9. 在与长者沟通中要礼貌用语。

10. 密切观察长者的生命体征和提供护理相关的健康指导。

11. 护士实行 24 小时轮流值班制度，值班人员履行各班职责护理长者。

××养老院

××年××月××日

子项目五

计划

情境导入

> 　　某养老院开办一年了，老人入住率在 50％。为了提高老人的入住率，在新的一年到来之际，养老院有了增加康复医疗器材、聘请营养配餐师、和当地媒体联系加强宣传等想法和措施，想使老人入住率能增加到 70％～80％。为此，该院制订了《××年××养老院工作计划》。

知识归纳

一、计划的概念

　　计划是根据党和国家的有关方针、政策以及上级的指示和要求，结合老年机构本身工作的特点和当前任务，该机构或者下属部门、个人对未来一定时期内要进行的工作、要完成的任务，预先拟定目标、要求、措施和完成期限的一种文书。

二、计划的特点

　　1. 目的性

　　这是养老机构制订计划的出发点。在制订计划之前，必须有明确的目标和任务。有了目标和任务，才不至于偏离方向，才能减少工作的盲目性，增强工作的主动性。

　　2. 预见性

　　养老机构计划都是制订未来一段时期的工作内容和安排的。因此，基于当前工作的现状、上级的要求，合理地提出下一步工作目标时，一般都能预见到目标的实现。

　　3. 约束力

　　养老机构制订计划，是为了实现计划。计划一经下达，就在一定范围内和一定时间内有了约束力。这样，在工作中，就不允许临时改变，随意决定，一方面保证计划的实施，一方面避免了人力物力财力的浪费。除非计划本身制订时有问题或者遇到了不可抗力等特殊情况。

三、计划的种类

　　计划按照不同的标准，分为不同的类型。

1. 按照性质分为综合计划和专题计划。

2. 按照内容分为工作计划、学习计划、营销计划、配餐计划、护理计划等。

3. 按照时间分为长期计划(五年规划、十年规划等)和短期计划(年计划、月计划、周计划、日计划)。

4. 按照范围分为单位计划、部门计划、科室计划、班组计划、个人计划等。

5. 按照书写格式分为文字式和表格式两种。

四、计划的写作

计划一般由标题、正文和落款组成。

1. 标题

标题有规范式标题(也叫完整式标题)和省略式标题两种。规范式标题是老年机构名称(或部门名称)、计划时限、计划内容概要和文种组成。如《老年大学 2015 年招生计划》《××养老院培训中心 8 月份工作计划》。省略式标题或者省略单位名称,或者省略计划时限,如《社区老年工作计划》。

如果计划未经批准而定稿,可以在括号里注明"讨论稿""初稿""草案"等字样,以区别于正式通过的计划。

2. 正文

养老机构计划的正文一般由前言和主体两部分组成,个别的也有结尾部分。

前言就是老年机构计划的开头部分,主要说明制订计划的依据,包括制订计划的指导思想,以及本单位、本部门的实际情况。语言要求简明扼要,统领全文,一般用"为此,特制订本计划"或者"为此,着力做好以下几项工作"等引领下文。

主体部分是养老机构计划的核心部分,着重阐述计划的目标、措施、步骤。目标,即写"做什么"。目标是计划的导因,也是计划的方向。计划应该写明在一定时间内通过什么方法完成的任务。这个任务要明确、具体、可行。措施,就是采取的方法,即"怎么做",是实现计划的保证。比如,动员哪些力量,创造什么条件、如何进行分工合作、克服哪些困难,如何奖罚等。步骤是要写明执行计划的工作程序和时间安排。第一步是什么,第二步是什么,第三步是什么……越是短期计划,越要写得详细。对主体部分的计划制订,要做到以下几点要求:

(1)切实可行

制订养老机构工作计划一定要根据上级要求和本单位、本部门或个人实际,制定目标、任务和措施,既不能僵化保守,也不能好高骛远。僵化保守,目标过低,失去了奋斗的动力,不利于挖掘潜力和调动工作的积极性;好高骛远,不容易实现,会丧失信心。只有定下切实可行的目标,才能确保用制订计划指导工作的意义。实际工作中,一定杜绝抄袭以往或他人计划的情况发生,那是严重违背制订计划的初衷的。

(2)集思广益

制订养老机构单位和部门计划,一定要广泛听取各方意见,集中集体的智慧,把客观因素、主观因素结合起来,写好的初稿,要在本单位或本部门公布,让大家提意见,谈看法,这样一方面确保计划的科学合理,一方面能争取大家的认同,保证计划的实施。

（3）具体准确

制订养老机构计划就是为了解决做什么，为什么做，怎么做的问题，不是空中楼阁。不能假话空话一大堆。在时间、数量、质量、目标、要求、措施、步骤等语言的表达上要具体，能用数字表述的一定用数字说话，逻辑清楚，条理分明，语言简洁有力，具体准确，这样计划的执行者才能便于操作，达到制订计划的初衷。

结尾部分，一般养老机构在制订计划时都省略了。但是，有的计划会在计划的最后提出执行计划的希望或号召，或是展望计划的实施前景，作为结尾。

3. 落款

在正文右下方，写上制订计划单位（部门、个人）名称（名字）和制订计划日期。如果是单位上交上一级部门计划，还要在落款处加盖本单位公章。

例文评析

【例文 2-6】

2014 年老年体协工作计划

一、指导思想

要继续认真学习贯彻十八届三中全会精神，全面深化改革，为实现"中国梦"多做贡献，积极参与为建设好"五个××"尽全力。在党委的领导下，在上级老年体协的具体指导下，按照既往的老龄工作和体育工作方针，努力做好本局老协工作，争取明年取得更好的成绩。

二、目标任务

1. 按原定每月一次会员学习日，采取会议、学习、活动相结合的方法，适时适当地延长时间，开展党支部的组织生活。

2. 积极开展形式多样的老年健身活动，全年组织参加县老协门协、钓协等单位举办的各种比赛活动，力争取得比今年更好成绩。

3. 增加投入，动员更多年纪较轻的会员参加各种比赛队伍，加强训练，掌握技术要领，提高技术水平，不怕辛苦，培养出一支技术能力强的队伍，参加各种比赛，取得好成绩，为本局老协争光。

4. 加强组织建设，坚持为老同志健康服务，把更多身体好、有兴趣爱好的老同志吸收到老协这个大家庭中来，使广大老同志老有所为、老有所乐，把老协办成服务型、和谐的集体健身组织。

5. 加强老年科学协会工作，积极开展科普活动，抓好宣传工作，积极向上级老协的《工作（简报）》《康乐寿》《老友》等杂志踊跃投稿，增加本协会的知名度。

6. 合理使用经费增收节支，勤俭节约，管好活动经费。

三、具体措施

1. 加强班子自身建设，树立为人民服务思想，不怕困难，无私奉献，经常向党委和县老协汇报工作，处理好上下级关系，争取得到各方支持，加强管理，提高管理水平。

2. 深化对老协工作的认识，把关爱和帮助老同志，实现"积极老龄化"作为第一要务，充分发挥局党委和广大老同志之间联系的桥梁和纽带作用，提高老年人生活和生命质量，更好地为老年人健康服务。

3. 加强老协的学习制度建设，提高科学意识，积极参加各种健康的文体活动，老协班子与全体会员团结一致，共同开创老协工作美好的明天。

×× 局老年体协

2013 年 12 月 ×× 日

评析：

1. 该计划从性质上属于综合性年计划。该计划是省略式标题，省略了单位名称（××局）。

2. 正文从指导思想、目标任务到具体措施，条理分明、内容具体、语言简洁。该计划落款有单位名称和计划制订时间。

能力检测

根据自己的时间安排，除去在校学习时间，制订一个利用节假日定期到养老院做义工的计划。

子项目六

总结

情境导入

××市老干部局组织了一场全市 60 岁以上老人均可报名参加的门球赛，从策划、组织到结束，历经两个月。比赛结束后，组织者感到规模、人数、效果等方面均超过往届。不过，也有因为考虑不周而遗憾的小细节。如果能把这些经验和不足写出来，对下次组织该项活动会有借鉴意义，活动的效果将会更好。因此，该局要求宣传科干事上交一份《××市老干部局门球赛工作总结》。

知识归纳

一、总结的概念

总结是该机构或者下属部门、员工对过去一定时期内的工作、学习等进行全面回顾、分析、研究，明确已经取得的成绩、经验，找出问题和不足，以指导下一阶段工作、学习等实践活动的一种文书。

二、总结的特点

总结需具有以下几个特点：

1. 主体性

养老机构总结是本单位或者本部门甚至个人对过去工作、生活、学习的回顾，主体意识明确，通常由本单位的人来写。因此，通常采用第一人称表述，如"我局""我部门""我"等。

2. 真实性

养老机构总结是对过去发生过的事情进行回顾，是以自身实践为依据，所表述的事例和数据必须真实，不能夸大、缩小，更不能杜撰、歪曲事实。这样写出来的总结才有价值，也才能达到总结撰写的初衷。

3. 理论性

养老机构的总结虽然是对自身活动的回顾，但是也不能像记流水账一样，罗列事实，应当从一定的理论高度进行探索和概括经验，注意发掘客观事物的本质规律，将感性认识上升到理性分析。

4．指导性

养老机构总结的最终目的是在回顾以往工作的基础上，明确成绩和经验，找出失败和不足，希望在以后的工作中能扬长避短，取得更大的成绩。这是总结的出发点和最终归宿。因此，指导性是老年机构的基本特征。

三、总结的种类

总结按照不同的标准，分为不同的类型。

1．按照性质分为综合性总结和专题性总结。

2．按照内容分为学习总结、营销总结、培训总结、护理总结等。

3．按照时间分为年度总结、季度总结、月份总结、阶段总结。

4．按照范围分为单位总结、部门总结、科室总结、班组总结、个人总结等。

5．按照书写格式分为文字式、表格式和文表结合式三种。

四、总结的写作

总结的写作一般由标题、正文、落款三部分组成。

1．**标题**

总结的标题有多种形式，最常见的是由单位名称、时间、主要内容、文种组成，如《××老干部处老年大学××年工作总结》。也可以省略时间，如《老年大学摄影培训班工作总结》。有的省略单位名称，如《××年护理工作总结》。

2．**正文**

总结的正文一般也分开头、主体、结尾三部分。开头也叫前言，一般简明扼要地阐述指导思想、基本情况、工作性质、工作任务、总结的范围、时间、目的以及主要内容提示等。主体是总结的核心部分，一般包括三方面：

(1)成绩、做法和经验

这是总结的最主要部分，要写明做了哪些工作，采取了哪些措施、步骤和方法，有哪些效果，取得了哪些成绩，原因是什么，有哪些深刻体会。注意把感性认识上升到理性认识的高度。

(2)失败和不足

这部分主要写工作中出现的问题，给工作带来了哪些损失和影响，并分析问题产生的主观原因。典型的经验总结或者工作中的确没有大的失误，会省略这一部分。

(3)今后的打算和努力方向

针对工作中存在的问题，提出切实有效的改进措施，或提出新的奋斗目标，展望未来，树立信心，激发斗志。

正文部分的写作格式有三种情况：贯通式、小标题式和条文式。贯通式是指从开头到结尾一气贯通，没有小标题，也不要数字排序。此种形式适用于篇幅短小、内容简单的总结。小标题式是指按照先后或者轻重顺序进行排列，每一段都标上一个顺序数及起一个概括本段核心内容的小标题。这种形式适用于内容丰富、范围较广、时间较长的全面总结。一些重要的专题性总结也常常采用。条文式是指把总结的内容按性质和主次，分成若干部分，使用一、二、三、四或第一、第二、第三、第四等顺序进行逐条排列，边叙述边分析，边归纳出经验教训。这种结构形式适用于专题总结。

结尾主要是在总结经验教训的基础上，提出今后的方向、任务和措施，表决心，展未来。这段内容一般篇幅不长。如果主体部分写过了，这部分就可以省略。

总结主体部分的写作，要把握几项原则：实事求是、有理论价值、重点突出。总结的目的是为了正确评价工作，总结经验教训，指导以后的工作。生活中，常见很多人把总结写成了自我表扬信，谈成绩浓墨重彩，说教训敷衍了事。这不是实事求是的态度。另外，在写总结时，不能堆砌材料，或一味地就事论事，要总结出有规律的东西，供今后的工作或者其他人借鉴。最后，写总结还要避免写成流水账，把所有的工作不分轻重一一写出，这样眉毛胡子一把抓，也不利于总结经验，改正不足。具体来说，应选取主要工作或者工作中比较突出的地方加以分析，其他地方简单写或者不写。

3. 落款

包括署名和时间两项内容，写于正文的右下方。

例文评析

【例文 2-7】

2012 年老年大学工作总结

2012 年，在市委、市政府的关心支持下，在市委老干部局的直接领导下，按照党的十六大提出的"发展继续教育，构建终身教育体系"、"形成全民学习、终身学习的学习型社会"的要求，认真贯彻上级有关文件精神，本校较好地完成了 2012 年工作计划，全市老年教育有了新的发展，树立了良好形象，进一步提高了社会知名度。现将一年来的工作情况总结一下。

一、结合我市实际，深入贯彻上级文件精神，促进老年教育新发展。

今年，为深入贯彻中共×××委办公厅、省人民政府办公厅《关于进一步加强老年教育工作的意见》(×委办〔2004〕79 号)和省委组织部、省委老干部局等五家单位联合下发的《关于评选表彰全省老年教育先进集体和先进个人的通知》，以及省委老干部局、省老龄办、省老年大学联合下发的《关于在县以上老年大学(学校)开展省级老年大学示范校创建和评估活动的意见(试行)》等文件精神，我们结合实际，积极抓落实，促发展。

1. 坚持正确的办学方向，加强思想政治工作。今年，我校为紧跟迅速发展的政治、经济形势的步伐，丰富老年学员的政治生活，把思想政治教育放在首位，每月定期组织学员听时事政治讲座，使学员及时了解当前国内外发生的政治事件，深层了解新闻背景。

2. 加强对各级老年大学(学校)的指导。一是召开了全市老年教育工作会议，把省两办《意见》精神传达贯彻落实到区级校和镇(街)、村(居)老年学校；二是召开全市各区(单位)校长联席会。今年5月份在×××老年大学召开了全市各区(单位)校长联席会，校长们交流了基层老年教育办学经验，着重探讨了在办学中存在的主要困难和问题，及其解决办法；三是召开全市老年大学教材交流会。

3. 评选和表彰老年教育先进集体和先进个人。2012年重阳节我市举行庆祝老年节暨表彰大会，市委、市政府五套班子领导参加了大会。×××老年大学等×××单位荣获老年教育先进集体称号；×××等荣获特殊贡献奖；×××等获老年教育先进个人称号。

同时，经省评选，×××老年大学、×××老年大学、×××老年大学荣获省老年教育先进集体称号，×××等荣获省老年教育先进个人称号。

4. 开展"市级老年大学示范校"创建和评估活动。根据省有关文件精神，今年我们着重抓了在全市老年大学(学校)开展"示范校"创建和评估活动的前期工作。5月份研究制订了"示范校评估方案"，建立了一整套评估标准并于6月份试行。

二、通过建校20周年校庆活动，总结办学经验，推动我市老年教育工作再上新台阶。

1. 抓好校庆的各项准备工作。今年年初，学校建校二十周年庆典活动的筹备工作全面展开。成立了校庆筹备工作领导小组，查阅了大量的学校历史档案，开展了《厦门老年大学建校二十周年纪念册》编印工作和一场文艺节目策划、创作及学校二十年教学作品成果展的策划、征集工作；对校庆各项筹备任务进行了全面启动。

2. 举办教学成果展及体育展示。为庆祝建校二十周年摄影研究会编辑出版了《城市之光》摄影集；诗词研究会出版了作品集《鹭江唱晚》；中医班出版了《验方集》；校老体协12月17日在人民会堂广场举办了精彩的千人体育展示大会操活动。

3. 以市委、市政府的名义召开庆典大会。市委、市政府对×××老年大学建校二十周年庆典十分重视，市委书记×××召开了市委书记办公会议，专题讨论×××老年大学二十周年庆典事宜，并于12月24日在×××人民会堂以市委、市政府的名义隆重举行了二十周年庆典大会。×××政协原主席、省老年大学校长×××，省老年大学协会会长、省老年大学副校长×××，省委常委、厦门市委书记×××等×市五套班子领导以及原市人大主任×××等市五套班子老领导出席了庆典大会。市人大副主任、校委会主任×××主持大会。×××校长在总结市老年大学创办20周年的经验时说，×××老年大学初创时一无校舍，二无资金，首期仅××学员，发展至今已拥有独立的校舍、宽敞明亮的教室、较先进的教学设备和稳定的办学经费，有××××名学员。

×××校长在庆典大会上高度赞扬了×××老年大学的办学成绩，总结了四条办学经验：一是党政领导的高度重视、社会各方大力支持，是办好老年大学的关键；二是坚持正确的办学方向，加强思想政治教育，是老年大学的首要任务；三是根据特区的特点办学，扩大开放度，是老年大学发挥作用的场所；四是与时俱进，不断改革创新，是老年教育不断扩展、提高的动力。

庆典大会上，到会领导与××××名老年学员一起观看了老年大学学员自编自演的《人生的风帆》大型文艺演出。

2012年，×××大学老年大学、×××老年大学也分别举办了成立20周年校庆活动，×××老年大学举办了成立15周年校庆活动。

三、夯实"硬件"，改善办学条件，优化教学资源。

1. 教学楼的改造装修工程进展良好。在市委、市政府的关心支持下，位于×××的原电视大学校舍划拨我校管理使用，在着手进行了改造装修的前期准备工作后，教学楼的改造装修工程于今年9月份正式动工，至年底装修改造工程已接近尾声，计划××年上半年正式使用。

2. 配备了良好的教学设备。新校舍建筑面积×××平方米，有独立的教学大楼，内设适应不同学科教学要求的标准教室。各教室安装了投影仪，视频展台，配置了专用的教学资源服务器，实现了多媒体教学，为我校实现教学现代化，奠定了坚实的物质基础。

四、升级"软件"，推进制度建设，不断提高教学质量和办学水平。

1. 加强调查研究，改进教学内容，满足学员需求。我们在举办各类讲座时，根据学员普遍喜欢听养生、保健讲座的需求，与×××集团合作，请了全国著名保健专家×××教授为学员做了"健康生活新观念"报告会。我们还请了××大学知名的体育教授为学员进行了《老年人科学健身与保健锻炼》的讲座。

2. 根据新的情况不断完善各项教学管理制度，实行规范化、制度化管理。

一是加强教学管理工作。为了更好改进教学方法和教学管理。每学期及时征求教师的意见和建议，增进学员、教师与学校的沟通。

二是完善了学员电脑管理系统。对每位在校学员的学号进行了确认、核实，更换了新的学员证，增加了分类功能，从而进一步完善了学员电脑管理系统，使教学管理工作做到科学、有序和高效。

三是健全后勤保障机制，增强教学的服务职能。进一步规范了各类所需物品的采购、保管、领用程序，在教学用品的采购上，优先给以满足，尽力压缩非教学性开支，优先满足教学的实际需要。

四是加强教师队伍和班主任队伍的建设，建立和实行聘任制、评估制。

五是成立××老干部艺术团，为老年学员提供发挥作用的平台。

2012年，学校坚持以"增长知识、丰富生活、陶冶情操、提高素质、增进健康、服务社会"为办学宗旨，取得了一定的成绩。在新的一年中，需要我们共同探索和研究，力争做到理论与实践相结合，使全市老年教育更上新台阶。

老年大学
××年××月××日

评析：

1. 这是一篇年度工作总结，属于条文式写法。

2. 正文包括前言、主体和结尾三部分。前言开门见山，简明扼要地阐述了工作的指导思想和工作重点，总领下文。主体部分围绕老年大学的主要任务从四个方面进行总结。其中，第一部分、第二部分是重点内容。第一部分全方面介绍工作中的具体做法，有实例，有数字，真实，客观，很有说服力。第二部分围绕校庆做的一系列工作，详实，具体，成绩明显。第三部分、第四部分较为简略。因为工作中的确没有大的失误，所以该总结没有涉及教训和不足部分。结尾部分提出打算和希望，表决心。

能力检测

一、针对自己课外阅读情况，试着写份一年来的总结。

二、利用双休日，去养老院当义工，回来写一份个人总结。

三、错误辨析。下面这篇总结，哪里写得好，少了哪些要素，请加以分析。

××××老干部处老年大学 2021 年工作总结

一、教学教务工作

1. 学期初及时做好开学准备工作。

(1)组织召开总校分校教务人员、教师、班长学员骨干会议，通报了总校教务人员岗位职责和本年度工作安排，听取了教师提出的有关建议和意见，对教师、班长骨干提出了新学期教学要求和工作要求。

(2)组织了新学期开学准备工作：①安排老师备课撰写教案；②张贴办班计划、招生简章等宣传工作；③申请配置新教具；④联系购买相关教材；⑤打扫各班卫生等。

(3)本年度共开办了 38 个专业班，其中总校 31 个专业班，分校 7 个专业班，开学初做好了报名、登记、交费等各项工作。

2. 老年大学 2021 年新学期开学及平时，对分校进行了督导。

3. 购买了南京金陵老年大学和山东老年大学出版的书法、国画、按摩、声乐、古筝等部分专业教材。

4. 编印了第五、六期学报。

5. 2 月 28 日、3 月 20 日，组织了《批判地看待中国风水学》和《临近地市书画观摩知识简介》两期综合知识讲座，听课学员近百人。

6. 5 月中旬，平稳地取消了一分校三个班的教学，使大部分学员进入总校学习。

7. 6 月份赴山东老年大学参观后，认真总结对照我校工作，结合实际进行教学改进，调整了下学期课程表，编印了学员手册。

8. 暑假组织了各班的返校活动，取得了良好效果。

9. 做好了节日慰问和表彰工作。春节对老师登门慰问，发放购物卡、慰问信；中秋、国庆给老师发放慰问信和购物卡；教师节评选了优秀教师、优秀班长、优秀学员，并进行了表彰，发放了食用油和购物卡。

10. 整理学校各种基础资料，分类入档。

11. 开学组织了开学典礼，期末进行了教学汇报演出。

12. 为声乐班、葫芦丝班配备了音响、麦克风，为舞蹈班配备了多功能音响，为电子琴班、古筝班购买新琴，方便了教学，提高了学员学习兴趣和教学效果。

13. 为全体师生发放了学校定做的手提袋，为第一教室更换了一个窗户，第三教室安装了一个窗帘。

14. 认真组织课堂教学、听课、日常教务管理和服务工作。

15. 全年收缴学费42 340 元，下半年在缩减分校 3 个班的情况下收费41 880 元，全年合计收费84 220 元，比学费定额 8 万元的目标，超额完成 4 220 元。

二、教学活动

1. 3 月上旬分别对盟城、天桥、测井、水电分校进行督导，各校上课正常。

2. 4 月中下旬组织指导二胡、瑜伽、美术基础、国画山水花鸟、秦腔等专业班学员到附近新蕾公园、戚城公园等地进行室外教学联谊展示、采风写生活动。

3. 4 月 14 日至 17 日校长×××到黑龙江黑河市参加了《中国老年大学协会企业校委员会成立二十年大会暨第五届主任校委员会全体委员校会议》。

4. 4 月 25~26 日，指导葫芦丝、测井分校声乐班 55 人自费到龙潭大峡谷及洛阳牡丹园进行采风、实践展示活动。

5. 5 月中上旬组织指导美术基础、国画花鸟等专业班学员到附近新蕾公园、戚城公园等地进行室外教学展示。

6. 5 月中旬对测井分校进行办学督导。

7. 5 月 15~17 日，组织老年大学一行三人赴山东老年大学进行学习参观。

8. 6 月组织对天桥、盟城、测井分校进行教学督导。

9. 组织书画研究会部分师生参加油田庆七一书画展。

10. 组织舞蹈、音乐研究会部分师生筹备广场消夏晚会。

11. 迎接总公司调研和建党节，整理教室、制作图片展版、更换宣传橱窗，准备汇报材料，做好了迎检各项准备工作。

12. 暑假组织了各班的返校活动。

13. 组织了迎"二十大"书画笔会。

14. 组织了书画班 20 名师生到濮阳市参加庆十一书龙活动。

15. 11 月组织了 30 名师生到太行山写生。

16. 开展了国庆节系列教学活动，布置国庆书画宣传橱窗。

17. 为迎接二十大，组织参加了"全国九九重阳书画展"和油田、濮阳市书画展等，获得了优秀组织奖。

18. 围绕庆祝二十大召开，总校组织了一次书画笔会，天桥二胡班、总校音乐舞蹈等班级组织了演奏联谊会，总校书画班师生参加了濮阳市书画展览、笔会等系列活动。

19. 组织一次书画讲座。

三、配合管理处做好其他临时性工作

1. 配合办公室组织职工广播体操训练，及时准备场地和音响，为老干部处广播体操队取得优异成绩帮忙助力。

2. ×××连续三年代表管理处参加机关安全知识技能竞赛，均榜上有名，得到机关工会表彰，为管理处赢得了荣誉。

3. 积极配合管理处做好其他各项临时安排的工作。如为老局长、老领导书写春联等。

子项目七
介绍信　证明信

情境导入

随着慈善事业的蓬勃发展，××省民政厅需派出一位同志协助××民政厅社会福利和慈善事业促进局的工作，该同志需要带一份介绍信去接洽工作。介绍信该怎么写呢？介绍信包括什么要素呢？按什么格式来书写？

知识归纳

一、介绍信的基本概念

1. 介绍信的概念

介绍信是机关团体、企事业单位派人到其他单位联系工作、了解情况或参加各种社会活动时用的函件，是一种应用文体。它具有介绍、证明的双重作用。使用介绍信，可以使对方了解来人的身份和目的，以便得到对方的信任和支持。

2. 类型

它有两种类型：一种是印好格式的介绍信，用时按空填写即可；一种是用公用信笺书写的介绍信。

3. 格式内容

一封详细的介绍信，要包括以下几项内容：

(1)正中写"介绍信"，内容包括：称呼、正文、结尾、署名和日期，并注上有效日期。

(2)正文包括持介绍信的人数、姓名、身份。涉及一定保密范围的事项时，还须注明联系人的政治面貌、职务、级别等，以便收信单位根据情况进行接待工作。

(3)接洽，联系何事情，有何希望和要求，一般用一段文字表达。

(4)发介绍信的单位名称和开介绍信的日期，写于致敬语右下方，加盖公章。

(5)介绍信的有效期限。

二、证明信的写作

1. 标题。"证明信"，写在第一行正中位置。

2. 正文。开头顶格写送达机关名称；接着写要证实的具体事实，说明材料来源等。

3. 结束语。一般用"特此证明"。有的开头没写送达机关名称的，可用"此致××单位"。

4. 落款。证明制发机关、日期，加盖公章。

总的说来，证明信的写作要实事求是，简明扼要，要有明确的结论，用词恰当。

例文评析

【例文 2-8】

介绍信

××省民政厅社会福利和慈善事业促进局：

　　兹介绍我厅 ×× 同志等 ×人前往贵处协助工作，请予接洽并给予帮助。

此致

　　敬礼！

××省民政厅（公章）

2021 年 10 月 30 日

限 2021 年 11 月 30 日前报到

评析：

1. 这是一封普通介绍信。

2. 标题正中写"介绍信"。

3. 正文开头，内容包括：称呼、正文。

4. 结束语为此致、敬礼。

5. 落款注明发文单位加盖印章、发文日期（日期使用阿拉伯数字）。并注上有效日期。

【例文 2-9】

专用介绍信（带存根的印刷式介绍信）

介绍信（存根）

××字第×号　（盖章）

兹介绍×××同志、×××同志等_____人前往你处联系×××（具体工作）。

　　请予以接洽并给予协助。

此致

敬礼！

××××（公章）

2021 年 10 月 30 日

（有效期七天）

评析：

1. 这是一封带存根的介绍信。

分左右两联，右边除了没有存根两字，其余完全一样。

2. 标题正中写"介绍信"。

3. 正文开头，内容包括：称呼、正文。

4. 要有结语，即"此致敬礼！"。

5. 落款注明发文单位加盖印章、发文日期（日期使用阿拉伯数字）。并注上有效日期（用大写数字）。

【例文 2-10】工作证明信

证明信

×××大学：

×××同志 2008 年 8 月至 2021 年 8 月在我院工作，曾任基础部主任。该同志工作认真负责，能以身作则，团结同志，成绩突出，2011 年、2014 年两次被评为我院先进工作者。

特此证明。

××学院（盖章）
2021 年 10 月 10 日

评析：

1. 这是一封普通证明信。

2. 标题正中写"证明信"。

3. 正文开头，内容包括：称呼、正文。

4. 结束语"特此证明"。

5. 落款注明发文单位加盖印章、发文日期（日期使用阿拉伯数字）。

能力检测

请根据介绍信和证明信的写作要求，草拟一封介绍信和证明信。

项目三　策划类文书

学习目标

1. 知识目标

◆了解策划类文书的意义和作用；了解策划类文书的概念、特点和种类；理解策划类文书的立意、选材、结构、表达方式及语言特点

2. 能力目标

◆通过自我学习和训练，能够简单地拟写广告文案策划书、市场营销策划书以及专题活动策划书

子项目一
广告文案策划书

情境导入

　　今天，广告被人们称为人类文明中的第八艺术。现代社会已经没有不做广告的企业和企业家，也没有不依赖于广告进行商品销售的商业活动。广告与现代社会的全部经济活动不可分离，它已成为促进供需的道路、沟通产销的桥梁、活跃市场的媒介、生产生活的向导。

　　在市场经济社会，无论从事什么职业都应该学会推销自我，懂得一些广告知识，特别是学会撰写广告文案。

知识归纳

一、关于广告

1. 广告的定义

　　广告这个词最早来源于拉丁语——Advertere，意思是"大喊大叫"，涵括通知、诱导、披露的意思。

　　广告，汉字字面意思就是"广而告之""广泛劝告"，即向公众告知某件事，它是一种传播信息的重要手段，它由广告主体、广告客体、广告中介以及广告内容四个方面的内容组成。

2. 广告的类别

　　广义广告包括经济广告和非经济广告。经济广告也就是人们通常所说的商业广告，是一种付费的宣传形式，它是以盈利为目的，广告主支付一定的费用，通过各种面向大众的传播媒介传递有关商品、劳务、观念方面的信息，从而影响公众行为的一种信息传播活动。非经济广告是为了达到某种宣传目的的非营利性广告，如声明、启事以及防止空气污染、美化经济环境、维护交通秩序、促进公共福利事业等内容的社会公益广告。狭义的广告，专指商业广告。一般情况下，广告可以从四个方面的内容进行划分。

　　①按广告的性质分：经济广告、非经济广告。

　　②按广告发布者分：组织广告、个人广告。

　　③按广告内容分：商品广告、劳务广告、文娱广告、社会广告、公益广告等。

　　④按广告媒体分：印刷媒体广告、广播广告、电视广告、网络广告、户外广告（巨

型广告牌、楼宇、汽车车体)等。

3. 广告的作用

现代社会已经没有不做广告的企业和企业家，也没有不依赖于广告进行商品销售的商业活动。广告已成为促进供需的道路，沟通产销的桥梁，活跃市场的媒介，生产生活的向导。具体的来说，广告有以下五个方面的作用：

①广告是最大、最快、最广泛的信息传递媒介。通过广告，企业或公司能把产品与劳务的特性、功能、用途及供应厂家等信息传递给消费者，沟通产需双方的联系，引起消费者的注意与兴趣，促进购买。因此，广告的信息传递能迅速沟通供求关系，加速商品流通和销售。

②广告能激发和诱导消费。消费者对某一产品的需求，往往是一种潜在的需求，这种潜在的需求与现实的购买行动，有时是矛盾的。广告造成的视觉、感觉印象以及诱导往往会勾起消费者的现实购买欲望。有些物美价廉、适销对路的新产品，由于不为消费者所知晓，所以很难打开市场，而一旦进行了广告宣传，消费者就纷纷购买。另外，广告的反复渲染、反复刺激，也会扩大产品的知名度，甚至会引起一定的信任感，也会导致购买量的增加。

③广告能较好地介绍产品知识、指导消费。通过广告可以全面介绍产品的性能、质量、用途、维修安装等，并且消除他们的疑虑，消除他们由于维修、保养、安装等问题而产生的后顾之忧，从而产生购买欲望。

④广告能促进新产品、新技术的发展。新产品、新技术的出现，靠行政手段推广，既麻烦又缓慢，局限性很大，而通过广告，直接与广大的消费者见面，能使新产品、新技术迅速在市场上站稳脚跟，获得成功。

⑤广告是艺术含量很高的一种宣传手段，能给消费者以美的享受，一则好的广告会标新立异，出其不意，用特效烘托气氛。

二、广告策划与文案写作

1. 广告策划的概念及内容

(1)广告策划的概念

广告策划是广告承担者思维主体运用知识和能力对广告整体战略、策略进行思考、运筹和谋划的活动，就是广告承担者思维主体通过细致周密的市场调查与系统分析，充分利用已经掌握的知识(信息、情报与资料等)和先进的手段，科学、合理、有效地部署广告活动的进程。简言之，广告策划就是对广告运作的全过程作预先的考虑与设想，是对企业广告的整体战略与策略的运筹与规划。广告策划对整体广告活动具有指导性、系统性、超前性和创造性的特征。

正确理解广告策划的概念，有以下几个关键点。

广告策划的目的是追求广告进程的合理化与广告效果的最大化。

企业的营销策略是广告策划的根本依据，广告策划不能脱离企业营销策略的指导。

广告策划有其特定的程序，这种程序应该是科学、规范的而不是盲目地凭空设想与随心所欲。

广告策划应该是广告运动的整体策划，停留在具体操作层面的"广告计划"并不是广告策划。

广告策划必须以市场调查为依据，良好的市场调查为广告策划提供了市场环境、消费心理、竞争对手等方面的重要信息。

广告的心理策略、定位策略、规划策略、创意策略、文案写作、媒介策略及效果评估是广告策划的核心内容。

广告策划书(文本)是广告策划结果的一种可见的形式，它为广告运动提供了运行的蓝图与规范。

广告效果的测定方法与标准应该在广告策划中预先设定。

(2)广告策划的内容

广告策划的内容主要包括以下五个方面的内容。

广告环境分析：包括市场分析、企业分析、产品分析、销售分析、消费分析、地域分析等。

广告目标：包括知名度目标、品牌形象目标、市场占有目标、消费目标等。

广告主题：包括广告口号、广告象征物、广告观念等。

广告媒体：包括报刊、广播、电视、网络等。

广告预算：包括策划费、制作费、刊播费等。

2. 广告文案的定义

很多人了解广告是从了解广告文案开始的。

广告文案伴随着广告的出现而出现，广告是一种信息传播活动，而传播必须依靠传播者与传播对象均能理解的符号完成，广告作品就是这些符号的最终载体，广告中的语言符号就是文案。文案并不仅仅局限于语言文字，而是包括语言文字在内的一切能传达信息的语言符号。

广告文案就是指已经完成的广告作品中的为传达广告信息而使用的全部语言符号所构成的整体(包括有声语言和文字)。它与非语言符号共同构成有效传达信息的广告作品。可以从以下三个方面来进行理解。第一，广告文案是一种利用语言文字符号进行信息传递的"手段"。第二，广告文案的创作是在整体创意限定下进行的。第三，广告文案与图片运用不同的符号传递信息，共同构成广告作品。

我们学习的是广告文案而不是广告。但是每一个文案又是一个整体，文案人员应该更本质地理解文案，而不是仅仅关注如何遣词造句。

3. 广告文案的类型

(1)根据传播媒介的不同：印刷媒体广告文案、广播广告文案、电视广告文案(电视脚本)、网络广告文案，户外广告文案等；

(2)根据广告目的的不同：商业广告文案、非商业广告文案；

(3)根据传播信息的不同：产品广告文案、企业广告文案、服务广告文案、公共事务广告文案；

(4)根据文案自身结构的不同：单篇广告文案、系列广告文案；

(5)根据所采用的文体的不同：叙事文体广告文案、抒情文体广告文案、议论文体广告文案、说明文体广告文案；

(6)根据诉求策略的不同：理性诉求广告文案、感性诉求广告文案、情理结合诉求广告文案、产品情报诉求广告文案、生活情报诉求广告文案等。

4. 广告文案的结构

广告文案有广义和狭义之分，广义的广告文案就是指通过广告语言、形象和其他因素，对既定的广告主题、广告创意所进行的具体表现。狭义的广告文案则指表现广告信息的言语与文字构成。

广告文案通常包括标题、正文、广告语、随文四大基本部分。

(1)标题

广告标题是广告文稿的精髓，被称作广告的灵魂。广告标题是标明广告主旨和区分不同内容的标志，反映着广告的精神和主题。出色的标题不仅能帮助消费者了解广告客体的主旨、内容及独特的个性，还能在瞬间激发消费者的兴趣。

从内容上，广告标题分为直接标题、间接标题和复合标题三种。

直接标题即以简明的文字表明广告的内容，使人们一看就知道广告的信息内涵。如："家中有万宝，生活更美好"(万宝冰箱广告标题)，"唯独这种煤气能向你提供一大桶热水，比普通快三倍"(美国煤气联合协会广告标题)，"中意冰箱，人人中意"(中意电器集团公司广告标题)。

间接标题往往不直接说明产品或与产品有关的情况，而是先用富有趣味性和戏剧性的语言抓住人们的好奇心和注意力，使人们非弄明白不可，直到读了广告正文才恍然大悟。如："发光的不完全是黄金"(美国银器广告标题)，"工欲善其事，必先利其器"("常工牌"焊接切削工具广告标题)。

复合标题把直接标题和间接标题复合起来，一则广告有两个或三个标题，形成复合标题。例如：

四川特产，口味一流(引标)

天府花生(主标)

越吃越开心(副标)

要吸引诉求对象，标题必须有足够的吸引力。标题的吸引力蕴涵在它的内容和形式上，引人入胜的标题会使正文的阅读率成倍提高。在标题的撰写过程中必须紧扣创意，把创意的最巧妙之处融入标题，准确的直指核心，并且要集中一点。

标题必须避免平铺直叙，平铺直叙最能准确表述，但无助于吸引读者，应去寻找出人意料的角度。同时，标题的语言需要简洁凝练，注意好使用个性化的语言，能有助于体现产品的特性。

(2)正文

正文是广告的中心和主体，主要凭借正文来体现广告的目的和内容。它包括三方面内容：首先，对标题提出的商品或其他方面加以说明或解释；其次，具体说明提供商品或其他方面的细节，让人消除疑虑，这是正文的中心段；最后，结尾用热情诚恳的语言诱导消费者去购买。

正文是广告作品中承接标题，对广告信息进行展开说明、对诉求对象进行深入说服的语言或文字内容。正文的内容大致为简要解说标题提出的问题，提供商品信息的具体细节，说明商品或服务的种类、特点、作用、注意事项等，刺激消费者采取行动这三个方面。

在广告正文的写作上必须着眼于两个最基本的方面：一是围绕广告商品的内容、名称、规格、性能、价格、质量、特点、功效和销售地址等进行符合客观事实的构思，加大说服力和情感性；二是掌握和洞悉消费者心理需求，了解市场态势，以重点突出、简明易懂、生动有趣、具有号召力的语言进行传播。

（3）广告语

广告语又称广告口号、广告标语，它是企业精神理念的提炼，是品牌核心价值的体现，是为了加强诉求对象对企业、产品或服务的印象而在广告中长期、反复使用的一种简明扼要的口号性语句。它可以出现在正文的任何部位，一般情况下，独立于正文之外，作为广告相对独立的一部分。它高度概括，语言凝练，具有很强的号召力。广告口号反复使用，可以给人以深刻印象，挑起人们的购买欲望。广告口号意使消费者建立一种观念，用以指引他们选购商品或劳务。

广告语创作是一个艺术的行为，同时历程也是十分艰难的。为什么这样说呢？这主要因为创作的过程中限制较多，可供发挥的空间比较少。说其具有艺术性是因为，最终能跳出什么样的舞蹈取决于广告人的内心有多大的舞台以及对人性的把握、对市场的洞悉、对文字的驾驭等能力。每个广告人的广告语创作都会经历：从无意识到有意识，再到下意识的过程。刚开始因为对规则和流程的无知，只能凭个人感觉去做；之后就会掌握一些技巧和规则，会符合策略但却不大能打动人心；到第三个阶段，就是不用技巧，天马行空也能创作出很好的广告语，因为这个阶段已经会站在目标消费群体的角度去想，站在销售现场的角度去考虑，懂得如何打动受众，如何勾起其消费欲望了。

那么，怎样创作优秀的广告语呢？首先需要强调的是，广告语不是孤立存在的，更不是漂亮的文字游戏。广告语是广告的一部分，它应该在完善的广告策略指导下，和整个广告一同策划、一同产生。广告语的背后是策略，首先要想办法说得对，接下来才是怎样说得好。好的广告语一定要在正确的广告策略指导下，与产品发展阶段、企业身份相符。

广告语的写作要注意忌讳流于空洞，有着一定的写作要领，一定要力求简洁，浓缩就是精华，去掉不必要的修饰。广告语体现的观念要单一明确，避免空洞的套话，使之有独特性，语句不能晦涩难懂，更要避免虚假的大话。同时，它要有很强的适应性，既要避免时间和地域色彩，又要能适应各种媒介的广告使用，在用词、内容、句式、语气等方面还应该追求个性，以能够在众多的广告语中脱颖而出，被消费群体记住。

（4）随文

随文又称附文，是广告中传达购买产品或接受服务的方法等基本信息，促进或者方便诉求对象采取行动的语言或文学。一般出现在影视广告的结尾或印刷品的最边角，但是它不是可有可无，它是正文的补充，是广告诉求的最后推动。它包括购买商品或获得服务的方法、权威机构证明标志、用于接受诉求对象反映的热线电话、网址、直接反映表格、特别说明、品牌(企业)名称与标识等。

5. 广告文案的写作要求

(1)准确规范、点明主题

准确规范是广告文案中最基本的要求,要实现对广告主题和广告创意的有效表现和对广告信息的有效传播。首先,要求广告文案中语言表达规范完整,避免语法错误或表达残缺。其次,广告文案中所使用的语言要准确无误,避免产生歧义或误解。再次,广告文案中的语言要符合语言表达习惯,不可生搬硬套,自己创造众所不知的词汇。再次,广告文案中的语言要尽量通俗化、大众化,避免使用冷僻以及过于专业化的词语。

(2)简明精练、言简意赅

广告文案在文字语言的使用上,要简明扼要、精练概括。首先,要以尽可能少的语言和文字表达出广告产品的精髓,实现有效的广告信息传播。其次,简明精练的广告文案有助于吸引广告受众的注意力和迅速记忆广告内容。再次,要尽量使用简短的句子,以防止受众因繁长语句所带来的反感。

(3)生动形象、表明创意

广告文案中的生动形象能够吸引受众的注意,激发他们的兴趣。国外研究资料表明:文字、图像能引起人们注意的百分比分别是 22% 和 78%,能够唤起记忆的文字是 65%,图像是 35%。这就要求在进行文案创作时采用生动活泼、新颖独特的语言的同时,辅助以一定的图像来配合。

(4)动听流畅、上口易记

广告文案是广告的整体构思,对于其中诉之于听觉的广告语言,要注意优美、流畅和动听,使其易识别、易记忆和易传播,从而突出广告定位,很好地表现广告主题和广告创意,产生良好的广告效果。同时,也要避免过分追求语言和音韵美,而忽视广告主题,生搬硬套,牵强附会,因文害意。

6. 广告文案写作原则

(1)人无我有,绝对优势法则

人无我有,即挖掘或制造自身所独具的、别人无法移植和克隆的东西出来,突出该特色,以绝对优势压倒竞争对手,从而占领市场。

(2)人有我优,相对优势法则

同质化日趋严重的今天,所谓一家独享的不可替代的产品或服务已经很难存在,在这种情况下就必须寻找大家都具备的、但是我所做的最好的东西出来,即所谓的"专业化",即所谓的"人有我优",以相对优势来压倒对手,从而占领市场。

(3)有中生有,显示优势法则

当上述第一点和第二点企业自身经过详细挖掘,发现自己都不具备的情况下,就应该退而求其次,说出行业之共识,或行业之潜规则,亦即业内人士都十分清楚、十分了解,并且绝大多数从业人员都认为消费者也应该了解与熟悉这些共识或规则,然而事实上消费者却并不了解,或者有所耳闻,但是却不知其所以然的东西出来,把行业所共同具备的东西拿出来，打造成企业自身的"独特的"竞争力出来。简言之，就是当绝大多数竞争对手都把消费者当成专家的时候，我们把消费者当成是"普通人"甚至"傻子"。

(4)无中生有，追加优势法则

在经过各种各样的分析与调研之后，发现自己可供利用的资源实在是少之甚少的情况下，就可以采取"无中生有"的做法，即运用追加优势法则。注意，其中的关键在于"追加"二字上，此"无中生有"非彼"无中生有"，切不可进行虚假宣传，而是将自己现在还做不到但是很快就能做到的，或者自己的发展目标和战略规划中的独特之处拿出来放在此时来说。

7. 广告文案的注意事项

(1)广告要遵纪守法，光明正大

要符合法规政令、道德准则。要遵守《广告法》。例如广告中不得使用国旗、国徽、国歌，或者使用"最高级"、"最佳"。有的广告借此用了这一广告用语"没有最好，只有更好"，药品广告中不得有"药到病除"、"根治"、"安全无副作用"等语。不能宣传封建迷信、崇洋媚外，如墓地广告不能宣传风水等。同时，也不能贬低和损害其他企业的产品。

(2)创意要独特新颖

"意"就是主题，作者的基本看法、主张、态度、情感，通过文章表现出来，就是文章的"意"，即文章的主题。广告也是如此。再短的广告，也有主题。例如：上海原"白猫"洗衣粉厂家推出洗发水"法奥香波"，创意"洗衫用白猫，洗发用法奥"，意思是：①同出一门，质量当然可信；②两个品牌相连便于受众记忆。意象交融、具有吸引力。

(3)内容要适应受众

内容上投其所好、避其所忌；语言上通俗易懂、简洁明快；形式上新颖活泼、趣味高雅。

(4)写法要顾及媒体

(5)字体要适当变化

(6)要学会区分广告的标题与口号

三、广告创意与技巧

广告创意是从表现主题的需要出发，经过精心策划和思考，运用恰到好处的表现方式和特有的艺术表现手段，创造出新颖独特、感人至深的意境的全部过程。广告创意是表现广告主题的构思。

说话、写文章要有主题，广告创意同样要有主题。主题是广告创意的灵魂和统帅。广告创意的主题要求鲜明突出，重点明晰，层次清楚，能以简洁的语言传递出一种明确的思想和意念。

成功的广告创意，能够引起消费者注意，激起消费者兴趣，诱发消费者欲望，加深消费者记忆，促成消费者行动。

一个成功的广告创意要具备以下六个方面的特征：

1. 新颖独特

今天，广告已经是铺天盖地，无处不在，这就更要求广告创意要新颖独特。比如在广告语言上要更加鲜活、生动，富于感染力。"质量上乘，物美价廉"，"誉满全球"，"实行三包"，"超级服务"等一些陈旧的广告词语已经难以引人注意。要激发人们的兴趣，就要与时俱进，不断创新。

2. 情趣生动

广告创意要设定优美的意境，将人们带进一个情趣高雅、生动活泼的艺术境界中去。

3. 形象逼真

20 世纪 70 年代中期，美国《广告时代》邀请广告界 97 位专家对"至今为止最杰出的广告"进行评选。这次获得最高荣誉奖的是 DDB 广告公司制作的"大众汽车广告"，它获得了 97 张选票中的 60 张选票。这则广告清晰、准确、简洁、逼真的风格给人以震撼心灵的创意效果：在黑白色彩对照下，以大片空白突出了"小甲壳虫"的形象。这种逼真的形象令人难忘。

广告创意离不开形象设计，无论是人是物，都要形象逼真，鲜活感人。要通过画面、语言和声音的运用，调动一切手段，运用一切方法，塑造出活生生的艺术形象，给人留下过目不忘的深刻印象。

4. 通俗易懂

广告的对象是大众，如果晦涩难懂，就会脱离群众，普通人看不明白，事倍功半。相反，如果庸俗低下，曲意迎合，遭大众唾弃，就会得不偿失。只有通俗易懂，喜闻乐见，才能两全其美。

5. 升华艺术

广告文案是一种特殊的艺术形式，具有深刻文化内涵和审美属性。优秀的广告创意不仅能快速、准确地传递商品信息，同时还应该有丰富的精神内涵，创造较高的审美价值，实现审美性和功利性完美地结合。要体现广告信息的完整性，使受众从广告文案中得到审美享受，获得某种精神上的愉悦。

6. 别出心裁

具备创新性是广告成功的关键。任何一件广告作品，人云亦云都会使人感到厌倦。

例文评析

【例文 3-1】

神州行：轻松由我

标题：神州行：轻松由我

正文：

编辑老葛说："我接电话比打电话多，用神州行畅听卡，实在！"

村长老葛说："我用的是神州行家园卡，话费便宜信号好！"

工人老葛说:"在外地打工,想家的时候我就用神州行长话卡。"

居民老葛说:"这神州行轻松卡啊,打进打出都轻松,用着舒坦!"

爱旅行的老葛说:"神州行标准卡,漫游起来真不差!"

退休干部老葛说"图个实在,我一直用神州行大众卡!"

……我是葛优,银幕上我演老葛;生活中,神州行的几个卡!我还真用着一个。您要是也在考虑,听我一句:神州行,总有一卡适合您啊!

广告口号:总有一卡适合您!神州行,我看行!

随文:客户服务热线:10086

www.chinamobile.com

评析:

这是一篇要素完整的广告文案,同时也是一篇别出心裁的广告文案,内容和写作手法独具创新性,葛优一人分饰多个角色,话语间都在表达对神州行的喜爱之情,给受众留下强烈的印象,是一篇难得的好文案。

能力检测

一、请拟一条以"关爱老人"为内容的公益广告词。要求主题鲜明,态度真诚,构思新颖,语言简明。(在10~20个字之间)

二、请为"老龄产业系"设计一条形象宣传的广告口号。

三、以"老人"为启发,联系你所能想到的任意一个产品或品牌,灵活使用创意思维,创作该产品的一则广告文案。

注意:

1. 要求文案为最终作品。

2. 必须创作广告标题。

3. "老人"为启发词,创意过程中可深化主题,但不要偏题。

4. 文案后附加创意说明。

(1)使用了何种思维方法;

(2)为何选择此产品,创意过程如何。

子项目二
市场营销策划书

情境导入

在市场经济条件下，市场机制的作用不断增强，市场竞争日趋激烈，企业要求得生存和发展，如何面对瞬息万变的经营环境和强手如林的竞争对手，使自己的企业处于不败之地呢？要靠超前的经营理念，高超的管理水平，先进的技术设备，良好的公共关系。能否进行营销策划并予实施更是企业经营成功或失败的关键所在。

"港湾公寓"

美国芝加哥一家房地产公司在密执安湖畔建造了几幢质量上乘、设施良好的豪华公寓，命名为"港湾公寓"。

"港湾公寓"虽然景色迷人，服务优质，价格合理，但开业三年来，只售出了35％，降价后仍不见起色。这家公司决定通过一些活动来组织销售这些楼房。

首先，找出了影响出售的原因。经过对附近住户和居民的调查，发现在密执安湖畔居住的住户对公寓存有偏见。如住进去是否会太清静寂寞？交通不便是否会影响买东西？小孩上学怎么办？尤其是缺乏娱乐和夜生活。

针对以上问题，确定了"港湾公寓"的整体销售目标，即"创造推销公寓的良好气氛，变滞销为抢手的公寓"。为了实现这一整体目标，具体制定了实施的分目标：选定公众对象，确定优先目标公众；在编制预算经费的同时，制订具体行动方案。这些具体的活动计划为"港湾公寓"以后的销售活动奠定了良好的基础。

"港湾公寓"从调查入手，找出问题，确定目标。其计划方案是这样设计的：完善"港湾公寓"的生活服务设施，如开设商店、音乐厅、酒吧、游泳池以及学校、幼儿园等；选定感恩节开展活动，通过已有住户向其亲友发贺年片、明信片，组织马戏团演出等。

资助政府建造小岛和陆地连接的公路；组织政要、企业家、体育明星等社会名流参观公寓；组织"芝加哥历史纪念品大拍卖"活动，为建筑教育基金捐款；利用美国确定国旗200周年之际，在公寓楼前组织升旗仪式。

潜在顾客为各类公众对象的优先目标；附近现有住户是推销公寓的主要目标；还有一般大众和政府部门、权威人物、新闻记者也是其公众对象。

知识归纳

一、市场营销策划的含义

企业为实现某一营销目标或解决营销活动的问题，从新的营销视角、新的营销观念、新的营销思维出发，运用系统、科学和理论联系实际的方法，对企业生存和发展的宏观经济环境和微观市场环境进行分析，寻找企业与目标市场顾客群的利益共性，以消费者满意为目标，重新组合和优化配置企业所拥有的和可开发利用的各种人、财、物资源和市场资源，对整体市场营销活动进行分析、判断、推理、预测、设计和制订市场营销方案的行为，我们称之为营销策划。

通过营销策划，使企业在市场营销过程中达到获得利润的目的。企业能否成功地进行营销策划并实施，是企业经营成功或失败的关键所在。

二、市场营销策划的原则

1. 战略性原则

营销策划一般是从战略的高度对企业营销目标、营销手段进行事先的规划和设计，市场策划方案一旦完成，将成为企业在较长时间内的营销指南。

2. 信息性原则

企业营销策划是在掌握大量而有效的营销信息基础上进行的，没有这些信息，将导致营销策划的盲目性和误导性。

3. 系统性原则

营销策划工作的完成有赖于企业其他部门的支持和合作，进行营销策划时要系统地分析诸多因素的影响，市场营销策划是一个有机系统的整体。

4. 时机性原则

要重视"时间"与"空间"在营销划中的重要作用。

5. 权变性原则

市场就是战场，竞争犹如战争。

6. 可操作性原则

企业营销策划要用于指导营销活动，其指导性涉及营销活动中的每个人的工作及各环节的处理，因此其可操作性非常重要。

7. 创新性原则

8. 效益性原则

三、市场营销策划的步骤

1. 了解现状

(1)市场形势了解，指对不同地区的销售状况、购买动态以及可能达到的市场空间进行了解。

(2)产品情况了解，指对原来产品资料进行了解，找出其不足和有待加强、改进的地方。

(3)竞争形势了解，对竞争者的情况要有一个全方位的了解，包括其产品的市场占有率、采取的营销战略等方面。

(4)分销情况了解。对各地经销商的情况及变化趋势要进行适时调查，了解他们的需求。

(5)宏观环境了解。要对整个社会大环境有所了解和把握，从中找出对自己有利的切入点。

2. 分析情况

(1)企业整体目标

(2)营销目标

指通过营销策划的实施，希望达到的销售收入及预期的利润率和产品在市场上的占有率等。

(3)营销组合策略

指对企业产品进行准确的定位，找出其卖点，并确定产品的价格、分销和促销的政策。

(4)营销预算

指执行各种市场营销战略、政策所需的最适量的预算以及在各个市场营销环节、各种市场营销手段之间的预算分配。

3. 制定目标

4. 制定营销战略

5. 制订行动方案

6. 预测效益

7. 设计控制和应急措施

8. 撰写市场营销计划书

四、营销策划书的基本结构

营销策划书的结构要根据商品决定其内容，不同的商品，其营销策划的内容是不同的。随着市场经济的不断深入和发展，市场形势更加变幻莫测，企业每时每刻都在面临着激烈的市场竞争。如何写作营销策划书，没有固定不变的模式，要紧密结合实际，学会灵活运用。完整的营销策划书分为封面、前言、目录、概要提示、正文、预算、进度表、人员分配及场地、结束语、附录十个方面的内容。一般情况下，营销策划书的基本结构包括以下六个方面：

1. 前言

这是营销策划的开头部分，包括：策划的缘起、背景材料、问题点与机会点、创意的关键等，将以上内容作概括的说明。

2. 市场状况分析

市场状况分析主要包括以下八个方面的内容：

(1)整个产品市场的状况。

(2)与其主要竞争品牌的销售量与销售值及市场占有量的比较分析。

(3)消费者的情况分析，包括年龄、性别、籍贯、职业、学历、收入、家庭结构的分析等。

(4)竞争品牌市场区隔与产品定位的比较分析。

(5)竞争品牌广告费用与广告表现的比较分析。

(6)双方公关活动的比较分析。

(7)公司产品的利润结构分析。

(8)公司过去几年的损益分析。

3．产品策略

产品策略主要包括以下四个方面的内容：

(1)新产品开发策略。

(2)产品生命周期策略。

(3)产品组合策略。

(4)产品包装策略。

4．价格策略

价格策略一般包括以下五个方面：

(1)定价标准。

(2)制约定价的基本因素。

(3)定价的程序。

(4)定价的基本方法。

(5)定价策略。

5．营销渠道策略

营销渠道策略包括营销渠道的选择策略和中间批发商的营销策略。

6．促销策略

促销活动实质是一种沟通活动，激励活动，它具有沟通信息、创造需求、突出特点、稳定销售四大功能，其中包括促销手段的选择和营业推广。

例文评析

【例文 3-2】

九龙山矿泉水营销策划

一、前言

北京矿务局九龙山工业公司采用先进技术设备生产的九龙山矿泉水饮料，是京城第一家开发的天然优质矿泉水，这种矿泉水具有悠久的历史，是优质的"古水"。为了塑造企业最新形象，弘扬企业历史美名，拓展矿泉水销售市场，引导人民群众有益消费，在有效的时间内实现市场效果，特制定营销策划如下。

二、市场状况分析

1. 产品支持点

九龙山矿泉水是真正的取自九龙山地岩深处的千年"古水"，既含锶，又含偏硅酸，质量达标，有一定的保健功效。

2. 产品问题点

此矿泉水价位不够稳定，缺乏导向意识；包装质劣，欠美观，影响市场形象；营销管理人员不足，产、供、销难以市场为中心；销售方式原始，缺乏科学、规范、现代化的营销手段。消费习惯不易变更，"花钱买水"不易；假冒伪劣品扰乱市场。

三、产品机会点

大众消费意识的提升，追求健身、便利。是季节性集中饮品，能解渴、消暑。旅游旅途、文艺、体育、休闲娱乐，富有购买力。商社、宾馆、会议日趋青睐，追求自然、天然、纯净、高质量。

四、营销策略

产品定位：京城第一品牌矿泉水。

目标：打开知名度，树立全新形象，进入以北京为中心的目标市场。

卖：天然、优质的"古水"；

传：先进技术设备，悠久历史的荣誉；

导：商业文化建设和消费习惯心理；

赢：社会美誉和市场占有率；

树：企业全新形象；

创：驰名品牌，著名商标。

五、理论可行性

1. 宗旨：科学、艺术、现代、及时、有效、阶段

瞄准企业营销切入点，确定市场目标，创造市场机会。制定企业形象战略，提升企业在市场竞争中的识别。在商业运营中，将企业的经营理念和特质视觉化、规格化、现代化。采用全新技术、强点思维、有效管理，迅速获取市场制高点，在有效的时间内实现市场效果。

2. 手段：运用视觉设计与行为的展现，将企业理念融入实用、标准、美好的线条、色彩中，塑造企业最新形象，弘扬企业历史美名，拓展矿泉水销售市场，引导有益消费。

3. 调查市场、分析市场、定位市场，制定营销方略，择定宣传广告战略切入点，打开产品消费与销售的死角。

4. 原则：合理合法、严谨创新、经济实用

以市场目标为中心，符合人性，民族性，强调特质独到，塑造亮丽高档的艺术形象，符合法律、法规要求，按科学准则行为。

六、营销谋略

1. 运筹帷幄，决胜千里。（略）

2. 创造市场，引导消费。（略）

3. 强调传播力度，有效而经济。（略）

4. 谋定而后动，用技而创益。（略）

5. 临危不惧，化险为夷。（略）

七、营销目标

一个独到：可生产含二氧化碳型"加气"矿泉水。

一个要求：高目标，占领以北京为中心的涉外销售市场。

三个新点：

新观念（计划经济——市场经济）；

新起点（导入 CI，提升产品定位）；

新技术（全封闭自动化灌装生产线）。

一个第一：京城第一家引进国际先进技术设备的企业。

八、VI 系统设计

强调通过艺术化的设计赞扬企业的事业领域、经营方针、企业文化和企业基本理念。

以背景设计法和传统民族化的纹样描绘出矿泉水的市场冲击力，以红色为背景主色调，辅以冷红、冷粉、肉色、淡绿、青绿、青蓝、灰色等在清新、和谐、动感的画面中体现企业新的营销理念和方略：三高：高质量、高标准、高品位；三新：新观念、新起点、新技术。

九、产品行销

以北京为中心，放射性地逐渐向华北、东北、东南方向发展。

十、价格

为符合第一品牌，遵循目标市场需求，以市场竞争为导向，确立中等价位政策。

十一、广告媒体

据企业实际现状和资金预算，合理有效地选择最佳目标媒介。

目的：打开知名度，占领市场。

策略：强调"三高""三新"，树形象，创第一。

传播过程：以北京为主战场，以长江以北地区和环渤海区域为主攻方向。

时间：8 月～10 月。

方式：会务、活动、报纸、广播、印刷等"硬"、"软"结合。

预算：初级 25 万～30 万元，中级 50 万元以上。

评析：

这是一篇典型的市场营销策划书，分别对矿泉水的营销进行了十一个方面的阐述，所有相关内容都有依有据，让读者容易信服。

能力检测

一、请你为你家乡的一种特色食品做市场调查，并写出营销策划方案。

二、请为你所在地方的某个民办养老机构写一份销售策划方案。

三、利用业余时间对老人手机市场进行调查，写出销售某品牌老人手机的策划方案。

子项目三
专题活动策划书

➡️ 情境导入

当组织机构有了新的产品或新的服务问世，当公司要开张营业，当组织声誉受损，当活动受到指责和误解时，有针对性的专题活动就十分有必要了。在经济繁荣、社会发展的今天，各种专题活动如雨后春笋，层出不穷。专题活动自身就是一种媒介，它不仅能够使企业或部门渡过危机，而且还能够矫正自己的形象，提高自己的声誉。为了进一步扩大活动的知名度和影响力，要发挥其辐射功能，还需借助多种传播工具，配合专题活动发挥更大的效益。成功的策划会利用多种手段组织专题活动，使专题活动有声有色，取得圆满成功。写作专题活动策划书是成功策划的第一步。

CBS 广播公司成功渡过危机

1957 年 6 月 2 日，美国哥伦比亚广播公司（CBS）特邀正在美国访问的苏联中央总书记赫鲁晓夫，在"面向全国"的特别节目中发表演讲。不料，在演讲中赫鲁晓夫竟然讲："我可以预言，你们美国的孩子们将过上社会主义的生活。"演讲时正是周日，他的演讲使美国舆论一片哗然，政府要员大发雷霆：共产党的头号人物利用 CBS 的讲坛，公开宣传共产主义，CBS 必须向全国听众道歉。

CBS 公司面对压力和危机，策划了一系列的新闻活动，使公司转危为安。

1. 在国内开动各种宣传机器，在各大报纸上连续刊登整版广告，宣传 CBS 多年来的成就。

2. 在舆论上要求宪法第一修正案对广播的言论自由提供保障。

3. 面向全国的听众、读者宣传"面向全国"节目为沟通两个大国之间的关系所做出的杰出贡献是不可否认的。CBS 公司绝对不能道歉，道歉就意味着承认错误。

4. 通过舆论宣传，赢得社会各界的同情、理解和支持，对政府施加压力。

可见，抓住恰当的时机，利用多种手段组织专题活动，是非常必要的。

↗️ 知识归纳

一、专题活动策划书的含义

所谓专题活动，是指社会组织为了某一明确目的，在某一特定时机围绕某一特定主题而精心策划的大众活动。通过社会组织与公众的互动沟通，使公众对组织从了解到认可，是组织提升主体形象、扩大社会影响力的有效途径。

专题活动主要指对外接待、参观、开业、庆典、新闻发布会、记者招待会、竞赛、捐助等大型活动。这种专题活动是为了达到一定的目的，在一个特定的时期及场合下，使参与的每一个人都能亲身体会到直接针对性的某种刺激媒介，这种直接性是报纸杂志、广播电视以及新媒体等媒介所不可比拟的。而活动策划书就是对上述这些活动所制订的行动计划。

二、专题活动策划书写作的基本步骤

1. 选定主题

主题是整个策划的灵魂。主题是对活动内容的高度概括，是策划所要达到具体目的的主要理念，是统领整个活动、连接各个项目、各个步骤的纽带。专题活动要为广大公众接受，就必须选好主题。

活动的主题是多样的，它既可以是一句口号，如"对老人尽一份孝心，给社会添一分和谐""家和万事兴，敬老要先行"，也可以陈述式表白，"孝敬父母，为'仁'之本，做人之本""父母尊贵，在于对儿女的关爱和无私"。主题看似简单，但设计难度很大，它既要虚拟、拔高，又不能空洞、口号化，必须贴近受众心理。

2. 确定时间

除了固定的纪念日，时间的选择一般较为灵活，但策划人员在策划时首先要将日期和时间确定下来，以便做具体的时间安排，并将其列入组织计划中。

3. 选择地点

策划人员在选择活动地点时必须考虑公众分布情况、活动性质、活动经费以及可行性等诸多因素，以避免盲目选择不适合的地方，导致活动不能顺利地开展。

4. 通知参加者

要通知具体日程安排，如设计日程计划表，明确起止日期和公众宣传日程。要将具体日程安排告知参加者，包括设计日程计划表，明确起止日期，明确每一天的活动项目。除节目内容和日期的安排外，许多时候同时也进行公众宣传方面的日程安排。

5. 费用预算

无论是举办什么活动，都要考虑成本问题。策划人员应计划如何用有限的资金支付各项费用，估计可能需要的各种支出，准备呈报上级批准。要计算好活动成本和各项费用支出，让有限的资金发挥最大的作用。

总之，专题活动策划的基本要求是主题明确，内容具体；时机恰当，规模适中；形式新颖，组织周密；符合公众心理，赢得社会支持。

三、专题活动策划书的写作结构与内容

1. 标题

一般包括专题活动经办单位、专题活动名称、文种。

2. 正文

正文的内容包括：

(1)概况

简述现阶段的基本情况以及根据这一现状，需要采取何种专题活动(或公关活动)，明确活动的主题，说明所要进行的专题活动的基本内容。

(2)细则

主体部分主要阐明专题活动的相关内容：

活动的目的。要具体化，便于操作和检查，并指出目的与内容之间的内在联系。对所要影响的公众进行分析，对将会产生的效果做出预测。列出本次活动所需的各种信息传播手段。以文字或图表形式列出本次活动所需的人力、财力。列出本次活动的时间表。列出本次活动需要经费的各个项目的效果评估。

根据专题活动的实际情况选择相关的内容策划。

要注意方案需具有良好的操作性。

要扼要、有根据地分析对公众的影响。

活动预算要详细准确。

3. 落款

(1)署明策划人和策划日期；

(2)依照上述格式和要求撰写专题活动策划书，相信它一定能成功地指导专题活动(或公关活动)。

四、专题活动策划书写作模板

_____(单位名称)_____(活动事务名称)专题活动策划书

现阶段我单位_____，基于这种情况，我们需要进行主题为_____的专题活动。

该活动的目的主要在于：_____。

本次活动主要会影响到以_____为主的_____，有利于达到_____的效果。

该活动拟定利用_____等手段，借助_____等媒体。

活动共需_____人，分别执行_____等任务。

预计需要资金共_____其中：_____；_____。

活动的时间安排如下：_____。

根据上述策划内容，只要在实际工作过程中把握好了具体操作，一定可以达到_____的预期效果。

策划单位或部门____

××年×月×日

五、新闻活动策划书

1. 一般的大型活动都需要新闻曝光，扩大知名度，这样才会激起更多的连锁反应，这就是为什么在某些大型活动中总是有很多的记者和摄像机到场，这样才能烘托气氛，造成较大的影响力。

但是大型活动的新闻策划确实是一项最基本、最重要的事情，没有策划就只能像没头苍蝇一样乱撞，这是不对的。一般的大型活动都有新闻策划书。

2. 写作新闻活动策划书时应想到的八个问题：

(1)确定活动主题，认真审视会议将宣布什么？

(2)时间是否合适、地点是否便利、环境是否舒适？

(3)记者可能提出哪些问题？

(4)应邀出席者的范围与活动涉及的范围是否合适？

(5)是否为记者提供了较完备的信息资料？

(6)有关会务问题是否能够落实？

(7)整个活动进程安排得是否科学、缜密？

(8)会后工作是否准备就绪？

3. 为了达到更好的新闻活动效果，注意：

(1)举办单位应尽量避开重大节日，也不要与人们普遍关注的社会重大活动相重叠。

(2)会场布置要富有时代气息，要让记者有一种宾至如归的感觉。

(3)主持人和发言人的言谈既要庄重，又要有幽默感，要善于调节气氛，巧妙回答问题。

(4)正式发言时间不宜超过一小时，会后一般为记者准备工作餐。

六、社会赞助活动策划书

1. 社会赞助活动定义

社会赞助活动是指社会组织通过对某一社会事业、事件无偿地给予资金或物质上的捐赠或赞助，以扩大组织的知名度和美誉度，使组织获得一定的形象传播效益的社会活动。社会组织所赞助的社会事业范围涉及体育、科技、文化、教育、社会慈善、社会福利、环保及人类和平事业等。

2. 社会赞助活动策划书的写作基本要素

(1)活动的前期研究包括：妥善选择赞助的对象、确定赞助的主题，积极的社会意义及将要产生的影响，分析政策和目标，保证组织受益和社会受益，达到树立企业良好形象、扩大社会影响力、显示爱心、提高社会组织知名度和美誉度的目的。

(2)制订赞助计划包括：赞助对象的范围、计划的预算、赞助的形式、赞助的宗旨等。

(3)整个活动的程序包括：报请公司批准→提请有关方面赞同许可→成立专门活动

组织进行操作→得到内部员工和企业的支持→获得资金→确定分配方案并予以实施→新闻传播→获得领导和专家在内的各方面好评。

七、重大节日庆祝与庆典活动策划书

1. 重大节日庆祝与庆典活动的类型

(1)庆典活动：如国庆、校庆、厂庆、店庆、婚庆、开业典礼、奠基典礼等。

(2)纪念活动：如纪念"五四"活动、纪念党的生日活动等。

(3)剪彩仪式：如开业剪彩、开幕剪彩等。

(4)开放参观仪式：如展览馆开馆仪式、揭幕仪式等。

(5)联谊活动：如单位联谊、同学聚会、同乡聚会、军民联谊等。

一个单位或组织开展上述活动都要制订出活动方案。良好的策划方案，加上顺利的实施就能使活动圆满成功。

2. 重大节日庆祝与庆典活动策划的基本步骤

(1)选定主题

主题是对活动内容的高度概括，是整个策划的灵魂。要为广大公众接受，就必须选好主题。

(2)选定日期

除了固定的纪念日，日期的选择一般较为灵活，但策划时首先要将日期和时间确定下来，以便作具体的时间安排，并将其列入组织计划中。

(3)选择地点

选择地点时必须考虑公众分布情况、活动性质、活动经费以及活动的可行性等诸多因素。

(4)通知参加者

要将具体日程安排通知参加者，包括设计日程计划表，明确起止日期，明确每一天的活动项目。除节目内容和日期的安排外，许多时候同时也进行公众宣传方面的日程安排。

(5)费用预算

要计算好活动成本和各项费用支出，让有限的资金发挥最大的作用。

总之，写作重大节日与庆典活动策划时要明确庆典活动的目的意义，确定主题。要精心设计活动的形式和内容，要有独特的创意，避免落入俗套。

例文评析

【例文3-3】

"开开心心过新年，快快乐乐闹元宵"

——××机构××年元宵节活动

一、活动背景：爆竹声声辞旧岁，欢欢喜喜过大年。元宵节是我国民间最重要的传统节日，是我国人民庆贺丰收、祈福风调雨顺、家人团聚的日子，在雨福这个大家庭里一起过大年、闹元宵，让老人充分感受雨福大家庭的温暖，着力营造欢乐、祥和、平安、健康、文明的节日氛围。

二、活动目的及意义：为丰富××老人节日的文体娱乐活动，形成××和谐、祥和喜庆的节日气氛，倡导××老人团结向上、健康、科学的生活方式，将元宵节文娱活动办得丰富多彩，红红火火，让全体老人在欢乐、文明、和谐、喜庆的氛围中欢度佳节。

三、活动时间：××年×月×日9：00至11：00。

四、活动地点：××活动中心。

五、活动流程：

1. 早上9点全体老人、志愿者齐聚××活动中心；

2. 开场节目欣赏（志愿者喜庆节目）；

3. 领导讲话（中心领导）；

4. 元宵节视频欣赏；

5. 志愿者节目欣赏；

6. 志愿者节目欣赏；

7. 每个楼层老人送上灯谜竞猜及新年祝福；

8. 歌曲欣赏《东方红》，由××（老人）表演；

9. 游戏蒙眼摸马（由击鼓传花决定参与老人）；

10. 闭幕节目《卖汤圆》，同时志愿者为在场的每位老人送上汤圆；

11. 老人离场，自由参与其他区域的游戏；

12. 游戏环节（投球游戏、蒙眼敲锣游戏、猜谜语游戏）。

六、活动预算：××元。

七、物资来源：××机构、志愿者提供。

八、活动所需品组织：

1. ××个灯笼；

2. 白板1个，布条×根、鼓×个、花×朵；

3. 汤圆××斤、一次性塑料碗××个（志愿者提供）；

4. 游戏环节×个球、×个篓子、锣一个、蒙眼布一条、谜语片×条；

5. 小礼品××份；

6. 糖果××斤。

九、执行流程：

1. 打印××份元宵节宣传海报张贴于各楼层宣传栏；

2. 准备通知单发放于监控室及各楼层护理站；

3. 通知领导活动时间及讲话；

4. 下载元宵节视频；

5. 确定×个老人代表上台讲谜语，并确定×条谜语，×个灯笼，并让老人准备祝福语；

6. ××演唱《东方红》；

7. 准备击鼓、花、白板、画马、遮眼布；

8. 准备节目《卖汤圆》；

9. ××号将三楼合唱团的凳子搬到三楼会议室；

10. 制作××条谜语粘贴在三楼过道；

11. 将三楼小会议室准备成投球室，××个篮子×个球并确定负责人；

12. 将三楼合唱室制成蒙眼敲锣室游戏区并确定负责人；

13. 将三楼合唱室制成兑奖区并制作领奖凭证××张；

14. 准备小礼品××份，水果××斤；

15. 购买元宵××斤，一次性小塑料碗××个；

16. 排练×个节目；

17. 打印领导席；

18. 提前对接老人；

19. 制作流程单；

20. 布置会场。

十、人员安排：

1. 活动当天活动总负责人：××；

2. 现场组织人：××；

3. 主持人：××；

4. 摄影：××；

5. 音响师：××；

6. 清场：××；

7. 送老人回房间：××；

8. 现场秩序维护者：××；

9. 兑奖负责人：××；

10. 蒙眼敲锣负责人：××；

11. 投球游戏负责人：××；

12. 衔接流程负责人：××；

13. 送汤圆负责人：××；

14. 红会节目负责人：××。

十一、注意事项：

1. 活动现场注意老人的身体情况、情绪、活动参与满意度、维护活动现场次序；

2. 引导老人有序进出会场，以免发生拥挤事故；

3. 主持人尽力引导老人积极参与游戏；

4. 与志愿服务队负责人衔接好活动具体事项。

××机构

××年×月×日

评析：

1. 这是一篇重大节日庆祝的专题活动策划，活动内容紧紧围绕着元宵节展开而来。

2. 详细交代了活动的背景以及目的、意义，同时将活动时间、地点及流程等相关内容进行详细的阐述，让人一看就能明白活动的相关内容是如何开展的。

能力检测

一、阅读下面这个案例，回答后边的问题：

2014 年 10 月 10 日，某市的一个大型商场开业庆典，主办方推出了一个活动参与项目：凡是手持十元人民币号码尾数为"10"的可当 50 元消费。结果顾客手持"中奖"人民币蜂拥而至，商场的服务总台被挤坏，甚至还有人员受伤，主办方只好提前宣布活动中止。这次活动招致顾客不满，还受到中国人民银行的警告，工商部门上门来干预，连很多新闻媒体都是以负面内容为主对此次活动进行报道。

（1）以上案例策划失败，错在哪些地方？

（2）为什么会造成如此局面？

（3）假如你是这家大型商场策划部的负责人，要你来策划这家商场的开业庆典，你的策划思路大致是什么样的？

二、以养老机构为例，谈谈如何成功策划一次对外开放参观活动，或实地组织一次参观活动，就自己的所见、所想、所感提交参观报告。

三、以一个值得纪念的日子为题，如同学聚会、重大事件、节日，写出一份策划书，并模拟举办一次庆典活动。

项目四　新闻宣传类文书

学习目标

1. 知识目标

◆了解新闻宣传类文书的意义和作用

◆了解新闻宣传类文书的概念、特点、种类、作用

◆理解新闻宣传类文书的立意、选材、结构、表达方式及语言特点

2. 能力目标

◆通过自我学习和训练，能够简单地拟写消息、通讯、新闻评论、启示、海报以及解说词

子项目一
消　息

情境导入

　　在我国的某些养老机构中，虽然院方服务热情周到，工作认真细致，各类设施齐全，但是愿意去住的却不多。究其原因，除了国人受传统观念影响外，最重要的就是宣传不到位，很多养老机构，已建成多年但知者甚少，养老机构缺少宣传力度，老人缺少了解的平台，旧观念令老人选择在家生活。

　　目前有很多大型的养老机构基本上都创办了属于自身品牌文化的内刊，并建立了网站，有了自身的宣传平台，让更多人尤其是老年人更好地了解养老机构以及养老行业相关信息，那么掌握好消息写作这个技巧就非常有必要了。

知识归纳

一、消息的概念

　　消息是用概括叙述的方式，以简明扼要的文字迅速及时地报道最新事实的一种新闻体裁。

　　消息这个词的应用比较广泛，新鲜事就叫消息，还指报道事情的概貌而不讲述详细的经过和细节，以简要的语言文字迅速传播新近事实的新闻体裁，也是在日常写作中运用的最广泛的新闻基本体裁。

　　消息的内容具备一些必要的因素，国外新闻界称之为"五要素"，即：时间、地点、人物、事件、原因，我国有人称之为"六何"，即：何人、何时、何地、何事、何因、何果。无论是把它称之为"五要素"或"六要素"，无非是说消息要把叙述的事情交代清楚，让人一看就明白，那是在什么时间，什么地方发生过的什么事情。

二、消息的特点

1. 真实准确

　　真实准确也称真实性，是消息最基本的特征。新闻是事实的报道，真实是新闻的生命，新闻离开真实或严重失实则不成新闻。消息必须完全真实地反映客观事实，用确凿的事实来教育影响读者，绝不允许虚构和添枝加叶。无论是构成消息要素的时间、地点、人物、事件和结果，还是所引用的背景材料、数字，都要完全真实、准确可靠。所以，坚持新闻真实性原则成为消息报道的首要原则。

2.新鲜及时

新闻是新近发生的事实报道，它为人们提供新情况、新事物、新经验、新人物、新问题，舍去一个"新"字，新闻便成为历史。因此第一次发生的事件，最新发现的事实，萌芽状态的新事物等，是消息报道的主要内容。

消息在反映现实的速度方面居于各种文体之首，实效性强是消息又一突出特点。快、迅速、及时，这是新闻的显著特色。从这个意义上说，新闻是名副其实的"易碎品"，随着时间的流逝，本来很有意义的新闻会很快失去它的价值。因此，它必须迅速及时地把最新的事实报告给读者，延误了的信息就失去了新闻价值。

3.简短精粹

消息要用较小的篇幅，简练的文字来叙述事实、传达信息，要求内容集中，言简意丰。由于报纸版面、广播时间或网络空间的限制，消息的文字量不宜大。同时，短，才能使广大读者在极短的时间里，能更多地听到、看到他们所需要的各种信息。短，也才能"快"。为使篇幅短小，报道内容要力求集中、单纯；取材要典型，能"以一当十"；用词造句要概括精练，力求用尽可能少的文字表达出重要而充实的内容。简短精粹仍是新闻报道的特点，消息尤甚。

三、消息的类型

消息的种类可以从不同角度区分，主要从以下五个方面进行划分：

1.从报道内容上分，可分为：政治新闻、经济新闻、文教新闻、军事新闻、体育新闻、法制新闻、社会新闻等；

2.从新闻和事件的关系上分，可分为：事件新闻、非事件新闻；

3.从反映的对象上分，可分为：人物新闻、事件新闻；

4.从篇幅长短上分，可分为：长消息、短消息、简讯、一句话新闻、标题新闻等；

5.从写作特点上分，可分为：动态消息、综合消息、典型消息、人物消息、述评消息，这也是我国新闻界较为通行的分法。

（1）动态消息：也称动态新闻，这种消息迅速、及时地报道国内国际的重大事件，报道社会主义建设中的新人新事、新气象、新成就、新经验。这种动态新闻比较单一，只反映一个动态。其特点是文字简短，内容广阔，新鲜活泼。动态新闻是新闻中最基本的品种，学写新闻，首先要学会写动态新闻。

（2）综合消息：综合消息就是围绕一个中心，把不同地区、不同战线、不同部门的同类情况，综合起来加以报道的一种消息。综合消息的特点是报道面广，声势较大。这种形式适于宣传各条战线的形势，某项工作的成就，或者反映群众运动的声势、规模、特点、趋向。它纵览全局，有事实有分析，给人们一个完整的印象。因此，采写综合消息既要综观全局，又要有典型事例，写出层次和深度，切忌概念加例子，成为一盘"大杂烩"。

（3）典型消息：也称经验消息，是对某一部门或某一单位的典型经验或成功做法的集中报道，用以带动全局，指导一般。通过对典型人物、事件、问题、经验的纵和横的对比、分析、阐述，从而揭示事物的本质，教育人民，指导工作。通过典型报道多数是正面宣扬先进的人和事，也有对反面典型的揭露和批评。这是中国新闻传播工具常用的报道方法。

（4）人物消息：人物消息是以人物为主的消息，迅速地反映新闻人物的某种行为或某个侧面。人物消息要求抓住人物的本质特征、选取新鲜、典型的事实材料来表现人物的思想和精神面貌。人物消息有两个要素，一是人物；二是新闻，两者缺一不可，写作中要注意选准新闻人物，不要贪大求全，不要将人物消息写成人物通讯。它是一种重要的应用文体，也是应用写作学科研究的重要文体之一。

（5）述评消息：也称新闻述评，是介于消息和新闻评论之间的一种报道形式，就是以叙述新闻事实为主，加上作者对新闻事实恰到好处的评论。它的特点是：有述有评、边述边评、述评结合。通常有事件述评、问题述评、形势述评、事态述评、思想述评、工作述评等。

四、消息的写作

1. 题材

一是从网上找新闻；政府及各部门单位、事业单位及企业等都基本上建立了自己的网站，他们会将自己的信息上传到网站。同时，经常浏览一些本地的论坛，看论坛里大家在讨论什么问题；二是从会议上找新闻；三是从公文中找新闻。

2. 要素

消息写作时，要设想并回答读者提的问题，这些问题就是新闻的"五 W 一 H"：When(何时)、Where(何地)、Who(何人)、What(何事)、Why(何故)、How(如何)。在"五 W 一 H"中，最主要的是 What(何事)、Who(何人)。写作时要认真写好这两个方面的内容。

当我们弄清了"我要说些什么"，接下来就是"怎么说这些内容"，"怎么说"这一块就涉及了如何安排消息的结构。分析一下现今各大媒体发表的消息，就不难发现，消息的结构比较固定、简单，而且大多数消息的结构都是"倒金字塔式"的，即：最重要的材料放在开头，次要材料放在后面。

3. 结构

消息的结构具体表现为：标题、导语、主体、结尾，并在文中穿插背景，具体内容如下：

（1）标题

标题是消息的眼睛，拟写得好，可以吸引读者；拟写得差，一篇好消息也可能会被埋没。消息的标题必须简明、准确地概括消息内容，帮助读者理解报道的事实。如：《那一年，我们一起亏过的理财》（《人民日报》，2012.1.30，第 10 版）、《"限购令"纷纷出台　地产股逆市飘红（引题）楼市刹车为何变成股市"油门?》（《扬子晚报》，2010.10.15）、《施苦肉计搞绑架　戏演砸了（主题）嫌犯鼻青脸肿还流血仍被识破（副题）》（《北京晚报》，2013.3.20，第 15 版）、《人大会议首位女发言人答记者问（引题）温婉傅莹　不卑不亢（主题）》（《沧州广播电视报》，2013 年第 10 期）。

消息标题有主题（正题）、引题（眉题）、副题（次题）三种。主题是概括与说明主要事实和思想内容。引题是揭示消息的思想意义或交代背景，说明原因，烘托气氛。副题是提示报道的事实结果，或作内容提要。

（2）导语

导语是指一篇消息的第一自然段或第一句话。它是用简明生动的文字，写出消息中最主要、最新鲜的事实，鲜明地提示消息的主题思想。它是整条新闻最闪亮的地方，因为导语的精彩程度，直接影响读者是否把整条新闻读完。它是消息中具有可听性和可读性的特殊开头，担负着三项使命，即反映新闻的要点、确立新闻的基调、唤起读者的注意。人们迫切希望知道最关心或最重要的事实，所以消息的开头要开门见山，直截了当地把新闻的要点突出出来，一下子就把人抓住，高潮往往在前，不能搞"悬念"。

西方一位新闻学家说过，新闻的开头应当具有这样的魅力：导语一唱歌，听众就随着哼哼。也就是说，导语里说的内容，应当能立即引起读者的兴趣并产生共鸣。

导语的要求，一是要抓住事情的核心；二是要吸引读者看下去。要做到第一条，必须具备训练有素的分析能力；要做到第二条，则要有写作技巧。

导语写作中的思维过程，通常是以作者的自问自答开始的：

什么事情是已经发生的事件中最重要的？

什么人参加进去了？谁干的或谁讲的？

是用直接性导语，还是用延缓性导语？

有没有什么吸引人的词汇或生动形象的短语要写进导语中？

主题是什么？什么样的动词能最有效地吸引读者？

以上五个问题中，第三个问题涉及导语的类型。那么，导语有哪些类型呢？

导语的形式主要五类，分别为：叙述式导语，即用摘录或综合的方法，把消息中最新鲜、最主要的事实简明扼要地写出来；描写式导语，即对消息的主要事实或某一有意义的侧面作简洁朴素而又有特色的描写，以酿成气氛；提问式导语，即先揭露矛盾，鲜明地、尖锐地提出问题，再作简要的回答，引起读者的关注和思考。结论式导语，即把结论写在开头，提示报道某一事物的意义或目的或总结；号召式导语，即提出号召，给读者指出方向和奋斗目标。另外还有摘要式、评论式、综合式、解释式等。

在导语写作中，往往免不了出现各种问题，现将常见问题（导语写作"十忌"）归类如下：

一忌名称罗列式导语，某一活动往往是由三四家单位主办的，有的人在导语中将这些单位名称全部罗列出来，使导语显得既啰唆又臃肿。读者关心的是这场活动的内容，而不是主要单位有哪些，如果一定要出现主办单位，可以放到消息末尾。

二忌"为了式"或目的式导语，即将新闻事实所要达到的目的放进导语里，使导语膨胀沉重，不堪重负，给人一种压抑的感觉。如为了迎接北京 2014 年 APEC 会议，为了贯彻落实十八大四中全会精神等，内容是什么就写什么，不要穿靴戴帽，多此一举。

三忌背景材料式导语，新闻背景材料一般是解释新闻主题的，导语应开门见山。如果一开始就把背景材料写在导语里，不仅说不清，而且也容易使读者如坠云雾，不知道是怎么一回事。

四忌学术语言作导语，将一些学术专业性强、难懂及晦涩的专业名词放在导语中，显然使人看不懂。如果导语中一定要出现专业名词，则要做好"第二种语言的翻译"，使之通俗化、大众化、口语化，让读者能够明白消息的内容。

五忌导语公式化，一些记者喜欢用一个框框去套多种内容，结果是平淡无奇，千篇一律。公式化导语必然导致导语无新意、使人对消息内容提不起任何兴趣。

六忌概念化，导语内无具体新闻事实，充斥了大而空的套话、空话、官话，这是所有读者最讨厌读到的内容。

七忌数字堆砌，导语内数字过多，就会淹没新闻事实。统计数字一般来说是枯燥乏味的，最好不要将其放进导语内，即使要写，也应将数字形象化和立体化，增强数字内容的可读性。

八忌长导语，导语冗长，使人感到很沉闷，根本提不起兴趣再看下文。一般情况下，导语应控制在80字内，最多不要超过150字。

九忌逻辑不清，概念模糊。

十忌标题与导语重复。如题目：某市某部门举行迎重阳座谈会；导语：昨日，某市某部门在该局会议室举行慰问老干部座谈会。题目和导语几乎"一模一样"。

（3）主体

主体是消息的主干部分，它紧接导语之后，对导语作具体全面的阐述，具体展开事实或进一步突出中心，从而写出导语所概括的内容，表现全篇消息的主题思想。消息的主体应按"时间顺序"或"逻辑顺序"写作，但仍然要先写主要的，再写次要的。

主体指导语之后、结尾之前的内容，是新闻事实的展开部分。它主要有两方面的作用：一是解释和深化导语。就是给导语涉及的内容更进一步提供细节和相关材料，使读者对新闻事实有更清楚而具体的了解。二是补充新的事实。导语一般只涉及最新鲜、最重要的新闻事实，通过新闻主体补充导语中未涉及的新闻要素，使其完备。有时还要适当提供有关的新闻背景，使读者对新闻事实的了解更全面、更深刻。

（4）背景

新闻背景，指事件的历史背景、周围环境及与其他方面的联系等。写新闻有时要交代背景，目的在于帮助读者深刻理解新闻的内容和价值，起到衬托、深化主题的作用，也就是回答五个"W"中的Why（为什么）。常见的背景类型有三种，分别为对比性的、说明性的以及注释性的背景。

新闻背景是说明新闻事件的起因，它显示或帮助读者理解新闻事件的重要性，突出新闻稿件的新闻价值，表明记者的观点。记者是不准在新闻中发表议论的，但是，谁也无法阻止记者通过自己来写的新闻表达自己的立场和看法。纯客观的报道几乎是不存在的。

（5）结尾

新闻的结尾有小结式、启发式、号召式、分析式、展望式等。这些结尾写作与一般记叙文结尾的写作并无大的不同。

五、消息的结构形式

1. 倒金字塔式结构，也称"倒三角"结构，是消息写作中最常用的一种结构方式，便是先重要后次要的顺序。它把最重要的材料放在篇首，最不重要的材料放在篇末，从导语至结尾按重要性程度递减的顺序来组织安排新闻材料。

倒金字塔式结构的优点是，便于读者迅速掌握全篇之精华，满足读者尽快获取最新消息之需求；便于记者迅速报道新闻，将最重要的新闻事实，最先发出去；便于编辑选稿、分稿、组版、删节，如在版面不够时，可从后往前删，无须重新调整段落。但也会有些毛病，如它也易于造成程式化、单一化的毛病。它比较适宜写时效性强、事件单一的突发性新闻，而用来写非事件性、富有人情味、故事性强的新闻，就不太适合。

2. 时间顺序式结构，顾名思义就是按事件发生的时间顺序来写作，时间顺序式结构通常不一定有单独的导语，这种方式比较适用于故事性强、以情节取胜的新闻。相对于其他结构形式，它条理比较清晰，现场感比较强。它的缺点是，开头太平淡，往往不能引起读者的兴趣，往往消息最精彩或是精华的部分会淹没在冗长的叙述之中。

3. 悬念式结构是把倒金字塔式结构和时间顺序结构相互结合、取长补短而产生的一种新的结构形式。它通常在开始设置悬念，使读者逐渐增加对事件的兴趣，最后形成高潮，所以，也可称之为悬念式结构。

4. 并列式结构是开头有一个总括性的导语，随后的几个自然段所涉及的内容基本上就是并列关系。并列式结构适用于经验式、公报式的新闻报道。

六、消息写作注意事项

1. 内容要新鲜。要在选择题材中下工夫，从比较中发现什么才是新的事实、新的成就、新的经验、新的见解、新的问题。作者要有敏锐的眼光，要了解全局性的情况，要占有资料，要做有心人。写消息，力求具有一定的思想，以便能给人以启迪。有些事情，尽管事实不是那么新鲜，但有意义，那就要选择新的角度加以报道。

2. 事实要准确。写消息，一定要把事实弄清楚，并且核对无误。真实性，是新闻的生命之所在。

3. 采访要快，写作要快，讲究时效性。无数事实表明，在当今世界，同一重要事件，不要说迟发一天半天，就是迟发几小时、几分钟，我们的消息便会在竞争中失利，在舆论上遭受不应有的损失。反之，我们讲究消息的时效性，就能在竞争中赢得主动权。

4. 篇幅要短，容量要大，也就是说，要提高消息的"含金量"。消息写作提倡"短些，短些，再短些"，但也不能短到空洞无物的地步，而应力求短而有丰满内容，短而实。

5. 要写得通俗、生动、形象，具有可读性。

6. 反复锤炼语言，多一字不如少一字。消息以语言简洁为上乘，要珍惜每个字，推敲每句话，力求字字句句载着尽可能多的信息。要用凝练、传神、明白如话的文字，去点拨新闻事实，让读者品味、领略消息中所包含的丰富的内容。

例文评析

【例文 4-1】

湖南召开老年教育工作会 已有老年学校 645 所

本报讯（记者 周小华）全省老年教育工作会议暨长沙远程老年教育现场会日前召开，省人大常委会原副主任沈瑞庭、罗海藩，省政协原副主席、湖南老干部大学校长游碧竹、省委老干部局纪检组组长李龙、副巡视员陈良凤，副市长夏建平等出席。

此次会议旨在总结今年以来全省老年教育工作情况，推介长沙市老年教育经验，安排部署明年老年教育工作。会上，长沙市就如何搭建网络课堂新载体、促进老年教育新发展作了经验介绍。目前，长沙市共有各类老年大学（学校）255 所、网络课堂站点 118 个，上半年累计办班 377 个，老年教育学员约 4 万人（含网络课堂 2.3 万人），远程老年教育网络体系逐步建立。

据了解，到去年底，湖南 60 岁及以上老年人口达 1079.1 万，占全省总人口的 16.1％。截至今年 10 月，全省共有老干部（老年、老龄）大学 277 所，老年学校 645 所，老干部（老年）学习活动室 9764 个，在校学员 30.36 万人。然而，目前全省老年大学入学率为 3.5％左右，与"十二五"末入学率达到 5％以上的要求还有差距，且基层老年学校的在校学员只有学员总数的三分之一。会议指出，要突出重心下移和远程在线学习两个重点，进一步加快构建富有湖南特色的老年教育体系，抓好创新谋划、树立标杆、教育教学改革和队伍建设，不断推进我省老年教育事业大发展大繁荣。

评析：

这篇消息是一篇有关老年教育建设相关内容的好消息，写得比较简明精粹。全文就报道了老年教育工作会开展的情况、会议的内容以及下一阶段的工作重心等，以及"老年教育"的背景资料都交代得清清楚楚，写作消息的"要素"在这里都具备了。当然，并不是要求每条消息都像这篇报道一样，必须完全具备"五要素"。有些消息常常只有三个"要素"或四个"要素"，也能把事情的内容叙述清楚，这也是可以的。

能力检测

某学院团总支学生会组织学生开展义务献血活动。广大同学踊跃报名。经体检，172 名中同学中有 168 名合乎献血要求。168 名同学共献血 50400 毫升。活动结束后，血站站长打电话给院团委书记表示感谢。

请你根据以上素材写一则消息。

子项目二
通　讯

情境导入

　　详细丰富，创造性强是通讯的特点，通过一段详细多样化的通讯报道，给予读者最真实的感受。真实是通讯的生命，也是新闻的生命。在老人的日常生活交往中，往往会出现一些如感人的孝顺事迹、革命往事以及社会上的一些热点文体，通过通讯的丰富内容描述，更能让老人掌握更多信息和内容。

知识归纳

一、通讯的概念

　　通讯，是现代报纸、广播等传播媒介中一种主要的报道形式，是新闻报道的主要体裁之一。通讯是运用叙述、描写、抒情、议论等多种手法，详细地报道新近发生的事件或典型人物的一种报道形式。它和消息一样，要求及时、准确地报道生活中有意义的人和事，但报道的内容比消息更具体、更系统。

二、通讯的特点

1. 现实性

通讯要求报道新近发生的有意义的事实，新时代涌现出来的新人、新事、新经验，紧密配合当前形势，为现实中心工作服务。

2. 形象性

通讯必须要用具体、生动、典型的事例来揭示事件的本质，感染人、启迪人。消息概括性强，通讯具体性、形象性强。有人物的外形，有人物活动的环境，有事件过程及细节，有景物描写、心理描写。因而，通讯在表达方法上更加自由灵活、变化多端；比消息有更多的描写、议论、抒情；通讯的语言更加生动活泼，具有生活气息和文学色彩。

3. 完整性

通讯是消息的深入和补充，或者说是消息的延伸和扩展。消息常常简要地报道一个事实的片断，通讯则要求在真人真事的基础上选材、安排场面和刻画人物，常常要详细地展示所报道人物和事件的具体情况，有时要反映事件的"全过程"，因而具有完整性。

三、通讯的类型

1. 人物通讯

人物通讯是以报道各方面的先进人物为主的通讯，以表现人物为中心，从不同角度反映人物的事迹和思想，有的写一人一生的，为人物全面立传的；有写一个人的一个或几个侧面的，集中反映人物的某一思想品质；也有写群像的。

2. 事件通讯

事件通讯是以记写事件为中心，重点描绘社会生活中带倾向性和典型性的生动事件及具有普遍教育作用的新闻事件。它的特点是以记事为主，交代清楚事件的原委，从而表达某种思想。

3. 工作通讯

工作通讯又称经验通讯，是以报道先进工作经验或某项工作的成就和存在的问题为主要内容的通讯。写工作通讯要有针对性，抓住当前带有普遍性的，又需要解决的问题。介绍经验要科学、有理论根据。经验要写得具体，使人看得见，摸得着，学得到。

4. 概貌通讯

概貌通讯也叫风貌通讯、主题通讯、综合通讯。它是反映社会生活、风土人情、自然风光和现实中的建设成就为主的报道。这类通讯取材广泛，气势大，笔墨重，给人以完整深刻的印象。

5. 小故事（小通讯）

反映现实生活中的一个片断，通常表现一人一事，线索单一而有故事情节，短小精悍，生动活泼。不能写得人物繁多，场面太大，枝节横生，否则就失去"小"的特点。

四、通讯和消息的异同

通讯是比消息更详细地报道具有新闻意义的事件、经验或典型人物的一种文体。通讯与消息都是新闻的主要文体，它们的共同点是都要求具有严格的真实性和及时性。不同之处是：

1. 选择不同，消息选择广泛，可大可小。通讯要选择含量较大的真实典型材料。

2. 表述详略不同，消息的内容表述简单概括。通讯内容表述比较复杂详尽，讲究场面和细节描写。

3. 表达方式不同，消息多用叙述，而通讯在叙述的基础上，还要运用描写、议论、抒情手段。

4. 结构不同，消息有固定的结构形式。通讯的结构与一般记叙文章相同，基本上按时间、逻辑及二者结合的顺序安排结构。

五、通讯的写作要求

1. 主题要明确。有了明确的主题，取舍材料才有标准，起笔、过渡、高潮、结尾才有依据。

2. 材料要精当。按照主题思想的要求，去掂量材料、选取材料；把最能反映事物本质的、具有典型意义的和最有吸引力的材料写进去。

3. 写人离不开写事，写事为了写人。写人物通讯固然要写人，就是写事件通讯、概貌通讯、工作通讯，也不能忘记写人。当然，写人离不开写事。离开事例、细节、情节去写人，就会写得比较空洞。

4. 角度要新颖。写作方法要灵活多样，除叙述外，可以运用描写、议论等写作手法，也可以穿插人物对话、自叙和作者的体会、感受，既可以用第三人称的报道形式，也可以写成第一人称的访问记、印象记或书信体、日记体等。通讯所报道的新闻事实，可以从各个不同的角度去观察、去反映，诸如正面、反面、侧面、鸟瞰、平视、仰望、远眺、近看、俯首、细察等角度不同，印象各异。如果能精心选取最佳角度去写，往往能使稿件陡然增添新意，写得别具一格、引人入胜。

例文评析

【例文 4-2】

一个"离巢老人"的欢喜与哀愁

"每天来这里接孙子，是我这一天里最开心的时间，可以和其他老年人聊聊天，又可以扯着孙子的手回家。"站在北京海淀区某小学门口和中新社记者聊天时，61 岁的河南人王琴把裹在头上的围巾又拉严实了一些。

1 月 6 日是传统节气中的"小寒"，对中国而言，这标志着开始进入一年中最寒冷的日子。在王琴守候着的小学门口，有很多和她年龄相仿、操着各种方言的老人们。他们本不属于这座城市，他们的"巢"散落在各个省份，他们与这座城市邂逅的唯一原因，只是为了能给在京拼打的儿女们分忧。他们不甘于做"空巢老人"，他们是名副其实的"离巢老人"。

和记者说话的当儿，放学铃响了起来，随着孩子们从校内的涌出，干脆扯下围巾的王琴不再理会记者的搭讪，在人群中焦灼地搜寻着，直到 8 岁的孙子连声叫着"奶奶"，一头撞进自己的怀里。

"不容易，我已经来了两年多了，但还是感觉不适应。"拽着孙子手回家的路上，王琴坦言。"这里天干，水不好喝，路上汽车尾气太重，在家待的久了，真不适应。"

王琴的家，在河南西部一个经济欠发达的小县城。她说，在那个她待了近 60 年的小城市里，"到哪都能碰到熟人"，平时闲了，大家串串门聊聊天，感觉日子过得"可得劲"。

这一切都因两年前儿媳妇换了一个更忙的工作而告终。为了照顾孙子，也为了儿子两口子回家能"吃上一口热饭"，王琴与老伴简单商量后，一起搬来北京儿子家书房改装过的卧室里，从此开始过上了"对门邻居都不认识"的城市生活。

"刚开始没人玩，没人说话，差点没把我憋神经。"王琴笑着说，大城市里的人一天到晚太忙了，儿子有时加班到深夜，接连两三天都见不到面，"很可怜"。为了调养儿子本就不好的胃，老伴"半路出家"，开始研究起了中医，指导王琴给儿子煲"养胃的"粥喝。

去年夏天，王琴的老伴因为肝功能有问题，不得不回家调养。"没办法，在这儿药太贵，啥都贵，我们的户口、医保关系又都不在这儿，除了一些急病，没法报销。"王琴叹了口气。

暂时没有了老伴陪伴的王琴，只得去小区找一些相似经历的老人聊天。"儿子是很亲，儿媳妇也很孝顺，但毕竟不是一代人，有时话说不到一块儿去。"

王琴说，小区里有很多和她一样的"离巢老人"，而很多人的境况还不如她。"三单元那个姓刘的老太太的女儿离婚了，自己带着一个小儿子生活，家里不来人照顾，行吗？一楼那个女的和我一般大，老伴前年得病死了，在家待着，还不如过来给女儿帮帮忙……"

"儿子从小就说，长大了要接我到大城市享福，这大城市哪是享福的地方啊。"王琴感慨："要不是不放心孙子，我们俩才不稀罕来呢。"

谈及何时会回河南老家，王琴说自己也不知道。"这要看这边的情况，而且我的身体也是问题。"谈话间，身材不算矮小的王琴被体型略胖的孙子拽得左摇右晃。"等今年夏天老伴身体好了，回来再商量吧。可能我也要回家歇歇了。"

评析：

这是一篇典型的小故事（小通讯），通过1100多字反映现实生活中的一个片断，就如文章标题所言，一个"离巢"老人的欢喜与哀愁。

通过与老人对话了解，进而对老人过去生活和现今生活进行对比，文章整个内容线索单一而有故事情节，短小精悍，生动活泼，使读者能够很快进入画面，了解文章想要表达的内容。

这是一篇以细节描述见长的通讯，它选取了几个日常生活中具有代表性的片段，字里行间里表达了"离巢老人"这个群体的欢喜和哀愁，增强了整篇报道的可读性。

能力检测

就本学期你在校内外参加的某项社会实践活动，以"某某事件纪实"为题，或就你了解的某一位老年朋友的事迹，以"我身边的老年朋友"为话题，写一篇小通讯。

写作要求：内容要真实，让事实说话，不要虚构；材料取舍要紧扣主题，所用材料要认真核实；要有较强的针对性，主题要有现实意义；叙述中可以穿插议论和抒情，议论要有自己的见解。

子项目三
新闻评论

情境导入

　　新闻宣传对现今的养老机构的发展是越来越重要，掌握好新闻评论的写作方法，不仅可以对现实生活中的一些新闻事实和重要问题作出分析，同时可以代表机构或者个人对当前重要问题和事件提出观点和看法，进而指导受众的意见走向、行为走向，帮助受众通过新闻媒体对公共事务进行意见交流。

　　新闻评论是新闻宣传文书里最难掌握的一种文体，如果能学好写新闻评论会对自身今后在工作中产生重大的作用。

知识归纳

一、新闻评论的概念

　　新闻评论，是社会各界对新近发生的新闻事件所发表的言论的总称。新闻和评论，构成报纸的两大文体。新闻评论是一种写作形式，一种传播力量，一种社会存在，以传播意见性信息为主要目的和手段。

　　新闻评论由于它的独特功能，在宣传中占有重要的地位。实践表明：新闻评论是报纸的灵魂，是体现一张报纸政治面貌的旗帜。新闻评论和大量的新闻报道，构成每天报纸版面的两大主要体裁。

　　评论是报纸的旗帜，是新闻家族中重要一员。从理论上说，一方面，评论价值本身包含在新闻事件之中；另一方面，并不是所有具有新闻价值的事实都具有评论价值。所谓评论价值就是指某个新闻事件蕴含着值得阐述内容，其重要性和新鲜性对受众具有或大或小的启示意义，值得加以评论和阐述。

二、新闻评论的特点

　　新闻评论不同于一般的议论文，它的基本任务是以马克思列宁主义、毛泽东思想和邓小平理论为指导，从理论和实践的结合上，宣传党的纲领路线和方针政策，从而团结人民、引导舆论，推进改革开放和现代化建设的发展。主要有以下几个方面的特点：

　　1. 新闻性

　　新闻评论有些现实的针对性，立论有的放矢，针对当前值得评论的新闻事件和问题发表意见，同时它又有强烈的时效性，对现实作出及时的反应。从社会效益出发，掌握时机，切合时宜。

2. 政治性

新闻评论的政治立场和态度十分鲜明，注重选题的政治意义。它着重从思想、政治、理论的高度分析和论述问题。

3. 群众性

新闻评论必须面向广大受众，关心广大群众的切身利益，反映群众的要求和呼声。其说理论述符合群众的特点和需要，从而才能吸引和鼓励广大群众关心和参与评论工作。

三、新闻评论的作用

1. 引导的作用

运用马克思主义的立场、观点、方法，对现实生活中的新闻事实和重要问题作出分析，可以旗帜鲜明地表彰先进，针砭时弊，帮助群众明辨是非，区分先进和落后、正确和错误；为群众解疑释惑；使人们正确认识当前的形势，指明方向。

2. 监督作用

以正面宣传为主，坚持正确的舆论导向。新闻评论在舆论监督中处于一种显要的地位，在弘扬先进思想和精神的同时，还要不断揭露和抨击各种腐败现象和不正之风，对不良之风和现象形成强大的舆论压力。

3. 表态作用

代表一定的机构、组织对当前重要问题和事件的态度、观点、看法。可以指导受众的意见走向、行为走向，形成社会性的舆论压力，发挥引导和监督的作用。

4. 深化作用

通过新闻评论的方式对新闻事件发表看法、表明态度、指出症结、提出希望和看法，引导社会认识。通过对事实的分析，从思想、政策、理论高度提出问题、分析问题和解决问题，而不应局限于就事论事，启发和帮助群众掌握科学分析的方法。

四、新闻评论的类型

目前，我国对新闻评论的分类，有这样几种情况：

1. 按评论对象的内容分类，有政治评论、军事评论、经济评论、社会评论、文教评论、国际评论等。

2. 按评论的性质功用分类，有解说型评论、鼓舞型评论、批评型评论、论战型评论等。

3. 按评论写作论述的角度分类，有立论性评论、驳论性评论、阐述性评论、解释性评论、提示性评论等。

4. 按评论的形式分类，有社论、编辑部文章、评论、本报评论员文章、短评、编后、编者按、思想评论、专栏评论、新闻述评、论文、漫谈、专论、杂感等。

五、新闻评论的写法

新闻评论的写作主要可以从选题、立论、材料、论证及标题五个方面的内容进行准备，具体要求如下：

1. 选题

具体而言，新闻评论的选题方法有如下几种：一是从方向性新闻中选题。在体现时代特点、表达时代精神、符合时代主旋律的方向性新闻中，常常蕴含着丰富的新闻评论价值。二是从批评性新闻中选题。评论可以通过分析问题形成的原因，剖析其危害性，引起社会普遍重视，并对社会舆论起引导作用。三是从倾向性新闻中选题。四是从对比性新闻中选题。

2. 立论

新闻评论，顾名思义，是对新闻事件、新闻现象、新闻背景的评述。通过评论，发表自己正确的立场观点，给人以启示和引导。任何评论都具有三要素，即论点、论据、论证。其中首要的是选题，也就是论点。论点是评论的灵魂，不仅要正确，而且还要新颖。这就要求评论的选题一定要适应形势发展的需求，对经济发展和社会进步具有针对性和指导性，所阐发的观点一定要新。

要有新的见解，新的思路。要善于发他人未发之声，说他人未明之理。选择这样的论题，就会使人耳目一新，对社会也起到教益和指导作用。新的论题、新的观点哪里来？靠的是记者善于观察和思考，靠的是新闻的敏锐性和思辨性。

3. 材料

要有新的材料，新的角度。写作新闻评论，每篇都要有新见解、新思路是很难做到的。但努力运用新的材料，寻找新的角度，同样可以起到出新的效果。

论据是用来证明论点的。论据实不实，典型不典型，直接关系到整篇评论的基础牢不牢，说服力强不强。因此，对论据的要求要典型、充分、有力，能起到"以一当十"的作用。论据主要可从发生在我们身边的典型的人和事、时事新闻以及社情民意三个方面着手。典型而有力的论据不仅为论点的确立奠定了事实基础，同时也为论证提供有力武器，起到增强说服力的作用。

4. 论证

论证的方法有多种，常用的有三种：

(1) 例证法。列举生活中的事例或历史上的经验来论证。例证法是最常用的论证方法，例证法要求所列举的例子要少而精，所举的例子起到"以一当十"的作用。

(2) 引证法。引用领袖人物、权威人士和党和国家文件中的话来论证，尤其是录音评论中对专家教授以及有关权威人士的访谈，访谈录音也属于引证。引证方法引用得当，可以增强评论的说服力和权威性。

(3) 喻证法。用比喻来论证。这种方法的好处是可以使评论增强生动性和形象性。

这三种是常用的方法，而贯穿这些方法中有一个基本要求，就是概念判断要准确，逻辑推理要严密。如果连话都说不通，理说不明白，那么，再好的论点、论据也是枉然。

5. 标题

评论的标题很重要。俗话说，题好一半文。一个好的标题就等于文章的一半。标题概括要准。这里所说的准，有几层意思：一是要求标题能最好地归纳评论的精神，使人一看就明白评论的主题是什么样；二是要求标题形象生动，具有吸引力，能够抓住人的眼睛。因此，起一个好的标题是评论作者一项重要任务。评论标题至少要具有以下几点：

(1)鲜明。评论赞成什么，反对什么，在标题上旗帜鲜明地亮出来。比如，《拜金主义要不得》一眼就看出评论的立场观点，反对拜金主义，提倡艰苦奋斗。类似的例子很多，比如，《监督，不应仅仅是审计部门的事》《对策也可以当镜子》《不能搞有偿新闻》等。

(2)形象。形象的标题往往一下就能抓住读者的心。因此，一些作者善于运用俗语作标题，有效地增强了标题的生动性。比如《牛毛出在羊身上》《"吹牛"也犯法》等，这些标题诙谐风趣，形象生动，很富有感染力。

(3)生动。评论标题切忌平淡无味，要有召唤力。比如，《变"口号农业"为"实力农业"》《莫把"令箭"当"鸡毛"》，既简洁明快，又很形象生动。这样的标题就会受到读者的欢迎。

六、新闻评论的写作要求

1. 要注重针对性。对人们普遍关心、迫切需要回答的思想问题，以及两个文明建设中人们迫切需要回答和解决的实际问题，运用马克思主义的立场、观点和方法，通过具体的科学的分析，实事求是地给予说明、回答和指导。

2. 论点要新鲜。就一篇评论而言，论点是观点，是灵魂。论点不新鲜，或者和报纸上发表过的雷同，读者看了开头就兴味索然，不想看下去了。

3. 论据要有典型性，具有说服力。评论的论据，就是用来阐明论点的新闻事实和有关材料。论据，既是论点的依据，又是评论判断和推理的基础，因此，精心挑选作为论据的新闻事实，至关重要。

4. 说理要有深度。写评论，要在说理上下工夫。一篇评论，说理有无深度，往往关系到它的成败。

此外，新闻评论写作还要注意写得平易近人，避免老话套话，力求有点文采，使读者爱看。

例文评析

【例文 4-3】

善待老人就是善待我们自己

最近一段时间，几起老人与年轻人的"让座纠纷"，引发社会议论。一向以善良、慈爱示人的老人突然间被指责为为老不尊、倚老卖老，甚至"老人在变坏，还是坏人在变老"的讨论也流行了起来。这种现象令人忧虑。

不可否认，在生活中确有一些老人行为不端，需要指出与批评。然而，这样的老人并不多见，至于坐在不让座位女孩子腿上、打年轻人耳光的老人更是极端个案。把"让座纠纷"无限扩大，甚至给老人贴上"坏"标签的做法，无疑大大伤害了老人这个群体，同时也带来了更多的偏见与误解。如今，有些人声称"再也不给任何老人让座了"就是例证。

其实"让座纠纷"背后存在的问题并不复杂，无非就是缺少为对方着想，只要双方相互宽容，相互尊重，车厢自然就和谐了。尊老是一项基本的社会道德，老人体弱多病，年轻人理应要主动照顾和帮助老年人。与此同时，如今社会节奏快，年轻人压力不小，在给老人让座已成为普遍现象的当下，偶尔几次无人让座，老年人也应该理解。

"让座纠纷"演变成对老人的指责，甚至是批判，让一些老人始料未及，以至于2014年9月11日，在河南省郑州市3名80多岁的老人手持"老年人要给年轻人让座"标牌走上了公交车。这样的画面让人悲凉，老年人站着，年轻人坐着，这正常吗？

在"让座纠纷"中，我们很少听到老人的声音，占有信息优势的年轻人很轻易就可以罗列出所谓的"老人劣迹"，一些道听途说也常常被刻意夸大。太多的不理性，太多的情绪宣泄，让许多无辜的老人平添了不少压力，生活受到了严重影响。

我们现在的生活，无一不有着老人们的汗水和痕迹。在快速发展变革的社会之下，老人们有没有焦虑、落差感，有没有不适应？倾听他们的声音，了解他们的内心，给予他们更多的关爱本是我们的应尽之责。仅仅几起"让座纠纷"就引发了对老年人"坏"的猜疑，说明我们的包容、理性与尊老观念正在迷失。

当前，我国已迈入老龄化社会，截至2014年，我国60岁以上老年人数量已超过2个亿，占总人口的14.9％。可以说，对待老年人的态度将对整个社会道德起到示范作用。多些善待少些苛求，多些关注少些推脱，把眼光在他们的身上停留久些，再久些，温暖的不仅是今天的老人，更是明天的我们。

倾听他们的声音，了解他们的内心，给予他们更多的关爱本是我们的应尽之责。

评析：

文章一开始简单地描述了主题相关的材料，从而为下面的评论做好了相应的铺垫。

进一步分析"让座纠纷"产生的原因以及给老年人带来的危害，引起读者深思。

选题，是新闻评论成败的关键。这篇评论的选题，确实抓到了点子上。它站得高，看得远——透过现象看到了问题本质，立足当前看到了未来。

能力检测

请你就以下报道配写一篇新闻评论，字数要求在800字左右。

老年大学"一座难求"何时解

当下正是各地老年大学招生旺季。有报道说，杭州市"老年大学"下半年招录新生名额为3000个，预报名累计8105人次，录取比例为2.7：1，有些专业报名人数达到应招人数的 10 倍以上。如烹饪专业招 20 人，报名 402 人；太极养生拳专业招 40 人，报名 439 人……学校为了体现公平透明，只得对其中的 2/3 的班级采取摇号的办法，平均中签率仅为 29.77％，比杭州市的民办初中还低（6 月 14 日《都市快报》）。

到"百度"去看看，全国各地老年大学的招生形势，也是一片紧张。《金陵晚报》报道：家住南京浦口的王阿姨，跑远路连续报名三年也没成功。《中广网》报道：青岛老年大学报名的日子，不少老人凌晨 2 点就开始排队。《西海都市报》报道：青海省老年大学舞蹈班 40 多位学员挤在一间约 60 平方米的教室里上课，学员们跳舞时经常撞到一起。《宁波晚报》发过一张图片，反映的是千余名老人为报名秋天开学的医学保健等专业班，连夜排队……

上述报道的发表时间，有今年的，去年的，最早是 2010 年。这说明，老年大学"一座难求"的现象，不仅普遍，而且已经持续了几年，到了需要下决心解决的时候了。

"一座难求"反映出供需脱节。随着经济发展、社会进步，人的寿命长了，养生理念新了，经济条件允许了，想进老年大学的人大幅度、持续性增加。这几年，各地顺应社会需要，陆续兴办了不少各类老年大学，有些地方老年大学的规模也有可观的扩大，但依然跟不上老年人的需求。

制度设计上的不合理，加剧了供需矛盾。有的说是老年大学，其实是"老年干部大学"，规定只准进离退休老干部，退休职工、一般市民和农民拒收。有的地方虽然没有绝对不收普通老年市民和农民，但首先满足处级以上退休干部，剩余的名额再向社会开放，数量自然相当有限了。还有不少老年大学，对选学的课程和学制不作限制，同一人同一学期可选读的课程没有上限，同一人还可以连续读 5 年、10 年甚至更长时间。江苏省老年文化大学 80 多岁的退休教师张大伯，已经读了 22 年还不想休学，青岛老年大学有一位女学员在读时间长达 27 年。

找出了原因，就有了解决的办法。大量增加老年大学的数量是最基本的对策。增量不能全靠政府投入，出政策整合社会力量，才能迅速奏效。即使由政府主办，也要调动各级的积极性，省里办，市里办，县里办，街道办，乡里办，社区也可以办。老年大学办到家门口，老人入学更加方便。办学的方式也可以丰富一些。除了课堂教学之外，还可以开设老年电视大学、老年广播大学、老年网络大学等多种形式的远程教育。与此同时，对学制和选读课程数量制定一些合理的制度，撤掉一些按学历、按身份、按职务等招生的不合理门槛，让老人们都能平等享受再教育的权利。

举办老年大学是一件功德无量的好事、大事。它不仅能够满足老年人更新知识的愿望，丰富老人的晚年生活，提高老年人的文明素质，促进家庭和睦和社会和谐，还有利于开发蕴藏在他们身上的巨大精神财富和知识、技能，为社会发展进步继续做出他们特有的贡献。老年教育本身也是实现全民终身教育不可或缺的重要环节。面对新的社会老龄化趋势，我们应该统筹规划，舍得投入——包括精力和财力，尽快解老人之难，缓社会之急。总之，做出了重要贡献的老人们，到了古稀之年还要为求一个读书的座位而经年等待、长途奔波、彻夜排队的局面，再也不能继续下去了。

子项目四

启　事

情境导入

　　在日常生活、工作、学习中，在经济交往的过程中，启事可以及时传递信息，将一些问题告知，及时调解生活和工作运行中的关系。虽然只有那么几行字，但是意义却很大，是一种简便易行的交际工具。学习写作启事，在今后养老机构工作以及我们日常生活当中，都会帮助我们解决许多实际问题。

知识归纳

一、启事的概念

　　"启"含有陈述的意思，"事"即事情，"启事"就是公开陈述某件事情。单位或个人通过一定的传播途径，将需要向公众说明或请求予以支持并协助办理的事情简要写出，这样的告知性应用文就是启事。

　　启事这种文体的种类很多，使用范围也越来越广泛，已由原来仅限于"寻人""寻物""招领"等启事，发展到"征婚""招贤""招聘""征集"等几十种类型，涉及社会生活的各个方面，尤其是机关、团体、各群体、各个角落传递信息，以处理各自公务。

二、启事的特点

　　1. 内容的广泛性

　　它可以用于公务中的招生、招聘、开业、庆典、单位成立、商标的使用与更换等多种事宜。

　　2. 告知的回应性

　　启事不同于只是向社会"告知"的声明，它要求通过告知得到社会上广泛的回应，以解决自己的某件公务事宜。

　　3. 参与的自主性

　　启事不具有强制性和约束力。启事的对象有参与的自主性，可以参与或不参与。

　　4. 传播的新闻性

　　启事通过张贴、登报、广播、电视等各种新闻媒体公开传播消息，对社会公众来说，是广告性消息，具有新闻性质。

三、启事的类型

启事的种类很多，根据启事事项的不同，可以分为：征招、声明、寻找、周知四大类。类别不同作用也不同。

1. 征招类启事

是为了求得公众的配合与协作。如招生、招聘、招工、招领、征文、征订、征集设计启事等。

2. 声明类启事

是为了完成法律程序，启事事项经声明公开、登报后，对其引起的事端不再承担法律责任。如迁移、更名、开业、停业、竞赛、讲座、解聘等启事。

3. 寻找类启事

是为了求得公众的响应和协助。这类启事有寻人启事、寻物启事、招领启事等。

4. 周知类启事

是为了开展工作和业务，把某些事项公之于众，以便让公众知晓。这类启事有开业启事、迁址启事、变更启事、婚庆启事等。

四、启事的写法

启事的主体内容基本上由标题、正文以及落款三大部分构成，各部分写法如下：

1. 标题

标题的写法可以有这样几种：第一种，只写"启事"。第二种，标题里标明启事事项，如"招领启事"、"开业启事"等。第三种，启事重要和紧迫，还可标明"重要启事"或"紧急启事"。有时将"启事"两字省去，只写"寻人"或"招聘"。

2. 正文

不同类型的启事正文内容有所不同，一般包括：启事的目的、意义、具体办理方法、要求、条件等。正文是启事的主要部分，主要说明启事的事项。正文写法形式多样，可以分段写，内容多的应逐条分项写清楚。要写具体、明白、准确，简练通俗，千万不可模糊、含混、模棱两可，以免产生歧义。

3. 落款

即署名和日期。在右下角写启事单位名称或个人姓名。视具体情况，有的还要写上地址和启事时间，如果需要另起一行分别写到右下角。在标题和正文中已写明启事者，结尾中可省略，只写日期。报刊上刊登的启事也可以不写日期。

五、启事的写作要求

1. 标题简短醒目

启事的标题要力求简短、醒目，高度概括，能够吸引公众的眼睛。

2. 内容严密、完整、明确

启事正文要求内容单一，一事一启；语言表述应严密完整、清楚明确，切忌叙事枝蔓、文字冗赘。

3. 措辞郑重严谨

启事陈述的都是郑重严肃的事情，所以启事的行文应该以平实严谨为宜，不能别出心裁、标新立异。涉及专业术语时，更要求绝对准确，以免产生歧义，使公众误解。

4. 注意运用礼貌语言

由于启事没有强制性和约束力，所以就要特别注意运用礼貌语言，以诚恳的态度打动公众，使公众产生信任感，达到预期的效果。

例文评析

【例文 4-4】

幸福花园老年公寓招聘启事

宣城市宣州区幸福花园老年公寓位于市区澄江派出所西侧，为安徽花园实业股份有限公司旗下的品牌企业。公寓地上五层，总建筑面积 3164.92 平方米，配套设施完善，管理体系健全，以为老人提供全天托护为主营项目，帮助他们度过安详愉快的晚年。根据工作需要，现诚招管理人员如下：

一、招聘岗位及要求

院长 1 名

(1)身体健康、政治素质较高、责任心强、工作认真、作风正派，热爱养老服务工作，有为老人服务的意愿和奉献精神。

(2)男女不限，年龄在 50 周岁以下，具备大专以上学历。特别优秀的，学历可放宽至高中。

(3)具有较强的企业管理、社会活动和组织协调能力，具备较好的语言表达和文字写作能力，会电脑操作。

(4)具有 3 年以上养老机构、医疗机构等相关行业管理工作经验的优先考虑。

二、薪资待遇

基本工资 2800 元，提供养老、医疗保险，另根据经营业绩给予丰厚绩效考核奖，提供食宿。（具体细节面议）

应聘人员要具有爱心和热心，热爱养老事业，有工作责任心，有较强的沟通能力，对工作兢兢业业；欢迎各位符合条件者应聘该岗位。

联系人：汤恒云　　　　　联系电话：137×××××××

评析：

这是一篇征招类启事，题目内容清晰表达了启事所需要达到的目的。

在正文的开始部分，对招聘单位进行了简单的概述，使得应聘人员对招聘单位有了大致的了解，之后对招聘人员最关心的两大问题进行详细的描述，条理清楚，一看就明白。

最后部分对应聘人员提出了相应的要求并表达了对其的欢迎态度。

能力检测

　　为了进一步推进湖南省养老服务体系建设，深入探讨养老机构未来发展方向和经营模式的创新，提升养老机构经营管理和服务水平，湖南省民政厅携手《老年人》杂志社，将于××年×月在长沙举办"××年湖南省养老机构发展高峰论坛"，现向全省养老机构、养老服务从业者和各大院校、社会科学研究机构从事相关学术研究的专家学者广泛征集论坛论文。

　　你是此次论坛论文征集活动的负责人，请你撰写一则论坛论文征集启事。

子项目五

海 报

➡ 情境导入

　　随着时代的进步，经济的发展，海报已无处不在，它已渗透到社会生活的各个方面。在街头、超市、影院，在机关、部队、校园，只要留意，便会发现，那些精彩的海报，内容丰富多彩，形式灵活多样，为人们传递着多种信息。掌握好海报的写作技巧，在老人的活动开展中，你将更加得心应手，你组织开展的活动将会有更多老年朋友知道，从而吸引他们关注和参与，良好完成活动前期的宣传目的。

⺐ 知识归纳

一、海报的概念

　　海报是人们极为常见的一种招贴形式，又名"招贴"或"宣传画"，是主办单位在一定范围内向公众报道或介绍举行文化、娱乐、体育、展销等活动的一种招贴式应用文。它原属于职业性戏剧演出专用的张贴文书(旧时，上海人把职业性演出叫"海"，把从事职业性演出叫"下海")。因了这个缘故，人们把具有宣传性的招徕顾客性的张贴物叫海报。"海报"一词演变到现在，它的范围已不仅仅是职业性戏剧演出的专用张贴物了，海报成为了向公众报道或介绍有关电影、戏曲、杂技、体育、学术报告会等消息的招贴，有的还加美术设计。海报通常张贴在有关演出的场所，或较为醒目的地方，告知有关活动的事项。有的海报还可以在广播电视上播出。

二、海报的特点

1. 宣传性

　　海报希望社会各界的参与，它是广告的一种。有的海报加以美术的设计，以吸引更多的人加入活动。海报可以在媒体上刊登以及播放，但大部分是张贴于人们易于见到的地方，其广告性色彩比较浓厚。

2. 商业性

　　海报是为某项活动做的前期广告和宣传，其目的是让人们参与活动中，其中演出类海报占海报中的大部分，而演出类广告又往往着眼于商业性目的。当然不是所有类别的广告都具有商业性，比如学术报告类的海报，一般情况下，它就不具备商业性。

3. 艺术性

就海报的整体而言，它包括商业海报和非商业海报两大类。其中商品海报的表现形式以具体艺术表现力的摄影、造型写实的绘画或漫画形式表现为主，给消费者留下真实感人的画面和富有幽默情趣的感受。而非商业海报，内容广泛、形式多样，艺术表现力丰富，特别是文化艺术类的海报，根据广告主题可以充分发挥想象力，尽情施展艺术手段。许多追求形式美的画家都积极投身到海报的设计中，并且在设计中融入自己的绘画语言，设计出风格各异、形式多样的海报。

三、海报的类型

1. 电影、戏剧类海报。这是影剧院戏剧院公布演出电影和戏剧的名称、时间、地点及内容介绍的一种海报。这类海报有的还会配上简单的宣传画，将电影和戏剧中的主要人物画面形象地绘出来，以扩大宣传的力度。

2. 文艺晚会、杂技体育比赛等海报。这类海报同电影戏剧大同小异，它的内容是观众可以身临其境进行娱乐观赏的一种演出活动，这类海报一般有较强的参与性。海报的设计往往要新颖别致，引人入胜。

3. 学术报告类海报。这是一种为一些学术性的活动而发布的海报。一般张贴在学校或相关的单位。学术类海报具有较强的针对性。

4. 个性海报。自己设计并制作，具有明显 DIY 特点的海报。

四、海报的写法

海报一般由标题、正文和落款三部分组成。

1. 标题

海报的标题写法较多，大体可以有以下一些形式：

①单独由文种名构成。即在第一行中间写上"海报"字样。

②直接由活动的内容承担题目。如"舞讯""影讯""球讯"等。

③可以是一些描述性的文字。如"某某（人）再显风采"。

2. 正文

海报的正文要求写清楚以下一些内容：

第一，活动的目的和意义；

第二，活动的主要项目、时间、地点等；

第三，参加的具体方法及一些必要的注意事项等。

3. 落款

要求署上主办单位的名称及海报的发文日期。

以上的格式是就海报的整体而讲的，使用中，有些内容可以少写或省略。

例文评析

【例文4-5】

"一元钱存款"

用手掬一捧水，水会从手指间流走。很想存一些钱，但是在目前这种糊口都难的日子里，是做梦也不敢想的。先生们、女士们，如果你们有这种想法的话，那么请您持一本存款簿吧，它就像是一个水桶，有了它，从手指间流走的零钱就会一滴一滴、一点一点地存起来，您就会在不知不觉中，有一笔可观的大钱了。我们千代田银行是一块钱也可以存的。有了一本千代田存款簿，您的胸膛就会因充满希望而满足，您的心就能在天空中飘然翱翔。

评析：

"一元钱存款"这则海报能够历经50多年而流传下来，被人们称颂。它的独到之处是有目共睹的。这则海报具有广告宣传性、商业性。银行要发展生存，必须有社会各界的积极参与，人们的参与无疑会给银行生存带来生机与新生。这则海报形象地把存款比作水桶，把零钱比作点滴水珠，积少成多便成为可观的大钱。小小存款会使人们拥有希望与满足。这便是这则海报的成功之处，于微小处见阳光。这则海报由千代田银行发布，用鼓动性充满希望与自信及诚恳热情的语言来增强人们的参与积极性。简洁明了的文字、短小精悍的篇幅是这则海报的又一特点。

能力检测

一、请对下列海报内容进行简单的评析，并指出相应的问题。

海 报

××花鼓戏团将于本周应邀来我院表演，演出主要节目有《打铜锣》《补锅》《刘海砍樵》等。

演出时间：本周星期六晚上7：30—10：30。

学生会自即日起每日上午10：30至下午5：00售票。

××学院团总支学生会
2022年11月10日

二、某院团委学生会为了丰富同学们的业余生活，培养同学们的审美能力，在11月10日举办一次全校性的手工艺品大赛，现将比赛的优秀作品在学校活动中心展出，时间为11月13日至14日下午2：00～5：30。你作为院团委学生会宣传部的负责人，现在请你写一张贴于学校宣传栏的海报。

子项目六

解说词

情境导入

解说词依靠文字对事物、事件或者人物进行描述、叙说，用词语的渲染来感染观众，使人们在对其所表述的内容有所认识和了解的同时，起到更进一步加深认知和感受的作用。解说词不同于一般的文章，它有自己的特性和写作规则。它必须与周围的画面或环境有机配合、相互生发、相互弥补、相互完善，才能真正使听众真正了解演说者要表达的意图，发挥真正的功效。今后我们在养老机构工作中，经常会需要用到解说词，如外来单位参观学习、上级单位检查以及有意愿入住老人或家属的参观等，因此掌握好解说词的写作技巧是非常有必要的。

知识归纳

一、解说词的概念

解说就是解释说明。解说词是对人物、画面、展品或旅游景观进行讲解、说明、介绍的一种应用性文体，采用口头或书面解释的形式，或介绍人物的经历、身份、所做出的贡献（成绩）、社会对他（她）的评价等，或就事物的性质、特征、形状、成因、关系、功用等进行说明。解说的范围是比较广泛的，如影、视、剧的解说，文物古迹的解说，专题展览的解说，商品知识的解说，某个问题或事件的解说等。

解说词有两个方面的作用，一是发挥对视觉的补充作用，让观众在观看实物和形象的同时，从听觉上得到形象的描述和解释，从而受到感染和教育；二是发挥对听觉的补充作用，即通过形象化的描述，使听众感知故事里的环境，犹如身临其境，从而达到情感上的共鸣。

二、解说词的特点

解说词有着补充视觉和听觉的作用，所以无论是口语解说词还是书面解说词，都具有如下特点：

1. 口语化

解说词要口语化，采用通俗易懂的行文语言。对于表达的要求是，解说词要"说"，而不要"念"。这样就能让观众或听众有着十分亲切的感觉。

2．准确性

作者对于要解说的事物，应有准确的了解和把握，必须围绕所要说明的对象进行解说。解说词一般是配合实物、图像进行的文字说明，要让观众或听众在短时间内印象深刻，文字就必须与对象密切匹配。

3．生动性

解说词不同于说明，为了使解说词更具吸引力，可以加入一些专门知识，科学道理或传说故事，以及注意语汇丰富，情感真挚。如果在清晰、准确的基础上能引人入胜、动人心弦、富有文采，那么就可以达到更好的效果。

4．结构形式的分合性

由于解说词是针对画面、实物、场景的具体内容而编写的，因此在结构形式上可分可合。所谓"分"即各个画面或场景的解说词可写成具有相对独立性的片段；所谓"合"，即围绕中心，按时间或空间转换的顺序将各个画面、各个场景的内容组织成一篇完整的解说词。

5．表达方式的多样性

不同类型的解说词的侧重点是不同的：对展览会上的实物、图片的解说一般以说明为主；对旅游景点的解说一般以说明和描写为主；还有些电视新闻片的解说以概括性叙述为主。

6．语言表达的可听性

解说词的语言必须注重可听性。一方面要尽量通俗明白，让观众或听众一听就懂；另一方面要努力做到生动形象，让观众或听众喜欢听。只有做到两者的有机统一，才能吸引和感染观众或听众。

三、解说词的作用

1．补充视觉的作用

文物古迹解说词、电影解说词等可以帮助观众在观看实物和图像的过程中，了解实物和图像的来龙去脉、本质特征，充分发挥补充视觉的作用，让人看得清楚，加深感受。

2．补充听觉的作用

广播解说词、电影剪辑解说词、音乐欣赏解说词等，是在看不到实物和图像的情况下播出的，在这种情况下，只有依靠解说词的描述，词语的渲染，才能使听众知道事物的发生、发展、环境，收到如临其境的效果。这就是解说词发挥补充听觉的作用。

四、解说词的类型

根据解说词对象的不同，解说词可分为人物事迹展览和实物展览解说词、导游解说词、影视新闻纪录片解说词等。

1．影、视、剧的解说词。这类解说词主要用于专题纪录片、体育比赛等，真实生动的画面，精彩激烈的场面，配以声情并茂的解说词的描述，能使观众身临其境。这类解说词能发挥补充视觉的作用。

2. 文物古迹的解说词。面对着一些古代建筑、文物、古董等，通过导游员的解说，能够带领参观者重温历史，再现昨日的故事，加深参观者的认识和感受。

3. 专题展览的解说词。这类解说词与前一种解说词有相似之处，都是帮助观众在观看实物和形象的过程中加深感受。

五、解说词的写法

解说词的结构分标题、开头、主体、结尾四个部分，其结构原则与一般文章的结构原则大致一样。主要的几种写作形式有：

1. 描述型以时间的先后作解说的顺序，对说明对象进行内在或外部的描述。人物、产品介绍、生产流程等解说多采用这种方法。

2. 说明介绍型按照事物空间存在的形式，或从外到内，或从上到下，或从前到后。或从整体到局部，把事物的名称、功用、类型、特点、关系等依次解释明白，使观众、听众了解、熟悉。

3. 分析型按照事物的内在逻辑关系安排顺序。这种内在的逻辑关系或为因果，或为递进，或为主次，或为总分，或为并列等。其基本方法是从一般原理到特点结论，或从一系列事实抽提出一般原理。所遵循的写作思维方式是演绎、归纳或对比。

4. 一般认识型按照人们认识事物的规律和习惯，一般总是由浅入深、由近及远、由抽象到具体对事物进行解释说明。

六、解说词的写作要求

1. 了解解说对象。收集有关素材这是解说词写作的准备阶段，大量地收集有关材料，深入了解解说对象的有关知识，对其作全方位的研究，是对解说对象精确介绍、生动描述的前提。

2. 抓住被解说对象的特征和本质。对被解说的事物，应认真地进行分析研究，准确地抓住它的特征、本质和意义。在解说中应恰当地运用对比联想、点面结合、由此及彼、由表及里等多种方法，来突出事物的特征、揭示事物的本质、说明事物的意义。这是保证解说质量的一个关键。如果解说内容流于一般，缺乏特色，则失去解说的意义。如：在进行人物解说时，要抓住感人至深的一面；在对一些实物进行解说时，则突出其最有价值、最受人称道之处；在进行旅游解说时，则注意景物的生态意义、观赏意义以及旅游价值，让旅游者感到不虚此行。

3. 富有审美意义。发挥宣传作用，优美的文字能愉悦心情，净化心灵，说者娓娓道来，听者（看者）如痴如醉，这就要求写作者对解说对象的认识要有真知灼见，对所解说的事物，或褒或贬，爱憎分明。对赞扬的事物，要充满爱的感情，对否定的事物，要有切肤之恨的感情，这样的解说才能感染听众，收到预期的宣传教育效果。

4. 运用准确、生动的语言解说的概念、判断要准确。解说的用语，力求将抽象的事理形象化、高深的知识通俗化、复杂的程序简单化、静止的事物动态化、枯燥的东西趣味化等；解说中还可以用一些修辞方法，以增强语言的生动性和感染力。我们在此强调，解说词不同于纯理论描述的教科书或论文，它主要是以听觉形式进行信息传播的，所以应当在解说词中多增添文学色彩。

例文评析

【例文 4-6】

宝鸡市渭滨区首届老年人运动会开幕式解说词

军号嘀嗒，鞭炮齐鸣，锣鼓喧天，红旗如林。在运动员进行曲雄伟壮丽的旋律中，入场式开始了。

渭滨中学的同学们，举着红旗，昂首挺胸，步入比赛场地，新民路小学的红领巾，手握军号，吹奏着令人振奋的旋律，他们是在用心声向前辈们表示热烈的祝贺！

首先入场的是长岭机器厂代表队。这是一支实力雄厚的队伍，在他们中间，走着陕西省老年人五千米冠军李存生和立定跳远冠军张介红。硬牌冠军，登场献技，一定会身手不凡，再建奇功。

接着入场的是车辆厂代表队。宝鸡车辆厂是我市的先进企业，在国民经济改革的浪潮中，他们走在最前列，今天，能看到他们老年人代表队的风姿，我感到非常高兴。

现在入场的是市中医院代表队。医务工作者，救死扶伤，妙手回春，使多少人转危为安，获得第二次生命，又使多少人身体康复，重返工作岗位。他们为千百万人带来幸福。正因为这样，他们也最懂得锻炼的重要，他们出现在这个场地上，是在向人们宣布：先进的、现代化的医学技术并不是保险箱，生命在于运动，最好的健身之道是锻炼，锻炼，再锻炼！

看，兰州空军部队干修所的同志们入场了。别看他们今天满头银发，可就是他们，曾经驾驶银雁翱翔万里，守卫着祖国的神圣领空。敬爱的老同志，今天，当你们步入运动场地的时候，你们有什么样的感觉呢？昔日蓝空雄鹰，今日体坛健将，请你们昂首蓝天吧！它会给你们勇气，给你们信心，给你们力量！

邮电局代表队入场了。邮递员同志们，你们是神州鸿雁，不管是烈日炎炎的盛夏，还是寒风凛冽的严冬，你们总是忠实地履行自己的职责，把党的温暖送到人们心上，把亲人的信息传遍千家万户，你们的职业是运动天然的伴侣，如果我们的运动会有自行车比赛，我想，你们一定会名列前茅的！

八一信箱的老队员走过来了。看，他们的队名牌上建光两字多么醒目——建光建光，建国之光，建设中华之光，愿你们为建设中华贡献出更多的光和热！

现在入场的是火车头体协的代表——宝桥老年队。别看他们只有五名队员，可他们的实力是雄厚的：李广生曾是市五千米冠军，成绩超过全国第二名。五个人，是少了些，可火车头也并不长呀，要么，怎么能叫火车头呢？

前进吧，火车头！

火车头后的一号车厢是秦机代表队。秦机，体育活动开展得非常活跃，而走在队伍中间的林国璋师傅，更是他们中间的佼佼者。多年来，他驰骋体坛，多次为我市赢得荣誉。今天，他勇气不减当年，仍然雄心勃勃，逐鹿赛场。真可谓："烈士暮年，壮心不已，老骥伏枥，志在千里。"

现在经过主席台的是宝成仪表厂代表队。大家可能还不知道在他们中间，走着一对并不年轻的夫妇——韩书堂和李晓光。多年来，他们一直从事气功锻炼和研究。去年，在全国鹤翔庄气功研究学术交流会上，他们双双被评为先进个人，为我区荣获全国推广鹤功先进集体作出了贡献。我记得《天仙配》中有这么一句唱词："夫妻双双把家还。"比赛结束，他们一定会"夫夫双双把家回"，但我更希望他们"夫妻双双凯旋归"。

东风路的三名队员入场了，他们是自己报名参加比赛的体育爱好者。年过花甲的人，热情这么高，真是难能可贵。我们中国有句成语叫做万事俱备，只欠东风。我们的东风是自己吹来的，我们的运动会，我们每一位运动员、裁判员一定会万事如意，事事如意！

烽火无线电厂的队员入场了。他们中间，有抗战时期的老干部，也有五十年代的老工人。你看，他们昂首挺胸，精神焕发——虽然我们的运动会没有点燃火炬，可四一代表队的入场，给我们点燃了烽火。烽火连九月，比赛更激烈。

叉车厂只有一名队员参加比赛，可他却代表了一个大型企业。大家可曾记得：中国全面走向奥运会，勇夺十五枚金牌。刘师傅，加油吧，叉车厂会有更多的人加入你的行列。

看，一支威武雄壮的大军走过来了，他们是省军区干休所代表队。看到这支队伍，我突然想到：今天，是中国人民抗日战争胜利纪念日，也是世界人民反法西斯战争胜利纪念日。敬爱的同志们，你们曾和敌人进行过殊死的交战，你们也曾和人民共享过胜利的欢乐。今天，在这具有纪念意义的日子里参加首届老年人运动会，你们一定会感慨万千！

敬爱的老同志，看着你们迈着刚健的步伐走过主席台前，我的心里非常激动，请允许——允许我代表我的同龄人，向你们——我们敬爱的老前辈，致以崇高的敬意和热烈的祝贺！

敬爱的老同志们，看着你们雄壮的队伍，我记起了一句古诗："夕阳无限好，只是近黄昏。"可你们，赞叹晚霞的美好，并不叹息自己的年老，坚持锻炼，使生命之树常青。正如敬爱的叶帅所题："老夫喜作黄昏颂，满目青山夕照明。"

体育，历来是强者的运动，而"老年"从来都是与"弱"字连在一起的，老年人也成了被体育遗忘的角落，那些多年驰骋沙场，屡建战功的老将，唯一的资格是坐在电视机前，坐在看台上，欣赏年轻人的比赛。可今天，在党和政府的关怀下，老年人重新登上体坛。啊，你们脚下漫长的跑道，并不是周而复始的圆圈，而是连着一个闪光的目标。当然，这目标不是奥运会，而是中华腾飞的明天！

敬爱的同志们，看到你们雄壮的队伍，我记起了国际奥林匹克运动发起人皮埃尔·顾拜旦的诗句："啊，体育，天神的欢娱，生命的动力，你猝然降临在灰蒙蒙的林间空地……你像高山顶上的晨曦，在向暮年人招手微笑。"看吧！灿烂的阳光洒满了大地，这阳光在向你们微笑。请迈开你们刚健的步伐，走向阳光，走向明天。啊，明天，我们的明天，必定是更加美好的艳阳天！

评析：

用作运动会开幕式的解说词，最好能激发起参与者和参观者的热情和活力。

本文正文的主要内容都是进行描述每一个代表队的基本情况以及精彩风貌，同时加入了活动主办方对代表队的祝福和希望。

在正文的结尾部分，引用国际奥林匹克运动发起人皮埃尔·顾拜旦的诗句，从而更能引起老年运动员及老年朋友的共鸣，同时用亲切、积极向上的口吻表达了对老年朋友的祝福。

能力检测

你所在的学校今年要迎接省级文明单位检查验收，请你参照下列解说词，为自己所在的学校写一篇迎检解说词。

超化镇中心小学介绍解说词

各位领导、各位来宾：

大家好！

欢迎莅临我校检查指导工作！我们超化镇中心小学是一所农村寄宿制小学，学校成立于 2006 年，在上级领导和各级政府的关怀支持下，现在已经初具规模，共有 18 个教学班，在校学生 883 人，教职工 67 人。

相信各位领导在刚下车的一瞬间，会对校园周边环境留下一个比较残破的印象。是的，外观看起来，这的确是一个比较破旧的校园。但是五年前，这里更是一个荒草丛生的院子。因为我们接手的是一所废弃的老高中院落，除了两所教学楼，基本上都是破旧漏雨的瓦房。2006 年，政府为了维修改造校园就投入了近 20 万元。

现在大家看到的这块板面，只有两行字：勇往直前，全力以赴，团队无敌。这不是一句简单的口号，几年来，中心小学的每一个员工都是用这样的精神感召着自己一步步走到今天！

各位领导，现在我们脚下的这条慢坡水泥路，刚建校时是一条很陡的土坡，走路或过车十分不便，整个校园也是"晴天扬灰路，雨天水泥路"，2008 年，超化镇政府投资近 40 万元为学校修建了下水道，并硬化了路面，给全校师生的生活带来了极大的方便。

在我们的右手边，大家可以看到一所餐厅，这是 2010 年新密市政府投资 40 万元为我们兴建的，新密市计生委投资 3 万元为我们捐赠了餐桌椅，投资 6 万元兴建了厕所一座，这一年，政府还投资 3 万元兴建了这个篮球场，而在这之前，我们就只有左手边这一个小型篮球场，并且破损还很严重。

这是主教学楼，容纳了三年级三个教学班，四年级八个教学班，后教学楼五年级七个教学班。学校有教职工 67 人，由于是寄宿制学校，其中生活老师 7 名。同时，在这所教学楼上，也有几个功能室，一楼有工会之家，心理咨询室；二楼有会议室，电脑室。这间电脑教室是 2008 年新密市政府投资 20 万元修建的；三楼有音乐教室，图书室，仪器室，目前都在使用中。

2009 年，新密市政府投资 60 多万元，为每个教室安装了空调，电视，线路，变压器，让我们农村的孩子，也能在冬暖夏凉的教室里读书学习。2011 年，政府又为我们安装了电子白板，让我们偏僻山村的孩子，足不出户就可以了解外面的世界有多精彩！

现在大家看到的这栋男生宿舍楼，是 2008 年新密市政府和超化镇政府为我们修建的，我们现在所处的这个位置，当年并排的破瓦房，政府投资拆除，并移植了两块草坪，这样，站在校园里，我们的视野看起来更开阔。

短短五年多的时间，在基础设施建设方面，上级政府部门共为我校投资了 249 万元，使我们学校的校园环境发生了翻天覆地的变化。上级领导为我们创造了如此好的育人环境，我们更没有理由懈怠。从 2008 年起，我们就走在了探索教学模式的道路上，创建了适合我们学生的"自主合作　和谐发展"课堂教学模式，2011 年 9 月 20 日，学校"打造高效课堂，构建道德课堂"启动仪式隆重召开。我们没有辜负上级领导的期望，现在我们的课堂，学生发言不卑不亢，展示点评精彩纷呈，学习效率明显提高。这一切可喜的变化，与上级领导的关怀和支持是分不开的。在今后的工作中，我们会更加努力，让超化镇中心小学成为孩子们学习的乐土，成长的乐园！

项目五　社交礼仪类文书

学习目标

1. 知识目标

◆熟悉社交礼仪类文书的概念，了解其分类及特点，掌握各类文书的格式、撰写的规范、注意的事项

2. 能力目标

◆必须理解和掌握请柬、贺词、欢迎词、申请书等文书的写作规范与格式，并能够结合实际写作这类文书

子项目一
请柬与聘书

情境导入

请　柬

××先生：

　　谨定于××××年×月×日（周日）上午×时，××老年公寓为杨骅威夫妇在盛天大酒店进行"金婚"纪念典礼，敬请参加。

　　敬礼

　　　　　　　　　　　　　　　　　　　　　　　　　××老年公寓
　　　　　　　　　　　　　　　　　　　　　　　××××年×月×日

　　一份简短的请柬，包含了半个世纪的沧桑，包含了人间的温情与亲情，真诚细致，言简意赅。试问我们的同学们该怎样设计一份请柬，为生活增添一点乐趣。

聘　书

　　兹聘请×××军区干休所退休干部×××、×××同志为本学校课外辅导员，具体指导并参与学生思想教育工作。聘期三年（××××年×月至××××年×月）。

　　此聘

　　　　　　　　　　　　　　　　　　　　　　　××市×××小学（章）
　　　　　　　　　　　　　　　　　　　　　　　××××年×月×日

　　这是一个聘书的范例，单位为了某种需要，要从外部临时或定期请一些有专长的人，解决单位面临的一些问题。这是一种常见的用人方式。学会书写聘书，是文书写作工作的重要内容。

知识归纳

一、请柬

(一)什么是请柬

请柬是人们在相关活动中邀请来宾而使用的一种书面形式礼仪性文书。派送请柬表示了对客人的尊重，同时也是参加活动的凭证。

(二)请柬的写法

请柬一般由标题、称呼、正文、结尾、落款五部分组成。

1. 标题

标题应在封面上写(印)有"请柬"或"请帖"二字，不加活动名称。大多标题单占一页作为封面，也有标题写在正文上方的。请柬标题大多要经过艺术加工，图案精美，用纸考究，装饰华丽。现今通常的请柬已按照书信的格式印制好，发柬者只须填写正文即可。

2. 称呼

要顶格写被邀请人(单位)的姓名(名称)，如"××先生"、"××单位"等，称呼后加上冒号。

3. 正文

称呼下一行空两格开始写正文。请柬正文要简短，文字不宜多，写明所举办活动的名称、内容、时间、地点等即可。如有其他要求请注明，如"请准备发言"、"请自备工具"等。有的正文之后还附上联系方式和手机号码，方便联系。

4. 结尾

要写上礼节性的问候或邀请语，如"敬请光临"、"敬请莅临指导"、"致以崇高的敬礼"等。

5. 落款

在结尾右下方署上邀请单位名称或个人的名称和发柬日期。如果邀请者是组织或单位，可加盖单位公章，以示郑重。发柬日期距离活动日期一般不少于3天，给受邀者以准备时间。

(三)写作要求

1. 语言要简洁通俗，文辞要得体。宜用谦敬、期盼性语言，以表诚邀之心。

2. 表达必须准确、严谨。邀请人和受邀人的称呼、时间、地点、内容等绝不许出错。

3. 送请柬是表示对受邀人的尊重，即使与被邀请者在一起工作生活，也要亲自送请柬。切忌随意口头邀请。

4. 同时要尊重受邀人的自主权，不强人所难。

二、聘书

(一)聘书的概念

聘书又称聘请书。一般是指机关、企事业单位、社会团体，根据工作生活等方面的需要，聘请某些有专业特长或有名望、权威的人，完成某项任务或担任某项职务所发出的邀请性质的礼仪专用书信。

一些身体条件允许，有一定专长，退休后想老有所为，一般会接受一些企事业单位的合适聘请。同时一些企事业单位、社会团体，为了提高某些产品或自身知名度，扩大影响力，聘请有名望的人参与，以完成某项活动。如聘请名人为客座教授、健康顾问、做指导等，并发出聘书。

聘书大多用在比较正式的场合，所以会事先写在印刷好的书信格式纸上。聘书有的只需要填写单位、姓名、聘用职位、期限等，有的需要手写或打印全部内容。

(二)聘书的内容与结构

现今的聘书多是按一定格式先印制好，用人单位只须填写中心内容即可。

完整的聘书一般由标题、称谓、正文、结尾和落款五个部分组成。

1. 标题

手写的聘书应居中标明"聘请书"或"聘书"字样。印刷的聘书常用烫金或艺术字体写明"聘请书"或"聘书"的字样。

2. 称谓

顶格写受聘者的姓名、称呼，后加冒号；也可在正文中写明受聘人的姓名、称呼。印制的聘书则大多在第一行空两格写"兹聘请××……"字样。

3. 正文

聘书的正文一般需写明以下内容。

首先，聘请的原因和即将从事的工作或担任的职务。

其次，聘任期限，如"聘期自××××年×月至××××年×月"，"聘期×年"。

再次，聘任待遇可直接写在聘书上，或另附聘约或公文写明具体待遇。或通过其他方式使受聘者明确自己的职能。

最后，聘书正文还要写上对聘任者的期望，可以写在聘书上，也可以不写，或通过其他方式使受聘者明确自己的职能。

4. 结尾

结尾可以写上表示敬意和祝颂的结束语，如"此致——敬礼"、"此聘"、"特聘"等。

5. 落款

落款要署上聘任单位名称或单位领导的职务与姓名，下聘书的日期。若以单位名义行聘，则应加盖单位印鉴。

(三)注意事项

1. 聘书要诚恳严肃，篇幅要短小精悍，语言应简洁得体。

2. 聘书正文要简洁明了，书写要整洁美观，格式要规范，鉴章明晰。

例文评析

【例文 5-1】

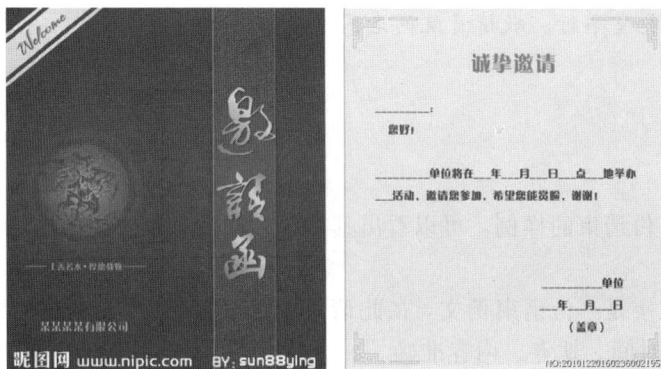

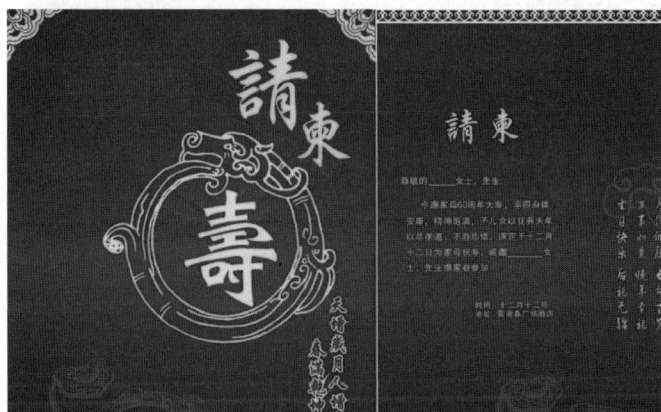

请　柬

××敬老院：

在重阳节来临之际，我单位组织敬老爱老文艺演出，兹定于×月×日（周六）晚八点整，在南院小礼堂举行。敬请贵院的老同志光临。

敬礼

××职专团委会
×月××日

评析：

1. 上图为三份请柬的样例，可以看出其标题、称谓、正文、结尾和落款清晰明确、短小精悍。

2. 图后的文字是一份请柬例文，在此请柬中语言简洁通俗，文辞得体。邀请人和受邀人的称呼、时间、地点、内容准确。

122

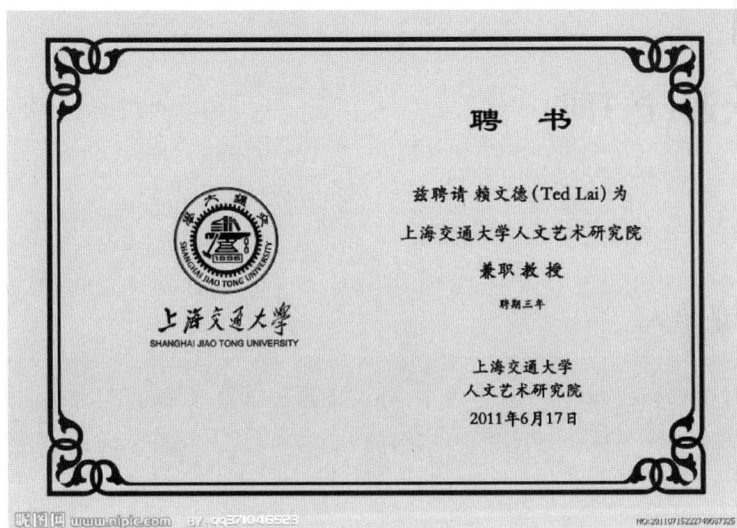

评析：

上图为三份聘书的样例，可见其态度诚恳严肃、篇幅短小精悍、语言得体简洁。书写整洁美观、签章规范明晰。

能力检测

请同学们根据下列材料，按照例文格式，各写一份请柬与聘书。

1. 某老年公寓举办成立 30 周年庆典，邀请某书法家出席。

2. 某养老院聘请某营养专家为养老院饮食部门负责人。

子项目二
贺词与欢迎(送)词

情境导入

> 同学们在社会交往中，也有许多事情需要表示庆贺和道喜，如同学过生日，朋友结婚等，一份贺词必不可少。你会写吗？

知识归纳

一、贺词

(一)贺词的概念

贺词，是行政机关、企事业单位、社会团体或个人在喜庆场合对某人或某项已经取得成功的工作、事业表示祝贺的言辞或文章。

贺词一般是在事情取得成果时表示的庆贺和道喜，多在事后贺。也可以在即将取得成果，或在可以预见的成果必然到来之前时祝贺。

贺词为了表示郑重和正式，应是书面表达，根据实际需要采用邮寄形式发出。

(二)贺词的特点

1. 喜庆性

贺词是在喜庆的场合对祝贺对象的一种真诚的祝福和良好心愿的表达，因此喜庆性是其基本特点。在措辞用语上务必体现出一种喜悦、美好之情。

2. 体裁的多样性

贺词无须拘泥于某种文体，可以根据祝贺对象的具体情况采用合适贴切的文章体裁，既可以用一般的应用文体，也可以采用诗、词、对联等各种其他的文体。

(三)贺词的分类

1. 贺(祝)词根据祝贺的内容不同可以划分为祝事业、祝酒、祝寿、祝婚、祝节日等类型。

2. 贺词从表达形式上看可分为现场即席致贺词和信函、电传祝贺。

3. 贺词从表达形式上划分为韵文(诗、词)体和散文体两种类型。

(四)贺词的格式与写法

贺词的格式由标题、称呼、正文、落款组成。

1. 标题

贺词的标题一般由两种方式构成：一种是由致辞者、致辞场合和表达文种共同构成的；另一种是由致辞对象和致辞内容共同构成的。

标题应写在第一行居中的位置，通常有三种写法：一是直接写"贺词"；二是写出具体祝贺的内容；三是把致辞人姓名写在标题中等。

2. 称呼

称呼在标题之下第一行顶格书写，写明祝贺词对象的姓名或单位名称。一般要在姓名名称后面加上称呼甚至有关的职务头衔，以示敬重。

对人的称呼按照书信写作的要求写作即可；祝事业的直呼单位或部门名称即可，要注意称呼的先后顺序和亲切感。

3. 正文

正文是贺词的核心。一般应包含以下内容：首先向受祝贺的单位或人员表示祝贺或问候，或者说明写贺词的理由或原因；其次对已做出的成就进行适当评价或指出其意义；最后写表示祝愿、希望、祝贺之语，也可以给被祝者以鼓励。

正文一般由开头、主体、结尾组成。

（1）向受贺方及其事项祝福贺喜，首先要向受贺方说明自己的身份，并简要说明致贺词的理由或原因。

（2）概括评价受贺方的工作，充分肯定对方取得的成果、成就，极其意义，使对方得到鼓舞和激励。或评价祝贺的事情，多用美言和颂词。

（3）展望未来美好前景，说一些鼓励和期待的话。再次向受贺方表示衷心的祝贺。

4. 落款

在正文右下方署上致辞单位名称或致辞人姓名，最后署上成文日期。

如果贺词发表，致辞单位名称或致辞人姓名就写在标题下面。

（五）贺词的写作要求

1. 语言要充满热情、喜悦、鼓励、希望、褒扬之意，满怀诚意地表达自己的良好祝愿。多用称颂、赞美、激励之词，以便使对方感到温暖和愉快，受到激励与鼓舞。

2. 贺词不应使用辩论、谴责、批评等词句和语气。

3. 贺词中颂扬与祝贺要恰如其分，过分的溢美之词会使对方尴尬和难堪。

二、欢迎词

（一）欢迎词的概念

欢迎词是对宾客的到来表示欢迎的讲话文稿，是东道主或主人（行政机关、企事业单位、社会团体或个人）在举行隆重庆典、大型集会，或迎接来参加会议、举办各种活动的来宾的仪式上，主人对来宾、友好团体或个人的到来表示欢迎的发言词或讲话稿。

（二）欢迎词的特点

1. 礼节性

欢迎词是一种礼节性致辞，文辞要讲究礼貌，称呼使用尊称，多注意表达致辞者的热情、友好的情感。

2. 欢愉性

致欢迎词应当有一种愉悦的心情，体现出"有朋自远方来，不亦乐乎"的兴奋感，语言表达要真诚有激情。这样才能给客人一种"宾至如归"的感觉，为下一步各种活动的顺利进行打下良好的基础。

3. 口语性

欢迎词的语言生动简洁，具有较强的口语性。因为是向宾客口头表达意愿，表示欢迎和尊重的礼节性致辞，口语化是欢迎词文字上的客观需要。要注意运用生活化的语言，多用亲切、赞美之词，以通过欢迎词拉近主人同来宾的亲密关系。

4. 适度性

欢迎词要简洁明了，短小精悍，切不可长篇大论，文不达意。但是，如果场面很大，气氛非常隆重，欢迎词太过简短也会显得不够礼貌。

(三)欢迎词的分类

1. 按表达方式划分

(1)现场讲演欢迎词

一般由欢迎人在被欢迎人到达时在现场口头发表的欢迎词。

(2)媒体发表欢迎词

这是发表在报刊、公开发行的刊物、网络等公众媒体上的欢迎稿。它一般在客人到达前后发表。

2. 按社交的公关性质划分

(1)私人交往欢迎词

私人交往欢迎词一般是在个人举行较大型的 Party(社交聚会)、冷餐会(非正式的西式宴会)、舞会、沙龙等非官方的场合下使用的欢迎稿，一般在正式活动开始时发表，具有即时性、现场性、灵活性的特点。

(2)公务往来欢迎词

这样的欢迎词一般是行政机关、企事业单位、社会团体等在较庄重的公共事务中使用。要有事先准备好的书面稿，文字措辞上要求得体、正式和严格。

(四)欢迎词的格式

欢迎词写作的内容一般由标题、称谓、正文、落款四部分组成。

1. 标题

标题的写法一般有三种形式：

(1)直接用文种"欢迎词"三个字作为标题；

(2)由欢迎场合或对象加文种构成的；

(3)欢迎场合加致辞人加文种作为标题。

2. 称谓

称谓即对欢迎对象的称呼，一般在标题下一行顶格写明称呼加冒号。面对宾客，有时为特意表示尊重，宜用亲切的尊称，如"亲爱的朋友"、"尊敬的领导"或"尊敬的各位来宾"等。

欢迎对象较多时，应按主要来宾在前，一般来宾在后以及女士优先，客人优先的礼仪原则来书写，如有老人，也应书写在前。

3．正文

正文部分包括开头、主体和结语三部分。

（1）开头

开头通常根据欢迎对象到来的目的及场合不同行文，要写明事由，同时表示欢迎的态度。

自称谓的下一行空两格开始书写。

应说明现场举行的是何种仪式，致辞人以什么身份、代表谁对谁表示热烈欢迎。用一句话表明欢迎的意思即可。

（2）主体

欢迎词在主体部分一般要回顾与表明双方在某领域所认同的立场、理论、原则和对前景的看法等内容，公开赞扬来宾在某方面的成就及突出贡献，强调来宾本次到访或光临对增加彼此的交往和友谊及合作交流等方面所具有的重要性或意义。或者简述双方合作的成果，或谈及当前和今后双方共同关心的话题等。对初次来访者，可多介绍本地或本单位、本行业或本组织的情况。

（3）结语

通常在结尾处再次向来宾表示欢迎，并表达自己对今后合作的希望及良好祝愿。

4．落款

欢迎词的落款要署上致辞单位名称、致辞者的身份和姓名，并署上成文日期。有的欢迎词落款可酌情简化。

用于讲话的欢迎词无须署名。若需刊载，则应在题目下面或文末署名。

（五）欢迎词写作的注意事项

1．写作要有针对性

事先应了解欢迎对象的有关情况、文化背景及风俗习惯等，应避开对方的忌讳，以免发生误会。尽量做到有的放矢。

2．话题要有选择性

注意选择合适的话题，如合作、友谊、成果或其他感兴趣的话题等，以营造良好的欢迎氛围和效果。

3．语言要有抒情性

欢迎词的语言要诚恳，称呼要用尊称，感情要真挚，要能较得体地表达自己的原则立场，不卑不亢。同时又要热情洋溢，礼貌友好，用词温和、通俗易懂。

4．篇幅要短小精悍

欢迎词要言简意赅。一般的欢迎词都是一种礼节性的外交或公关辞令，不可长篇大论。

三、欢送词

(一)欢送词的概念及分类

欢送词是客人应邀参加了一些重大庆典、参观、访问等活动，在行将结束时，主人为表达对客人的欢送之意的讲话。

按欢送词表达方式来分，欢送词可分为现场讲演欢送词和媒体发表欢送词两种。

按社交的公关性质来分，欢送词可分为私人交往欢送词和公务往来欢送词两种。

(二)欢送词的特点

(1)惜别性

有句古诗说得好"相见时难别亦难"，中国人重情谊这一千古不变的民族传统精神在今天更显得珍贵。欢送词要表达亲朋远行时的感受，所以依依惜别之情要溢于言表。当然格调也不可过于低沉，尤其是公共事务的交往，更应把握好分别时所用言辞的分寸。

(2)口语性

同欢迎词一样，口语性也是欢送词的显著特点之一。遣词造句也应注意使用生活化的语言，使送别既富有情趣又自然得体。

(三)欢送词的基本格式和写法

欢送词一般由标题、称呼、正文和落款组成。

1. 标题

标题的写法一般有两种：一种是单独以文种"欢送词"命名；另一种是由活动内容和文种名共同构成。

2. 称呼

称呼要求写在开头顶格处。要写出宾客的姓名称呼，如"尊敬的先生们女士们:""亲爱的各位同志们:"。

3. 正文

欢送词的正文一般由开头、主体和结尾三部分构成。

(1)开头

开头通常应说明此时在举行何种欢送仪式，发言人是以什么身份代表哪些人向宾客表示欢送的。

(2)主体

欢送词在这一部分要回顾和阐述双方在合作或访问期间在哪些问题和项目上达成了一致的意见，取得了哪些突破性的进展，陈述本次合作交流中双方的合作和交流给双方所带来的益处，阐述其深远的历史意义。对于私人欢送词还应注意表达双方在共事合作期间彼此友谊的加深增进以及分别之后的想念之情。若为朋友送行，还要加上一些勉励的话。

(3)结尾

通常在结尾处再次向来宾表示真挚的欢送之情，并表达期待再次合作的心愿。亲朋远行尤其要表达希望早日再次团聚之意。

4. 落款

欢送词在落款处要署上致辞的单位名称、致辞者的身份、姓名，并署上成文日期。

(四)欢送词写作应注意的事项

1. 称呼用尊称，注意宾客身份，致辞要恰到好处，感情要真挚、诚恳而且要健康。

2. 措辞要慎重，勿信口开河，要尊重对方的风俗习惯，以免发生不该发生的误会。

3. 欢送词作为一种礼节性的社交公关辞令，语言要精确、热情、友好、温和、礼貌。要言简意赅，篇幅不宜过长，这样更宜于表达主人的尊重和礼貌。

例文评析

【例文 5-2】

老人节贺词

各位老年朋友：

××××年重阳节即将到来，我代表×××养老院向你们致以节日的祝贺和亲切问候，祝大家身体健康，节日愉快！

尊老、敬老是我们中华民族的传统美德，随着社会的不断发展和国家的不断富强，又为我们的传统美德注入了新的内容。这就是要追求一种老有所养，老有所医，老有所为，老有所学，老有所乐的更高目标，继而进一步形成一个联合国所倡导的由各种年龄的人融为一体的、健康和谐的、有尊严的、有保障的人人共享的社会。

现在我们市的老年人已达××万人，占人口总数的××％已步入老龄化社会，尊老、敬老、爱老的社会风气日渐浓厚。我院为广大老年同志的健康长寿由衷地感到欣慰。"家家有老人，人人都会老"，我们每个人都要走过少年、青年、壮年、老年的人生之路，这是任何人不能抗拒的自然规律。但是，历史不会忘记，人民不会忘记，我们老年人在新中国成立及半个多世纪以来为祖国各项事业发展做出了不可磨灭的贡献。

今天，当你们在经历了历史的风风雨雨，在重阳节即将到来之时，我代表全院××名职工向你们表示真诚的祝愿——祝你们健康长寿，生活幸福。

评析：

这是某养老院在重阳节时写给该院老人的贺词。内容简短，要点齐全，先以致贺背景开头，接着充分说明了尊老、敬老的重要性和老人的历史功绩，最后再予以祝愿。这种表示祝贺的贺词在我们日常文书中必不可少。

××年××省老年门球比赛欢迎词

尊敬的各位领导、来宾，各位运动员、教练员、裁判员同志们：

今天是中国的传统佳节——端午节，××××年××省老年门球比赛即将在××隆重开幕。这是我们××上下期盼已久的一次老年体育盛会。在这里，我谨代表××县人民政府，代表××人民向莅临本次比赛的各位领导、来宾，向来自全省各地的运动员、教练员、裁判员同志们表示热烈的欢迎！

　　××是一座正在崛起中的海岛旅游港口城市，位于××，××湾外缘，背靠上海、杭州、宁波大中城市，拥有得天独厚的区位优势，具有丰富的海洋资源，秀美的海岛风光和纯朴的民俗风情。××的体育事业在丰沃的自然、人文环境中取得了长足发展，老年体育也焕发出勃勃生机。

　　门球运动作为一项新发展的群众体育项目，深受老年人喜爱，而且在老同志的带动下，不少中年、青少年朋友也爱上了这一项运动。××××年××省老年门球比赛在我县举行不但对交流球艺、增进友谊，进一步促进门球运动发展有重要意义，而且也会让更多的同志喜欢门球运动，参加门球运动，把全民健身活动提高到一个新的水平，让更多的朋友了解××，增强××与外界的沟通与融合。我们真诚地欢迎朋友们到××休闲度假，饱览风光。

　　作为本次比赛的承办者，我们将以隆重的庆典色彩、浓郁的人文风韵、热情周到的服务，向全省充分展示××人民对美好前景的执着追求与坚定信心，为各位宾朋留下一段美好难忘的记忆！

　　最后，祝各参赛队取得好成绩，祝本次门球比赛取得圆满成功，祝各位领导、各位来宾、各位朋友在××期间身体健康，生活愉快！

　　评析：欢迎词在社交礼仪活动中被广泛使用。国家间的礼宾活动，基层单位间的相互交流，以及庆典、婚宴、开业、新生开学、新员工入职等仪式上，都可致欢迎词。上文对来参加比赛的人员、来宾和朋友的欢迎词，不仅仅表现了东道主的热情，也从另一个方面介绍了这座新兴城市，欢迎词成为了一个不是广告的广告。

欢送词

尊敬的女士们、先生们：

　　首先，我代表×××，对你们在××地访问的圆满成功表示热烈的祝贺。

　　明天，你们就要离开××了，在即将分别的时刻，我们的心情依依不舍。大家相处的时间是短暂的，但我们之间的友好情谊是长久的。我国有句古语："来日方长，后会有期。"我们欢迎各位女士、先生在方便的时候再次来××作客，相信我们的友好合作会日益加强。

　　祝大家一路顺风，万事如意！

　　评析：

　　欢送词是行政机关、企事业单位、社会团体或个人在公共场合欢送友好团体或亲友回归时致辞的讲话稿。这份欢送词首先表达了主人对来宾的尊重和礼貌。其次对成果表示祝贺，对合作期间彼此友谊的加深增进以及分别之后的想念之情。再加上一些勉励的话，短小精悍。最后再次向来宾表示真挚的欢送之情。

能力检测

一、某老年公寓举行开业仪式，请以同业者的身份试写一份贺词。

二、某养老院新进了一名老人，另一名老人转到了其他养老机构，请同学们根据欢迎（送）词格式，各写一份欢迎词与欢送词。

子项目三

慰问信

情境导入

你会写慰问信吗？在第×个老人节来临之际，请你以某养老院上级机关的名义写一封慰问信。

知识归纳

一、慰问信的概念

慰问信是以组织、群体或个人的名义向在某方面做出特殊贡献或遇到意外损失，遇到巨大灾难的集体或个人表示关切、同情和致意，或在节假日，向对方表示问候的一种书信。

二、慰问信的特点

1. 发文的公开性

慰问信可以直接寄给本人，但大多是以张贴、登报，在电台、电视、网络上传播的形式出现的。公开性是慰问信的一个特点。

2. 情感的沟通性、鼓舞性、慰问性

慰问，无论是对有突出贡献者的慰问，还是对遭遇困难者的情感沟通，都是通过赞扬表达崇敬之情，用同情表达关切之意的方式来达成双方的情感交流和相互理解的。节日的慰问，尤其是为某一群体而设的节日的慰问，更是起着相互沟通情感的作用。

三、慰问信的类型

1. 对做出贡献的集体或个人的慰问。这类慰问主要针对那些承担艰巨任务，作出了巨大贡献甚至牺牲，取得了突出成绩的先进个人或集体。

2. 对遭受困难或蒙受损失的单位或个人的慰问。这类慰问常常是针对那些由于某种原因而暂时困难或遭受巨大损失的集体或个人。对他们表示同情和安慰，鼓励他们克服暂时的困难，以期尽早地度过这一时期。

3. 节日慰问。这是一种上级对下级，机关单位对群众而进行的一种节日问候。一般表示对他们以前工作给予肯定和赞扬。并祝福他们在今后的工作、学习、生活中万事如意，身体健康等。

四、基本格式与写法

慰问信通常由标题、开头、正文、结尾、落款五部分构成。

1. 标题

慰问信的标题通常由以下三种方式构成：

单独由文种名称组成。如《慰问信》。

由慰问对象和文种名共同组成。如《给××学校的慰问信》。

由慰问双方和文种名共同组成。如《××致南极科考队的慰问信》。

第一行正中写"慰问信"三个字；如果写成"×××致×××慰问信"，那么"慰问信"三个字也可以移至第二行写在中间。

2. 开头

慰问信的开头要顶格写上慰问对象，单位要写全称，个人要写全名和称呼。如果是写给个人的，应在姓名之后，加上"同志""先生""女士""师傅"等称呼。后加冒号。

有些关系较亲密的慰问信，可在个人姓名前边，加上"敬爱的""尊敬的""亲爱的"等字样，以表示尊重和亲近、亲切。

3. 正文

正文要另起一行，空两格写慰问的内容。慰问的正文一般由发文目的、慰问缘由或慰问事项等几部分构成。

(1) 发文目的

该部分要写清楚发此信的目的，是代表何单位和个人向何集体或个人表示慰问。

(2) 慰问缘由或慰问事项

本部分的内容要视被慰问者的情况而定。若是对做出贡献的单位、集体或个人，则主要概述对方的先进事迹，所获成就或成绩，以及其过程中表现出来的战胜困难，不屈不挠，勇于奋斗的高贵品质和高尚风格；若是对遭遇，蒙受损失的部门或个人，主要是简述对方的不幸遭遇和损失表示关切，并给对方以鼓励；若是节日慰问，则是对以前的工作给予肯定、赞扬，对今后给予祝福。

4. 结尾

结尾表示共同的愿望和决心。如"让我们团结并进，为早日实现'中国梦'而共同奋斗"等。接着写祝愿的话，如"祝你们取得更大的成绩""祝节日愉快"等，但"祝"字后面的话应另起一行，空两格写，不得连写在上文末尾。

5. 落款

慰问信的落款要在右下方署上发文单位或发文个人的名称，如果写慰问信的单位、个人不止一个，也都要写上。并在署名下方署上成文日期。

五、慰问信写作应注意的事项

1. 慰问的对象不同，慰问信的内容有差异。如对在生产建设中有贡献的集体和个人，应侧重于赞颂他们的巨大成绩，并提出希望，勉励其继续努力工作，艰苦奋斗，取得更大胜利。对遭到暂时困难的集体和个人，则应侧重于向他们表示同情、关怀和支持。

2. 字里行间要洋溢着同志间的深厚感情，要充分体现慰问者的亲切和关怀，使受慰问者在精神上得到安慰和鼓励，增强克服困难的勇气和继续前进的信心。

3. 慰问信应以抒情性为主，语言要亲切，行文要诚恳，言词要生动，措词要贴切，篇幅要短小。

例文评析

【例文5-3】

致全市老年人的慰问信

全市各界老年朋友：

在这个秋高气爽，硕果累累的美丽季节，我们迎来了重阳节(10月2日，农历九月初九)。市委、市政府向全市广大老年人致以节日的祝贺和亲切的慰问！

······

"霞披夕阳情无限，枫染秋霜叶正红。"老年人是社会的重要组成部分，老人们的经验和智慧是社会和谐的宝贵财富，老年人的许多优良品质是青年人学习的榜样。越来越多的老年人走出家门、融入社会，你们的精神状态是年轻的：你们"活到老、学到老"，老年大学里处处是白发学子孜孜不倦求学的身影；你们"老骥伏枥，志在千里"，踊跃报名参与"银龄行动"，支援偏远山区建设；你们朝气蓬勃，积极参与各项文体活动，广场上、公园里随处可见老年人自发组成的文体队伍，老年艺术节上都是老年人自编自演的文艺节目。这些真是让人羡慕和佩服。

尊老、敬老、爱老助老是中华民族的传统美德，我们要常怀敬老之情、常扬尊老之德、常兴爱老之风、常想助老之事，让我市的老年朋友们生活得更加幸福美满。

祝全市老年人节日愉快，生活幸福，健康长寿！

×× 市老龄工作委员会
×× × × 年 × 月

评析：

这篇慰问信是表示在节假日，向对方表示问候、关心的应用文。

慰问信包括两种：一种是表示同情安慰；另一种是在节日表示问候。尤其是为老年群体而设的节日的慰问，更是起着相互沟通情感的作用。所以，这份慰问信一定要表达真诚的、自然的慰问之情。

能力检测

某市某老年公寓在洪水中被淹，损失惨重，请以市老龄工作委员会的名义试写一封慰问信。

　　提示：同学们在写作慰问信时，要表达安慰、关切、问候之意，态度要诚恳。另外，老龄委是政府机关，有义务对老年机构提供力所能及的实质帮助或解决问题，不能仅慰问。

子项目四
申请书与倡议书

情境导入

老年人困难补助申请书

社会慈善机构领导：

　　我叫×××，男，今年71岁。我因年岁已高，身患多种疾病，需常年看病服药。我没有固定的经济收入，全靠亲朋好友，街坊邻居接济，我生活在极其贫寒之中。现在又是寒冬到来之时，我特向政府递交困难申请，希望能给我一定的救济补助，让我在晚年感受到社会主义社会的优越和共产党的关怀。

申请人：×××

　　上述例文是日常生活方面的申请，请求解决某方面的困难、问题的申请书。其表达内容单一，主题明确，书写规范，有利于让领导切身感受到其确实困难，效果会很明显。

知识归纳

一、申请书

（一）申请书的概念

申请书是个人或者集体向组织、机关、企事业单位或社会团体表述愿望、提出请求时使用的一种文书。

同时申请书也是一种表情达意的工具，是用于沟通个人与组织、下级与上级、个人与领导等关系的文书。

（二）申请书的类型

申请书从内容上大致可分为三类：

1. 请求参加某种单位、组织、社团等的申请书；

2. 请求解决某方面问题和困难的申请书；

3. 要求获得某项权利或利益的申请书。

（三）申请书一般由标题、称谓、正文、结语和落款五部分构成

1. 标题

申请书的标题有两种写法：

(1)在第一行正中直接写"申请书"做标题。

(2)性质加文种构成，在"申请书"前加上内容，如"入党申请书"等。一般采用第二种。

2. 称谓

称谓要另起行，顶格写明接收申请书的单位名称或有关领导人姓名，后面加冒号。称谓前应加敬辞。

3. 正文

正文部分是申请书的主体，内容主要包括三方面：

(1)简要介绍自己的身份，向单位、领导提出申请的要求。

(2)提出申请的理由。即为什么提出申请，也就是说明写申请书的目的、意义及自己对申请事项的认识。

(3)请求的具体事项。最后进一步表明自己的决心、态度和要求，以便单位、领导了解申请人的申请动机和急切心情。这一部分要写得具体、详细、诚恳、有分寸，语言要朴实、准确、客观。

为了达到申请的目的，所以理由一般是申请书的重点，理由要写得充分，让组织或领导认识到允许的必要性。事项要写得具体、清楚、简洁、恳切。

4. 结语

申请书可以有结语也可以没有。结语写表示对自己申请目标的祝愿、敬意或感谢的话。最后通常使用"特此申请""希望领导研究批准""此致""敬礼"等礼貌用语。

5. 落款

在右下方署上申请人的姓名，并在下面写申请日期。单位申请要写明单位名称、日期并加盖公章。

(四)注意事项

1. 申请的事项要内容真实，叙述要清晰，要求要具体，涉及的数据要准确无误。

2. 理由要充分、合理，实事求是，不能提供虚假的材料。

3. 申请书是一种用来解决实际问题的文种，因此写作用语不必过多修饰，刻意渲染。最重要的是要做到语言准确，文字朴实，表达清晰，简洁明了。

二、倡议书

(一)倡议书的概念

倡议书是某机关、团体、单位或个人为了倡议、发起某项活动，而公开提出的合理化建议或创造性措施，向社会公众或有关单位公开发出倡议，建议或提议社会成员共同去做某事，并希望大家响应和支持而所使用的一种专用文体。

倡议书是一种号召性的公开提议性的专用书信，作为日常应用写作中的一种常用文体，在现实社会中有着较广泛的使用。

(二)倡议书的特点

1. 群众性

倡议书不是对某个人、某部门或某单位而言的,它往往面向广大群众,提倡和引导人们关注或参加某种活动、参与某项工作或完成某项任务。为实现这一目标,因此需用有明显的鼓动性、感染力、激励性的语言来发动公众响应。倡议书有时对一个地区发出,有时向全国、全社会发出,有时甚至具有世界性。群众性是倡议书的根本特征。

2. 广泛性

倡议书就是一种广而告之的书信,是要让广大的人民群众都知道了解的,从而激起更多的人响应,调动起更大范围群众的积极性。这就是它的广泛性。

3. 不确定性

倡议书是要求广大群众响应的,然而其对象范围往往是不确定的。即便是在文中明确了具体的倡议对象,但实际上有关人员可以表示响应,也可以不表示响应,它本身不具有约束力。相反,而与此无关的别的群众团体却可能有所响应。

4. 时代性

倡议书的内容往往体现出特定时代和特定历史时期的精神,与社会发展紧密相连,往往还结合当时的形势和重大社会事件。所以,时代感非常明显。

(三)倡议书的写法

倡议书一般由标题、称呼、正文、结语、落款五部分组成。

1. 标题

标题的形式有三种:

(1)由文种名单独组成,即在第一行正中用较大的字体写"倡议书"三个字;

(2)"倡议内容加文种名"组成,如"向5·12地震灾区捐款的倡议书";

(3)"倡议单位加倡议事项加文种名",如"××单位提出大家都说普通话的倡议书"。

2. 称呼

一般顶格写在第二行开头,后加冒号。倡议书的称呼可依据倡议的对象而选用适当的称呼。如"广大的青少年朋友们""广大的女性同胞们""全国的教育工作者"等。有的倡议书也可不用称呼,而在正文中指出。

3. 正文

倡议书一般在第三行空两格写正文。正文内容一般包括以下两个方面。

(1)写倡议书的背景、原因、目的

写明倡议书的背景原因和目的倡议书的发出旨在引起广泛的响应,只有交代清楚倡议活动的原因,以及当时的各种背景事实,并申明发布倡议的目的,民众才会理解和信服,进而才会自觉地行动。这些因素交代不清就会使人觉得目的不明确、理由不充分,难以响应。

(2)写倡议书的具体内容、要求

这是正文的重点,倡议的内容一定要具体化。怎样开展活动,要做哪些事情,具体要求是什么，它的价值和意义都有哪些均须逐项写明。倡议的具体内容大多是分条开列的，这样写清晰明晰，一目了然。

4. 结语

结语要另起一行、空两格写结语，内容要表示倡议者的决心、希望或者某种建议。倡议书一般不在结语部分写表示敬意或祝愿的话。

5. 落款

在右下方写明倡议者的单位、团体或个人的名称或姓名，署上发倡议的日期。

（四）倡议书注意事项

1. 内容应当符合时代精神，切实可行，与国家的路线方针政策相一致。
2. 背景、原因、目的要交代清楚，理由要充分。
3. 措辞贴切，情感真挚，富有引导性。
4. 篇幅不宜过长。

例文评析

【例文 5-4】

申　请　书

××县××镇××村委：

　　我叫×××，男，××××年×月×日出生，汉族；妻子×××，××××年×月×日出生，汉族，现均住××县××镇××村×组。因我们夫妻二人年老多病，尤其是我多年半身不遂，瘫痪在床，生活完全不能自理，致使家庭异常困难，年收入还不能维持基本开支，生活十分拮据。为此，为我们夫妻二人享受国家对我们老弱病残的照顾，特申请领取低保，让我们能平安度过晚年！望批准！

　　此致
敬礼

申请人：×××
××××年×月×日

评析：

本申请书是要求领取低保的个人申请书。它是一种专用书信。其使用范围广泛，表达内容单一，主题明确，内容单纯。所以，申请书也是表情达意的工具。不同的对象有不同的申请书，但是不管什么申请书，申请书的写作格式一般来讲都是固定的。如所有的申请书都包括五个部分：标题、称谓、正文、结语、落款。

"夕阳无限好　携手送温情"倡议书

广大市民朋友：

　　我市从××××年就进入了人口老龄化城市行列，截至去年年底，我市老年人已达到×××万，占全市户籍人口的××％。为应对人口老龄化的严峻形势，我市认真贯彻"政府主导、社会参与"的方针，大力发展养老服务事业，充分满足老年人养老服务的需求，至今年5月，全市已建立居家养老服务机构313家，已具备为近10万老人提供居家养老服务的能力。今明两年我市还需新建居家养老服务机构600家。

为更好地倡导"大公益"的先进理念，进一步促进养老服务机构的健康可持续发展，在全社会营造敬老爱老的良好氛围，根据"公益城市"创建的总体要求，由多个部门共同倡议发起"夕阳无限好 携手送温情"——公益助老活动，并提出如下倡议：

......

三、活动联系方式。如果您有意参与此项活动，请与我们联系。联系方式和电话为：××市民政局，电话：×××××××××。您还可以通过登录××市民政局网站查询相关信息。网址：×××××××××××。

中共××市委组织部

中共××市委市级机关工作委员会

××市民政局

共青团××市委员会

××××年×月×日

评析：

本倡议书表达的是一种建议、倡导，它针对某方面的社会问题提出倡议，以解决问题。但倡议书不给人一种强制的感觉，它在这种轻松倡导之中，宣传了真、善、美，使人们无形之中就能受到深刻的教育。

能力检测

请同学们根据下列材料，按照例文格式，各写一份申请书与倡议书。

1. 某老年公寓申请举办老年运动会的部分项目。

2. 某养老院倡议本院行动起来，积极向××灾区捐款。

子项目五

演讲稿

情境导入

　　演讲稿具有宣传、鼓动、教育和欣赏的作用，可以用来交流思想、感情，表达见解。讲演稿把演讲者的观点、主张与思想感情有效地传送给了听众和读者，使他们信服，并在思想感情上产生共鸣。如何写一份合适的演讲稿呢？

知识归纳

一、演讲稿的含义和作用

　　演讲稿也叫演说词，演讲人在较为隆重的仪式、群众集会和某些公众场合就一个问题对听众发表意见、讲述见解、说明事理、宣传主张、抒发感情的讲话文稿，又称讲演稿。演讲稿的好坏直接决定了演讲的成功与失败。

二、演讲稿的种类

　　根据内容性质的不同，演讲稿可以分为以下几种类型。

　　(1)政治鼓动类

　　政治鼓动类的演讲稿是指政治家或代表某一权力机构的官员或某些社会活动人士阐述政治主张和见解的演讲稿。各级领导的施政演说、新当选的领导人的就职演说、政治家的竞选演说等，都属于这一类型。

　　(2)学术交流类

　　学术演讲稿是传播、交流科学知识、学术见解及研究成果的演讲文稿。随着科学事业的发展、经济建设的需要、国内外学术交流活动的日益增多，学术演讲或学术报告都属于学术交流类。

　　(3)思想教育类

　　思想教育类的演讲稿是面对现实社会生活中人们的思想、现象和问题，发表自己的见解、观点、解决思路和处理办法的发言稿，具有浓郁的时代气息。在撰写这类演讲稿时要以事实为依据，理论为导向，从客观的角度来弘扬真善美、揭露假恶丑，宣传现实生活中的新人、新事、新思想、新风尚，从而来引导听众树立正确的人生观、世界观和价值观。

三、演讲稿的特点

概括地说，无论哪种类型的演讲稿，其特点主要有以下几个。

1. 针对性

演讲是一种社会活动，是用于公众场合的宣传形式。它为了以思想、感情、事例和理论来晓谕听众，打动听众，"征服"群众，必须要有现实的针对性。即提出的问题是听众所关心的问题。要根据不同场合和不同对象，为听众设计不同的演讲内容。

2. 整体性

演讲稿并不能独立地完成演讲任务，它只是演讲的一个文字依据，是整个演讲活动的一个组成部分，和演讲主体、听众对象、特定的时空条件共同构成了演讲活动的整体。

3. 口语性

口语化是演讲稿区别于其他文稿的重要方面。演讲稿有较多的临场发挥，一般不事先印好讲稿发给听众。为此，演讲稿必须讲起来通达流利，听起来非常顺畅，没有什么语言障碍，不会发生曲解。演讲未必都使用演讲稿，不少著名的演讲都是即兴之作，是由别人经过记录整理流传开来的。

4. 临场性

演讲活动是演讲者与听众面对面的一种交流和沟通。听众会对演讲内容及时做出应变反应，演讲稿要具有弹性，要体现出必要的控场技巧。

5. 鼓动性

演讲是一门艺术。好的演讲有一种激发听众情绪、赢得好感的鼓动性。要做到这一点，首先要依靠演讲稿思想内容的丰富、深刻，见解精辟，有独到之处，发人深省；语言表达要形象，生动，富有感染力。如果演讲稿写得平淡无味，毫无新意，即使在现场"演"得再卖力，效果也不会很好，甚至相反。

四、演讲稿写作的基本要求

1. 确定演讲主题，选择合适材料

(1)根据演讲活动的性质与目的来确立演讲主题。演讲稿的撰写必须在一个有社会价值或科学价值、有现实意义或学术意义的特定问题中展开，有一定的针对目标。演讲者总是根据演讲的性质、目的来确定选题的。

(2)根据演讲主题与听众情况来选择材料。

演讲稿材料的选择和使用在演讲稿的写作过程中是一个重要的环节。

(3)充分准备，预先写稿

重要的演讲最好还是事先准备好演讲稿，因为演讲稿至少有两个方面的作用：其一，通过对思路的精心梳理，对材料的精心组织，使演讲内容更加深刻和富有条理。其二，可帮助演讲者消除临场紧张、恐惧的心理，增强演讲者的自信心。

2. 精心安排好开头、主体和结尾

不同类型、不同内容的演讲稿，其结构方式也各不相同，但结构的基本形式都是由开头、主体和结尾三部分构成。各部分的具体要求如下。

（1）开头要吸引人

演讲稿的开头，也叫"开场白"，它犹如戏剧开头的"镇场"，在全篇中所占篇幅虽然不多，但起着开场引导的重要作用。

（2）主体部分要有铺垫有高潮

演讲稿的主体要精心安排，要有明显的层次结构，有起铺垫作用的次要段落，更要有点明主题的核心内容，主次分明，层层展开，水到渠成地将演讲推向高潮。

五、演讲稿的结构与写法

演讲稿的结构分开头、主体、结尾三个部分。

1. 开头

演讲的开头，它在演讲稿的结构中处于显要的地位，具有特殊的作用。通常有以下几种：

（1）开门见山，揭示主题

一般政治性的或者学术性的演讲稿都是开门见山，直奔主题。运用这种方法，必须首先明确把握演讲的中心，把本次要演讲的论点直接向听众揭示出来，使听众一听就知道讲的中心是什么，注意力马上集中起来。这种方法是先摆论点，后摆论据。处理不好容易显得过于平淡、冷静，很难吸引人。

（2）说明情况，介绍背景

开头对事情发生的时间地点人物作出必要的说明，为进一步向听众揭示论题做准备。运用这种方法开头，要从演讲的中心论点出发，要紧扣主题，不要说空话、套话或长篇大论。

（3）提出问题，引起关注

写演讲稿的开头，可根据听众的特点和演讲的内容，提出一些激发听众思考的问题，以引起听众的兴趣。这种问题应该新颖、独特，确实能促使听众去思考。

2. 主体

演讲稿在开头后要迅速转入主体，这是演讲的正文和核心部分，也是演讲稿的高潮所在，能否写好，直接关系到演讲的质量和效果。内容的安排，应注意以下几个问题。

（1）确定结构形式

演讲稿的形式比较活泼，或旁征博引，剖析事理；或引经据典，挥洒自如；或层层深入，引人入胜；或就事论事，一事一理。结构形式不管怎么样变化，都要求内容突出，问题讲透，推理严密，层次清晰，情理交融。

（2）认真组织好材料

演讲稿的理论依据和事实论据的组织安排要恰当。首先必须保证例证的真实性、典型性。演讲稿不能太长，一般20～30分钟左右最好。内容要求言简意赅、起到画龙点睛的作用。

（3）构筑演讲高潮

一个成功的演讲，必然要有高潮。构筑高潮要注意以下两点：

①要注重思想情感的升华

必须在对某个问题有较为深刻全面的分析、论证。演讲者的思想倾向要逐渐明朗，听众也能逐渐领会演讲者的思想观点，并有可能与演讲者的思想情感产生共鸣，从而构筑高潮。

②要注意语言的锤炼

使用排比、反问等句式增加气势，也可借助名言警句把思想揭示得更深刻。

3. 结尾

结尾是演讲的自然收尾和结束，是演讲稿的有机组成部分。结尾给听众的印象，往往将代表整个演讲给听众的印象。要力求做到言简意赅，余音绕梁，能够使听众精神振奋，并促使听众不断思考和回味。

演讲稿的结尾没有固定的格式，或对整个演讲全文要点进行简单小结，或以号召性、鼓动性的话收尾，或者以诗文名言以及幽默俏皮的话结尾。但一般原则是要给听众留下深刻的印象。

六、演讲稿撰写的注意事项

撰写演讲稿时，应注意下列事项：

1. 撰写演讲稿时要根据听众的文化层次、工作性质、生存环境、品位修养、爱好愿望来确立选题，选择表达方式，以便更好的沟通。

2. 演讲稿不仅要充分体现演讲者独到、深刻的观点和见解，而且还要对声调的高低、语速的快慢、体态语的运用进行设计并加以注释，以达到最佳的效果。

3. 撰写演讲稿时还要考虑演讲的时间、空间、现场氛围等因素，以强化演讲的现场效果。

例文评析

【例文 5-5】

"尊敬老人，关爱老人"演讲稿

大家好，我今天演讲的题目是"尊敬老人，关爱老人"。

同学们听过一首歌吗？"你静静地离去，一步一步孤独的背影，多想伴着你，告诉你我心里多么地爱你……"这是一首深情思念、感恩、疼惜双亲的歌。它告诉我们要孝敬父母，而父母的父母，也就是我们年迈的爷爷奶奶，更需要我们的尊敬和关爱。

……

所以，同学们，为老人送上我们的爱吧，哪怕是最微小的动作，他们也能感受到。为老人送上我们灿烂的笑容，送上我们真诚的拥抱，为他们倒杯水，给他们捶捶背，开心地陪他们说说话，陪他们外出走走。爷爷奶奶不在身边的，记得经常打个电话，送上温馨的问候；当我们取得成绩、有所进步的时候，记得向他们报个喜讯。让我们把关心和爱送给家中的老人，也送给所有的老人吧，让我们一起祝福天下老人都有一个幸福的晚年。

谢谢大家。

评析：

演讲稿是人们在社会生活和工作交流中的一种常用文体，是进行演讲的依据，是对演讲内容和形式的规范和提示，它体现着演讲的目的和手段。上文的演讲稿中，目的明确，并提出了解决问题的方法。

能力检测

请同学们根据下列材料，按照例文格式，试写一份演讲稿。

某老年公寓举办成立 30 周年庆典，邀请当地主管领导出席并讲话。

项目六 养老机构法律诉讼类文书

学习目标

了解法律文书的概念、分类、特点，掌握比较常用的起诉状、上诉状、申诉状、答辩状等几种文体的撰写规范及基本格式

1. 知识目标

◆学习养老机构法律诉讼类文书的基本概念

2. 技能目标

◆能够区别各种法律文书的使用规则，并能够根据实际需要做到举一反三，基本掌握撰写本章介绍的几种法律文书的方法

子项目一
起诉状

情境导入

> 　　王×生有三子三女，子女均以成人立户。2008年，妻子不幸辞世，因家境贫寒，由几个子女出钱安葬。王×住进敬老院，子女不再管他。王×将几个子女告上法庭。这份起诉状该如何写呢？

知识归纳

一、起诉状的概念

　　起诉状是向法院提起公诉或自诉的法律文书，是应用得较广泛的一类文书。它是指在诉讼过程中，公民、法人或其他组织，在其合法权益受到损害或与另一方对有关权利和义务问题发生争执而未能协商解决时，向法院提出并请求人民法院审理、裁决所制作的法律文书。

二、起诉状的种类

（一）按提起诉讼的主体分

　　可分为：公诉状与自诉状。

1. 公诉状

指的是人民检察院代表国家按照审判权限的规定，对依法应当追究刑事责任的被告人向同级人民法院提起公诉时所制作的法律文书。

2. 自诉状

指公民、法人或者其他组织作为原告向人民法院提起诉讼的法律文书。

（二）按起诉对象的性质和诉讼程序不同分

　　可分为：民事起诉状、刑事起诉状及行政起诉状三类。

1. 民事起诉状

民事起诉状是原告或其法定代理人，为了维护民事权益就与自己有直接利害关系的民事权利和义务的争执或纠纷，向人民法院提起诉讼的法律文书。

2. 刑事起诉状

刑事起诉状是刑事案件的被害人或其法定代理人，根据事实和法律直接向人民法院提起控诉，控告刑事被告人，就侵犯其人身权利或其他合法权益的犯罪行为，要求追究被告人刑事责任，或附带民事责任而提起诉讼的法律文书。

提起附带民事诉讼是指被害人由于被告人的犯罪行为而遭受财产损失的，在刑事诉讼过程中，有权提出附带民事诉讼；或是使国家财产、公共财产遭受损失的，人民检察院在提起公诉的时候，也可以提起附带民事诉讼。

3. 行政起诉状

行政诉讼状是公民、法人或者其他组织，认为行政机关和行政机关工作人员的具体行政行为，侵犯了其合法权益时，按照行政诉讼法的规定向人民法院提起诉讼，要求法院审理、裁决的书面请求。

三、起诉状的特点

(一)单独性

起诉状的单独性即诉讼请求的提起要"一事一诉"原则。

(二)客观性

起诉状的书写应有充分的事实依据，应用客观性的语言表达。

(三)主动性

当公民、法人或其他组织因自身合法权益遭受侵害，而向人民法院提起诉讼请求的文书具有较强的主动性，它是从当事人的立场来反映自己的合法权益和合理要求的。

(四)直接性

原告必须是与本案有直接利害关系的公民、法人及其他组织。起诉状必须向有直接管辖权的第一审人民法院提出。

四、起诉状的格式

起诉状一般由首部、正文和尾部三部分组成。

(一)首部

首部包括标题和当事人情况。

1. 标题

标题是诉讼文书的名称，要根据案件的性质和类别确定其写法。标题一般直接写《起诉状》或《民事起诉状》、《刑事起诉状》、《行政起诉状》等。如经济纠纷的诉讼其标题可写为《经济纠纷起诉状》。刑事诉讼案件中，若提起附带的民事诉讼，那么其标题应为《刑事附带民事诉讼状》。

2. 当事人情况

当事人包括原告、被告和他们的代理人。要先写原告方的基本情况，再写被告方的基本情况。一般要求写明姓名、性别、年龄、籍贯、职业、住址。

如果原告或被告之间有亲属关系，还应当写明他们之间的亲属关系。

如果是单位或团体，就要写明单位名称、住址及其法定代表人基本情况。

如果该单位委托经办人或律师代理人进行诉讼的，要写"委托代理人"及其基本情况等。如果原告和被告不止一人，应分别写明每个人的情况。

(二)正文

正文是起诉状的主体，包括诉讼请求、事实和理由、证据及来源。

1. 诉讼请求

诉讼请求是原告向法庭提起诉讼的目的和在有关民事权益争议中的要求。例如，请求法院判令对方"偿还债务"、"继续履行合同"或"停止侵权"等。诉讼请求要写得明确、具体、合法，各自独立的请求事项要分项列出，最后一项通常为诉讼费用的负担要求。

2. 事实和理由

事实和理由部分是起诉状的核心内容。事实要按事件的基本要素叙述清楚，真实地反映案件的具体情况，详细交代被告犯罪行为的"六要素"，即时间、地点、人物、事件、原因、结果这六个要素要齐全，叙述事实，要分清主次，并明确双方争执的焦点。理由是在叙述事实的基础上明确是非，着重论证纠纷的性质、阐述被告侵权行为或违法行为的性质和应承担的责任，以及原告诉讼请求的合法性。还要适当引用相关法律条文，以获得法律上的支持。

3. 证据及来源

证据和证据来源是证明案件事实的真实性、可靠性的依据，大多使用清单列举式的方法。通常按一定顺序列举证据和证据来源、主要有证人姓名和住址。指证人姓名和住址以及当事人的陈述、鉴定结论、勘验笔录等。证据和证据来源不必写出证据的具体内容，也不要对证据进行分析论证。

(三)尾部

起诉状的尾部为落款、附项、日期等内容。

尾部写明受诉法院名称、附项、起诉人姓名或名称、起诉状制作日期。其中，附项部分要注明副本的份数，如果起诉时提交证据的，还要依次注明证据的名称和数量。同时要有起诉人的签章或手印，如由代书人代书，应写明代书人的姓名、工作单位和职务。

五、起诉状写作的注意要点

1. 列举证据

所举事实要具体、全面，数字必须准确无误。诉讼理由以充分的证据和明确清楚的事实为基础，案件事实与理由的因果关系清楚。

2. 法律依据

起诉状在阐明理由时，必须遵循以法律规定为理论依据，论证当事人诉讼请求的合法性和正确性。

3. 事实充分

在行文上，文字要表意明确、简练。事实叙述条理清晰，理由充分。陈述要摆事实、讲道理、重证据。

4．人称一致

叙述的人称要前后一致；如用第三人称时要称原告与被告。

例文评析

【例文6-1】

起诉状

原告：

名称：＿＿＿＿＿　住址：＿＿＿＿＿＿＿＿＿＿＿＿＿　电话：＿＿＿＿＿

法定代表人姓名：＿＿＿＿　职务：＿＿＿＿

委托代理人姓名：＿＿＿＿　性别：＿＿＿＿

年龄：＿＿＿　民族：＿＿＿＿　职务：＿＿＿＿　工作单位：＿＿＿＿＿＿

住址：＿＿＿＿＿＿＿＿　电话：＿＿＿＿＿

被告：

名称：＿＿＿＿＿　住址：＿＿＿＿＿＿＿＿＿＿＿＿＿　电话：＿＿＿＿＿

法定代表人姓名：＿＿＿＿　职务：＿＿＿＿

诉讼请求：＿＿＿＿＿＿＿＿＿＿＿＿＿＿＿＿＿＿＿＿＿＿＿＿＿＿＿＿

事实和理由：＿＿＿＿＿＿＿＿＿＿＿＿＿＿＿＿＿＿＿＿＿＿＿＿＿＿＿

此致

＿＿＿＿＿＿人民法院

原告：＿＿＿＿＿＿（盖章）

法定代表人姓名：＿＿＿＿＿＿（盖章）

＿＿＿年＿＿＿月＿＿＿日

附：合同副本＿＿＿＿份

本诉状副本＿＿＿＿份

其他证明文件＿＿＿＿份

注：

①事实和理由应写清合同签订的经过、具体内容、纠纷产生的原因、诉讼请求及有关法律、政策依据。

②原告应向法院列举所有可供证明的证据，包括证人姓名和住所，书证、物证的来源及由谁保管，并向法院提供复印件，以便法院调查。

③本诉状适用于被告为法人或其他组织。

评析：

上侧内容表示起诉状的基本格式。所谓起诉状，是指权益人认为自己的合法权益受到侵害或需要维权时，向人民法院提交的请求人民法院依法裁判的法律文书。这种文书必须遵循一定的起诉条件、起诉事项、起诉流程、诉状格式及书写要求。

能力检测

　　某老年公寓因为扩建与周边单位产生了土地使用权的纠纷，为解决纠纷，该老年公寓欲向人民法院提起民事诉讼。请同学们代为写一份民事诉讼状。

子项目二
上诉状

➡️ 情境导入

　　某老年公寓因为扩建与周边单位产生了土地使用权的纠纷，为解决纠纷，该老年公寓欲向人民法院提起民事诉讼。上诉状是第二审法院受理案件，并进行审理的依据。第二审法院通过上诉状了解上诉人不服第一审裁判的理由。某老年公寓对结果不服，如何写上诉状？

知识归纳

一、概念

　　上诉状是民事、刑事或行政案件中的当事人或其法定代表人，不服人民法院第一审的判决或裁定，而在法定的上诉期限内，向原审法院的上一级人民法院递交的要求撤销或变更一审裁判或重新审判而提出的书面请求。

二、上诉状的特点

(一)提起上诉的直接性

　　提起上诉状者是当事人或其诉讼权利承担人、法定代表人、授权委托代理人。别人无权提起。

(二)针对性

　　必须是对各级人民法院第一审判决不服提起的，如指出法院第一审判决认定事实的错误、原判理由的不充足或适用法律的错误。

(三)时效性

　　超过法院规定的有效时间进行上诉会被视作服从一审判决。必须按照法定程序和期限，向上一级人民法院提起上诉。

三、上诉状的分类

　　根据案件性质可将上诉状分为民事上诉状、刑事上诉状、行政上诉状三类。

(一)民事上诉状

　　民事上诉状指民事案件当事人或者其法定代理人不服一审人民法院的民事判决、

裁定，在上诉期间内要求上级人民法院进行审理、撤销、变更原裁判所提出的书面请求。

(二)刑事上诉状

刑事上诉状指刑事案件的当事人及其法定代理人，或者刑事被告人的辩护人和近亲属经被告人同意，不服地方各级人民法院的第一审判决、裁定，依照法定程序和期限要求上一级人民法院撤销或变更原裁判的书面请求。

(三)行政上诉状

行政上诉状指当事人不服人民法院的第一审行政判决、裁定，依法要求上一级人民法院撤销变更一审判决的书面请求。

四、上诉状的写作

上诉状包括首部、正文和尾部三部分。

1. 首部

首部包括标题、当事人的基本情况和案由三项。

(1)标题

书写标题时，在状纸顶端居中写明"民事上诉状"、"刑事上诉状"或"行政上诉状"。除刑事案件必须写为"刑事上诉状"外，民事和行政案件也可以不标案件性质，直接写"上诉状"。

(2)当事人的基本情况

写明上诉人和被上诉人的基本情况，包括姓名、性别、年龄、民族、职业、工作单位、住址和电话等。

并注明上诉人、被上诉人在一审中的诉讼地位，如"上诉人(原审被告)"、"被上诉人(原审原告)"等。若有第三人，应写明第三人的基本情况。

如果当事人是法人或其他组织的，应写明其名称、所在地址、法定代表人的姓名和职务。

如果委托律师代理诉讼，应写明律师姓名及律师所在的律师事务所名称。

(3)案由

案由即不服第一审判决或裁定的缘由。因何案不服人民法院于何时、以何字号(×字第×号)发出的判决或裁定而提出上诉。这是一段过渡性的程式化文字。格式可以为："上诉人因×××一案，不服×××人民法院(××××年××月××日)××字第××号判决(或裁定)，现提起上诉。"

2. 正文

正文包括上诉请求和上诉理由。

(1)上诉请求

上诉请求是针对第一审人民法院向第二审人民法院提出的要求。写明请求撤销、变更原审的判决或裁定，或者请求重新审理。

（2）上诉理由

上诉理由是上诉状的核心部分，也是上诉能否达到目的的关键部分。上诉理由可以从三个方面阐述：

一是认为原裁判认定事实不清或有错误，应提出正确的事实和证据，反驳原审法院的错误决定；

二是认为原裁判适用法律不当、理由不充分，应当阐明自己的理由并提出法律依据；

三是认为原裁判违反诉讼程序，应当明确提出纠正的意见和法律依据。

上诉理由阐明后，接着写明"为此，特向你院上诉，请求依法撤销原判决（或裁定），予以改判或重审。"

3. 尾部

依次写明送达的人民法院的名称、署名、时间和附项等。

五、注意事项

1. 针对性

要针对反驳的论点，摆出客观事实和证据，摆出相关的法律条款、据理论证。

2. 条理性

语言要明晰、简洁，条理清楚，逻辑性强。根据论证所得出的结论，明确提出自己的主张和要求。

3. 时效性

主要是指在法律规定的时间期限内完成上诉行为。

我国《民事诉讼法》第147条规定："当事人不服地方人民法院第一审判决的，有权在判决书送达之日起十五日内向上一级人民法院提起上诉。当事人不服地方人民法院第一审裁定的，有权在裁定书送达之日起十日内向上一级人民法院提起上诉。"

我国《刑事诉讼法》第183条规定："不服判决的上诉和抗诉的期限为10日，不服裁定的上诉和抗诉的期限为5日。从接到判决书、裁定书的第二日起算。"

我国《行政诉讼法》第58条规定："当事人不服人民法院第一审判决的，有权在判决书到达之日起15日内向上一级人民法院提起上诉。"

例文评析

【例文 6-2】

民事上诉状（法人或其他组织提起上诉用）

上诉人名称：＿＿＿＿＿＿＿＿

所在地址：＿＿＿＿＿＿＿＿＿＿＿＿＿＿＿＿

法定代表人（或主要负责人）姓名：＿＿＿＿＿＿＿＿＿＿＿＿＿＿

职务：＿＿＿＿＿＿　电话：＿＿＿＿＿＿

企业性质：_____工商登记核准号：_____

经营范围和方式：_____

开户银行：_____账号：_____

被上诉人名称：_____

所在地址：_____

法定代表人(或代表人)姓名：_____职务：_____电话：_____

上诉人因_____一案，不服____人民法院____年__月__日(____)字第____号，现

提出上诉。

上诉请求：_____

上诉理由：_____

此致

_____人民法院

上诉人：_____

____年__月__日

附：本上诉状副本____份。

注：本诉状格式亦可适用于经济案件中的法人或其他组织提出上诉。

评析：

1. 民事上诉状必须在上诉期限内提起。

2. 民事上诉状应主要采用反驳法进行写作。

3. 反驳应讲究针对性、说明性和逻辑性。

能力检测

接"子项目一"【能力检测】内容，该老年公寓在一审中败诉，随即决定提起上诉。请同学们再代为撰写一份上诉状。

子项目三

申诉状

情境导入

民 事 申 诉 状(样本)

申诉人：＿＿＿＿＿＿＿＿＿＿＿＿＿＿＿＿＿＿＿＿＿＿＿＿＿＿

被申诉人：＿＿＿＿＿＿＿＿＿＿＿＿＿＿＿＿＿＿＿＿＿＿＿＿＿

案由：＿＿＿＿＿＿＿＿＿＿＿＿＿＿＿＿＿＿＿＿＿＿＿＿＿＿＿＿

请求事项：＿＿＿＿＿＿＿＿＿＿＿＿＿＿＿＿＿＿＿＿＿＿＿＿＿＿

事实与理由：＿＿＿＿＿＿＿＿＿＿＿＿＿＿＿＿＿＿＿＿＿＿＿＿＿

此致

＿＿＿＿＿＿＿人民法院

申诉人：
＿＿＿年＿月＿日

上述样本是申诉状的固定格式，如何写一份合乎规范的申诉状呢？

知识归纳

一、申诉状及概念

申诉状是指诉讼当事人及其法定代理人，包括刑事被害人及其家属，对已经发生法律效力的判决、裁定等不服，向人民法院提出申诉或者再审申请，请求重新审判的文书。

二、申诉状的特点

1. 必须是本身权益有关的公民或法人和组织提出的。

2. 可以向人民检察院或原审的上一级人民法院提出。

3. 申诉是针对已经发生法律效力的判决、裁定不服提出的。

三、申诉状的分类

申诉状可以分为刑事申诉状、民事申诉状和行政申诉状。

四、申诉状的写作

申诉状的格式

申诉状和其他诉状相同，由首部、正文和尾部组成。

1. 首部

首部包括标题、当事人基本情况和案由。

（1）标题

写"申诉状"或"再审申请状"或"申诉书"等。

（2）当事人的基本情况

写明姓名、性别、年龄、民族、籍贯、职业或工作单位等。

（3）事由

写明何人因何案、不服何法院何字号的判决、裁定而提出申诉，包括原处理机关名称、处理时间、处理文件的名称及编号、提出申诉的意愿等内容，如"申诉人××对××法院××××年×月×日××字第××号，提出申诉。"如果是经过二审的，其具体表述如"申诉人××因××一案，××××人民法院于××××年×月×日××字第××号终审判决，维持原判。申诉人认为两审判决都是错误的，仍然不服，特提出申诉。"

2. 正文

正文包括申诉请求、事实与理由两大部分。

（1）申诉请求

写明申诉人请求法院解决的具体问题、申诉所要达到的目的，先简述原判决的内容，说明原处理在哪些方面不妥；再说明是请求人民法院自行再审、直接提审，还是指令下级人民法院再审；最后原则性地说明要求达到什么样的目的。

（2）事实与理由

这部分要求摆清事实，要求全面、准确，列出证据，依法说理，紧扣原审判决、裁定在适用法律方面的错误，用正确的法学原理和具体的条款进行辩驳、论证和纠正。结尾要明确提出要求撤销、变更原裁判，要求查处、复查或再审。通常如"综上所述，原审法院判决确有错误，特向你院提出申请，请求再审，依法改判。"

3. 尾部

在尾部要写明人民法院名称、申诉人署名、申诉日期、附件等。

五、注意事项

1. 事实和证据必须真实可靠。

2. 应针对生效裁判的错误予以集中反驳，并引用适当、正确的法律来证明、分析申诉论点。不可无的放矢，论而无据。

3. 请求事项应合法合理。

例文评析

【例文 6-3】

刑 事 申 诉 状

申诉人：张×，系在监执行刑罚犯罪分子肖×之母，56 岁，汉族，农民，住××市××社区，身份证号为：×××××××××××××××××××。

申诉人：肖××，系在监执行刑罚犯罪分子肖×之父，56 岁，汉族，农民，住××市××街道办事处××村，身份证号为：×××××××××××××××××××。

申诉人对(2008)××刑初字第 134 号刑事判决书，提出申诉。

请求事项：(2008)××刑初字第 134 号刑事判决违反《中华人民共和国刑事诉讼法》第二百零四条第二款之规定，据以认定犯罪分子肖×在××服装大世界行窃的证据不确实、不充分，对该项盗窃罪应当依法撤销；关于 2008 年 1 月 8 日肖×所涉盗窃及抢劫案件，原审将该行为认定为抢劫罪，属于《中华人民共和国刑事诉讼法》第二百零四条第三款规定的适用法律错误，恳请××省高级人民法院对本案予以再审。

事实与理由：

一、关于(2008)××刑初字第 134 号刑事判决书对肖×在××服装大世界所犯盗窃罪之认定情况。

……

综上，就××市××服装大世界失窃一案，(2008)××刑初字第 134 号刑事判决书认定肖×成立盗窃罪属于证据不确实、不充分，按照疑罪从无的刑法原则，应该认定肖×无罪；对 2008 年 1 月 8 日肖×所涉盗窃及抢劫案件，(2008)××刑初字第 134 号刑事判决书认定肖×构成抢劫罪显系适用法律错误，依法应予改判。恳请人民法院对该案予以再审，以便查清本案事实、正确适用法律，使肖×所涉案件得到公正处理。

此致

××省高级人民法院

申诉人：
____年__月__日

附：(2008)××刑初字第 134 号刑事判决书复印件____份。

注：该申诉状是在本案没有进入再审程序、律师无权查阅关涉本案的侦查卷宗以及无权会见在监执行刑罚犯罪分子肖×的情况下，依据(2008)××刑初字第 134 号刑事判决书中所反映的信息，写出如上申诉状的。

评析：

根据《宪法》赋予公民的申诉权，公民对人民法院所作生效判决、裁定不服，有权向人民法院提出申诉。这种诉讼领域内的申诉权是基于国家根本大法的规定，其性质属于公民的民主权利。而民事申诉状是民事诉讼当事人及其法定代理人依据《宪法》行使申诉权的表现。民事申诉状是当事人因不服人民法院已发生法律效力的判决、裁定而提交的，要求人民法院重新审理该案的申请文书，其目的都在于维护自身合法权益，纠正已生效裁判中的错误。

能力检测

接"子项目二"【能力检测】内容，该老年公寓在二审中，法院维持原判。这家老年公寓在申请再审期限过后，即判决生效 2 年之后又提出申诉状。请同学们在拟写一份申诉状。

子项目四

答辩状

情境导入

民事诉讼答辩状

答辩人：庞××，男，55岁，汉族，××省××县人，农民，现住××××
×××××××××。

面对目前家庭里出现的老人赡养问题，本人作出如下答辩：

1. 赡养老人是中华民族的传统美德，这个传统美德应该一代一代的传承下去。
……

我请求法院站在公正、公平的立场上，帮助我们家把老父亲的赡养费一事妥
善处理，对于老父亲的赡养费我只承担30%，如果要让我按老父亲《民事诉讼状》
上的要求每年付给他100 000元的赡养费，我觉得很不公平。因为，以前我没有生
病的时候，我挣得来，付给老母亲与老父亲的赡养费我没有推辞过。而我现在又
常年患糖尿病，需要天天吃药，已不能去挣钱，你还让不让我活下去？希望法院
能公正处理，体谅我作为老二已经为赡养父母亲所尽过的责任和义务。

答辩人：×××
××××年×月×日

这是一份答辩状，如何根据材料写一份答辩状呢？

知识归纳

一、答辩状概念

答辩状又称答辩书，是诉讼活动中被告人或被上诉人，针对原告人起诉的或上诉
人上诉的事实理由和诉讼请求，在法定期限内根据事实和法律进行答复和辩护的诉讼
文书，是与诉状和上诉状相对应的，是与起诉状、上诉状形成对立的文书。

二、答辩状的分类

从案件的性质角度分类，答辩状可分为三类。

1. 民事答辩状

是民事被告、被上诉人针对原告或上诉人的起诉或上诉，予以答复和辩驳的一种

书状。

2. 刑事答辩状

刑事自诉案件被告人针对自诉人控诉,向法院以书面形式提交的辩解。

3. 行政答辩状

是行政被告或被上诉人针对原告或上诉人在起诉状或上诉状中提出的请求内容,向法院作出的书面答复。

三、答辩状的特点

1. 答复性

诉讼程序的发生是原告人或上诉人引起的,原告人或上诉人在诉状或上诉状中对被告人进行指控,被告人或被上诉人就要对这种指控进行回答,而且答辩状的答复有严格的时间限定,必须在法定的期限内提出。

2. 论辩性

答辩状有很强的论辩性,它要用正确的事理驳斥错误的事理,并引用相应的法律条文,展开充分的论证去驳倒对方的论点和证据。

3. 针对性

答辩状必须有针对性反驳原告起诉状或上诉人的请求进行答辩。

四、答辩状的写法

答辩状的格式由首部、正文和尾部三部分组成。

1. 首部

包括标题、当事人的基本情况和案由。

(1)标题

书写标题时,答辩状的标题直接写"答辩状"即可,或者按案件性质或审级,具体写明"刑事答辩状"、"民事答辩状"、"行政答辩状"等。

(2)当事人的基本情况

应当依次写明答辩人的姓名、性别、年龄、民族、籍贯、职业、单位、住址、联系电话等。

(3)案由

案由要写明为何人起诉或上诉的何案而提出答辩,即采用"因××起诉(或上诉)的×××(人或事)一案,提出答辩如下"等语句表述。案由,是答辩状最重要的部分,要摆出充分的理由和列举充足的证据来反驳原告或上诉人的诉讼请求。

2. 正文

正文是答辩状的核心内容,主要写明"答辩理由"和"答辩意见"两部分。

(1)答辩理由

通常答辩应从下面两个方面入手:

①针对所写事实不实进行反驳

针对所写事实不实进行反驳要着重列出反面的证据来证明原告诉状中所述事实不能成立，并且要求反证确实、充分，不能凭空否认原告诉状中所述的事实。

②针对适用法律不当进行反驳

针对适用法律不当进行反驳，有三种情况：

一是事实如果有出入，就会引起法律上的改变，论证理由自然可以从简；

二是事实没有出入，而原告对实体法律条文理解错误，以致提出不合法要求的，则可以据理反驳；

三是程序方面，如果原告起诉违反诉讼法的规定，没有具备引起诉讼发生和进行的条件，则可以适用程序法进行反驳。

（2）答辩意见

在充分阐明答辩理由的基础上，为了清晰地说明答辩的观点和主张，经过综合归纳，要就所答辩的问题，简单明了地提出自己的答辩意见或反诉请求，或进一步指出自己答辩理由的正确性、合理性及原告人或上诉人行为的谬误性。

3. 尾部

尾部包括结尾和附项。结尾应当写明致送人民法院的名称，答辩人签署姓名，并注明文书制作的年、月、日。附项主要写明答辩状副本的份数和有关证据的情况。

五、答辩状写作注意事项

1. 事实理由

原告人或上诉人在诉状或上诉状中列出的事实和理由，是其提出诉讼请求的论据。因此，答辩状一定要有针对性，针对对方提出的事实和理由进行辨析或反驳，使之不能成立。

2. 证据真相

答辩状对此最有力的反驳，就是揭露事实真相，并列举出证据。要准确进行揭露对方提出的事实和理由，把不利于对方的事实部分列举出来。如果原告的事实和理由正确、客观或部分正确、客观，答辩状就应承认或部分承认，决不可强行狡辩。

3. 熟悉法律

在撰写答辩状时，应当先熟悉相关法律条文，并能熟练运用，使自己的理由和主张首先要合法；然后抓住关键部分，在弄清事实的基础上，由法院判断支持谁的主张；同时还要注意答辩状的递交必须在法定期限内，一般要求在收到起诉状或上诉状副本后，15 日内提出答辩。

4. 语言犀利

在有理、合法的前提下，尊重事实，依靠证据，语言表达要讲究准确犀利，深刻地揭露对方，理直气壮地陈述己见，条理清晰，语言精练，不拖泥带水、词不达意、偏离主题。

例文评析

【例文6-4】

民事答辩状

答辩人：_____

地址：_____

答辩人因_____一案（或：答辩人因_____对_____一案所提上诉），提出

答辩如下：_____

_____。

此致

敬礼

_____人民法院

答辩人：_____

____年__月__日

附：本答辩状副本_____份。

注：答辩人为法人或其他组织的，按法人的项目填写。

行政诉讼答辩书

答辩人：_____

名称：_____ 地址：_____ 电话：_____

法定代表人：姓名：_____ 职务：_____

委托代理人：姓名：_____ 性别：_____ 年龄：_____

民族：_____ 职务：_____ 工作单位：_____

住所：_____ 电话：_____

因_____诉我单位_____一案，兹

答辩如下：_____

_____。

此致

_____人民法院

答辩人：_____（盖章）

法定代表人：_____（签章）

____年__月__日

附：答辩书副本____份。

其他文件____份。

评析：

提出答辩状是当事人的一项诉讼权利，不是诉讼义务；但被告人或被上诉人逾期

不提出答辩状，不影响人民法院审理。在书写答辩状时应针对原告或上诉人的诉讼请求及其所依据的事实与理由进行反驳与辩解。被上诉人的答辩要针对上诉人的事实、理由、证据和请求事项进行答辩，全面否定或部分否定其所依据的事实和证据，从而否定其理由和诉讼请求。

能力检测

请同学们根据下列材料帮养老院写一份答辩状。

某养老院一老人在洗手间滑倒，造成骨折。老人家人认为院方没有尽到看护责任，应道歉和赔偿。养老院以合同没有规定为由拒绝，老人家人把该养老院告到法庭。

项目七　养老机构商务类文书

学习目标

1. 知识目标

◆了解养老机构经济文书的概念、特点和适用范围

◆阅读例文，掌握协议书、合同、意向书文种的写作要领

2. 能力目标

◆学会写作养老机构的协议书、合同、意向书文书的写作

子项目一
协议书

情境导入

山东潍坊养老机构普及收养入住协议书减少纠纷

长期以来，山东省潍坊市各种大中小型养老机构，在收养老人前，有的会与老人或老人家属签署一个双方协议，以明确各自职责和义务，而有的甚至不会签署任何协议。8 月 27 日，潍坊市民政局社会福利科相关负责人称，经近 3 个月的试用，潍坊市目前基本在各个养老机构，普及了全市统一的"养老机构收养住协议书"，对于减少纠纷有了明确指导。

这说明协议书在养老机构中的重要性。那么，如何拟写一份规范的养老机构的协议书呢？

知识归纳

养老机构经济文书是在经济活动中使用并形成的，是经济管理部门、企事业单位处理经济事务、反映经济情况、传播经济信息、研究经济问题、协调经济关系等而制作的具有实用价值和固定格式的文书。经济文书是以实用为原则，以经济活动为内容，以经济利益为目的，它包括了大量的有关经济活动的调查研究、经营决策、计划安排等相关文本。比较常见的经济合同、意向书都属于典型的老年机构经济类文书。

一、协议书的概念

协议书指养老机构或养老机构的个人就某个问题经过谈判或共同协商，取得一致意见后，订立的一种具有经济或其他关系的契约性文书。

二、协议书的写法

协议书的结构一般包括首部、正文、尾部三部分。

（一）首部

包括标题和当事人的基本情况。标题可以直接用"协议书"三个字表示，也可以写明协议的内容性质，如"老人入住某养老院协议书"；当事人的基本情况包括：姓名、年龄、民族、住址等(必要时写清楚与其他协议人的关系)。

(二)正文

正文一般要写明以下几个方面：

1. 立协议的原因(有时可省略)。

2. 协议的具体内容。包括：协议各方单位的全称；导言(会谈的时间、地点、参加人员及会谈的目的和原则等)；主体；商定的主要内容和原则意见。写作时，应分类逐条列出。

(三)尾部

一般包括：协议时本着协议人自愿的原则；协议各方单位盖章，代表人签字，并注明日期。

例文评析

【例文 7-1】

老人入住老年公寓协议书

甲方：

乙方：

丙方：

一、甲方为乙方提供食宿、医疗保健、娱乐、健身等标准化服务，昼夜护理。实行有偿服务，按规定收取服务费。

二、丙方认真如实填写"收养老人登记表"，否则，甲方不予办理入托手续。

三、乙方必须由丙方或原工作单位亲自护送。自备日常生活用品及个人卫生用具。乙方不得将水果刀、剪子等铁器物品带入公寓，如需要时，可向工作人员借用。

四、乙方必须精神正常，无传染病，并愿意接受公寓服务取暖费按 3 元/天收取。

五、公寓设有食堂，按乙方口味提前订餐，餐费自付。

六、乙方的托费由乙方或丙方于每月的月末前如数缴纳给甲方。逾期不交，每日收取滞纳金 15 元；有意拖欠者，甲方有权将乙方送回。乙方身上不得带有现金和贵重物品，如需要，可交甲方代管。如乙方自行保管如有丢失，甲方不负任何责任。

七、乙方中途退托，半月以内的，收半月托费，超半月的收取全月托费。

八、随乙方身体变化，公寓有权变更服务档次，其托费随之增加或减少。

九、甲方可以帮助乙方联系医务人员，开展一般病的保健护理，乙方服药、打针、输液等医药费自付。

十、乙方重病或病危时，甲方及时通知丙方，丙方应及时赶到公寓，由丙方负责就医治疗。乙方因病、自尽或神智突发异常造成的伤亡事故，甲方不承担责任。

十一、丙方同意甲方在乙方身体情况允许的情况下，批准走出公寓去散步。乙方外出时必须佩戴公寓胸牌，并向护理人员请假，因自己失误走失、突发疾病造成伤亡事故，甲方不承担任何责任，老人伤亡事宜由丙方承担。

十二、乙方在公寓病故，甲方及时通知丙方，丙方及时赶到公寓，丙方负责处理善后工作。甲方向丙方收取消毒费100元，净身费100元，穿衣费100元，并从入托老人停止呼吸开始计时，每放一小时收取占床费100元。

十三、特护、专户老人因病长久卧床，难免造成病理性褥疮，发现后甲方应及时通知丙方给老人进行医治，费用由丙方负担。

十四、乙方的身体状况在办理入托手续时，丙方应如实登记，对有传染性疾病的老人，甲方可拒收。对患有精神疾病，小脑萎缩的老人甲方很难控制，因自身原因发生的跌、碰损伤，以及走失，直至死亡，甲方不负责任。

十五、因特护老人的消化系统衰弱，丙方探视携带的食物需经甲方同意方可进食，避免暴饮暴食，形成病变。造成不良后果，甲方不予负责。

十六、乙方如节假期回家或因病住院等情况，满一周后，公寓每日收取3元床位费。一周以内的按原额收费。

十七、乙方如发生吵闹、骂人甚至动手打人，一旦发生严重后果，由乙方或丙方负责。

十八、本合同未尽事宜，甲丙双方另行商议。本合同一式两份，甲丙双方各执一份，从签订之日起生效。

十九、双方如有纠纷协商解决，协商不成由绥化农垦法院裁决。

甲方（章）：

乙方：

甲方代表：   丙方（签字、按手印）：

                                          日期：   年   月   日

评析：

1. 这是一则老人入住老年公寓协议书。标题采用了协议性质＋文种的形式。

2. 标明订协议双方各当事人"甲方""乙方""丙方"。

3. 正文主体共分19条写明协议的条款。

4. 结尾有签订协议甲方的公章、甲方代表及乙方、丙方的签名。标明签字的日期。

养老院入住协议范本

甲方（养老院）：_____

法定代表人：_____

住所地：_____

电话：_____

乙方（入住老人）

姓名：_____

年龄：＿＿＿＿＿＿＿＿＿＿＿＿＿＿＿＿＿＿＿＿＿＿＿＿＿＿＿＿

性别：＿＿＿＿＿＿＿＿＿＿＿＿＿＿＿＿＿＿＿＿＿＿＿＿＿＿＿＿

身份证号：＿＿＿＿＿＿＿＿＿＿＿＿＿＿＿＿＿＿＿＿＿＿＿＿＿＿

原单位：＿＿＿＿＿＿＿＿＿＿＿＿＿＿＿＿＿＿＿＿＿＿＿＿＿＿＿

丙方（亲属或本市担保人）

亲属姓名：＿＿＿＿＿＿＿＿＿＿＿＿＿＿＿＿＿＿＿＿＿＿＿＿＿＿

与入住人的关系：＿＿＿＿＿＿＿＿＿＿＿＿＿＿＿＿＿＿＿＿＿＿＿

工作单位：＿＿＿＿＿＿＿＿＿＿＿＿＿＿＿＿＿＿＿＿＿＿＿＿＿＿

身份证号：＿＿＿＿＿＿＿＿＿＿＿＿＿＿＿＿＿＿＿＿＿＿＿＿＿＿

住所地：＿＿＿＿＿＿＿＿＿＿＿＿＿＿＿＿＿＿＿＿＿＿＿＿＿＿＿

联系电话：＿＿＿＿＿＿＿＿＿＿＿＿＿＿＿＿＿＿＿＿＿＿＿＿＿＿

担保人姓名：＿＿＿＿＿＿＿＿＿＿＿＿＿＿＿＿＿＿＿＿＿＿＿＿＿

协议总则

一、为满足老年人安度晚年的实际需要，实现"老有所养、老有所乐、老有所医、老有所学"的目标，人人共享社会进步的成果，切实保护老年人的合法权益，为老人营造温馨、舒适的生活环境，充分体现党和政府对老年人的关怀，体现全社会对老年人的关心，各方遵循《民法通则》《老年人权益保障法》《老年福利机构基本规范》《养老机构管理办法》及国家其他法律法规，经平等协商，签订本协议。

二、各方签约表明：

甲方对乙方已进行体检，确信可以为乙方提供约定服务，并接受本协议的约束。

乙方对甲方提供服务的宗旨、内容、性质、工作流程及责任已充分了解，自愿接受甲方提供约定的服务，自主签约并接受本协议的约束。

丙方对甲、乙双方已有充分的了解，对乙方承担连带责任。

三方均确认，协议内容已仔细了解，对各方的情况均已了解并理解己方的权利和义务。

三、情形变迁时，需订立补充协议。

任何一方认为有必要，可订立补充条款。

协议分则

甲方的基本权利和义务

一、提供与资质等级相应的服务设施和活动场所，生活起居、文化娱乐、康复训练、医疗保健等服务设施配套。配备与服务规模相适应的具有专业知识、技能的医疗护理人员和服务人员（无医务室的应有与其签约的专业医院负责老人疾病的诊治）。老人居室及文化娱乐活动场所的使用面积不低于部颁《规范》，为老人提供的生活设施和用品须是安全可靠的。有完善的管理规章和服务流程。提供住宿条件及日常生活措施，保障乙方生活环境舒适、洁净。

二、生活照料的义务。按照入住老人的身体状况（自理、介助、介护）提供相应的服务，注意营养，根据老人的需要或遵医嘱合理配餐，对生活不能自理的老人要喂水喂饭。要及时清扫房间，保持室内洁净。定期帮助老人洗澡、理发，修剪指甲，更换衣物。照顾乙方的日常生活起居及一日三餐，实行科学配餐以满足老年人所需的营养均衡。

三、医疗护理的义务。基于保护入住老人生命权和健康权的需要，对偶患疾病或常年卧床的老人要尽到诊治护理的义务，严格执行康复计划。老人突发疾病，须尽快通知其亲属或单位，说明病情，提出治疗方案。对需抢救的，要先行抢救。对介护老人制定护理方案并严格实行程序化个案护理。服务人员 24 小时值班，保障老人生命财产安全，防止老人意外伤害。对于潜在的危险和可能造成老人伤害的，养老机构有告知和警示的义务。

四、满足老人精神文化生活需要的义务。经常组织老人进行必要的情感交流和社会交往，开展文体活动，对老人进行保健知识教育，帮助老人树立健康向上的老年价值观。帮助老人进行心理调适和处理好老人之间的关系。

五、对乙方需要的其他服务，由本协议三方另行补充并作为本协议附件。

乙方的基本权利和义务

一、遵守规章，接受管理。入住前要如实向养老机构反映老人的情况，如脾气秉性、既往病史等，入住后要自觉遵守养老机构的规章制度，接受管理，爱护公物，外出要请假。老人之间要搞好团结。

二、遵医嘱。医疗护理及康复训练的效果取决于双方的共同配合，因此入住老人须按要求接受医疗护理及康复训练，还应在患病治疗期间遵守医嘱，配合治疗。

三、及时交纳费用。对偶发性费用如治疗、抢救费用等应随时结清。

四、乙方外出时应在甲方设定的登记处进行登记或由丙方陪同。

五、家属及单位应经常与老人沟通，保持联络，满足老人的精神需求。家庭及单位地址、联系方式变更时，应及时通知养老机构，否则，应承担由此引起的一切后果。

丙方义务

一、丙方应保证至少_____星期探视乙方一次，否则，除非乙方明确反对，丙方应向甲方支付违约金_____元。

二、丙方应积极配合公寓做好工作，使乙方心情舒畅。

三、丙方未经甲方同意不得随意进入用餐和为乙方选餐。

四、丙方如带乙方外出，所造成一切病情及事故，甲方不负责任。

五、丙方对乙方原因造成的损害负有连带赔偿责任。

三方安全义务

一、甲方在楼前设置门卫，外人入内均需登记，即使乙方亲自带入，如甲方认为需要仍可要求登记。

二、乙方的房间属于私人空间，因甲方提供的设施状况不良造成的伤害，甲方不承担责任。

三、在丙方或乙方其他亲属探视期间，甲方不对乙方在这期间的非他人故意伤害承担责任。

四、未经甲方同意，乙方不得擅自在房间内装置其他设备。

五、乙方在发生如下情况时，均须向甲方及时说明并服从甲方安排，否则甲方对可能的伤害或损失不承担责任：

1. 在房间内保管贵重物品；

2. 会见可能有纠纷的客人；

3. 认为自身安全受到他人威胁；

4. 对自己的疾病及需要的护理内容，说明范围并不限于入院前查体的结果；

5. 服用自带药品、食品或使用自备小物品时有疑问；

6. 对于某种器材或设备的使用方法不明。

六、甲方保持文体活动器材及路面状况良好，并在可能有危险性的区域设置警示标志。

七、甲方为了乙方安全，有权劝阻乙方参与某项文体活动或服务，如乙方坚持参与，须乙方及丙方的共同同意。

八、甲方定期组织乙方查体，乙方对拒不参加的后果负责。

九、乙方突发传染性疾病，应听从甲方安排。

十、在乙方需送医院就诊时，甲方应通知丙方，并协助丙方办理有关手续。但如因丙方懈怠造成乙方病情加重，甲方不承担责任。

十一、乙方在甲方入住期间病情加重或新发疾病，甲方采取急救措施并通知丙方，丙方应急时赶到。否则，甲方不承担责任。

十二、非甲方原因突发停电造成意外，甲方不承担责任。

十三、乙方已达到不能自理者，丙方应及时联系转院或甲方协助联系转院。仍坚持留在甲方处发生意外，甲方不承担责任。

服务费用

乙方需按双方约定的时间向甲方缴纳有关费用。缴纳地点：＿＿＿＿＿＿＿＿＿＿＿＿。

一、乙方需向甲方支付如下固定费用：

1. 床位费每月＿＿＿＿＿＿＿元。

2. 伙食费每月＿＿＿＿＿＿＿元。

3. 冬季取暖费每月＿＿＿＿＿＿＿元。

5. 交纳押金＿＿＿＿＿＿＿元。

6. 电费（指自带家用电器并经同意者）根据家电功率核定每月的收费。

7. 其他约定的服务收费计＿＿＿＿＿＿＿元。

8. 每月交纳的费用，如乙方原因不在寓内住宿连续10天以上不在养老院内就餐，餐费按天退还，床位费不予退还。

二、固定费用按月收费须由乙方在费用发生 5 日前支付，乙方也可与甲方协商其他付费办法。

三、乙方使用甲方提供的医疗服务所产生的医药费用，按实际发生额随时收取。

四、乙方损坏甲方物品，应照价赔偿。

五、乙方必须遵守甲方的各项规定和制度。

六、在以下情况下发生的费用或赔偿，由乙方负担：

1. 医疗费用；

2. 丧葬费用；

3. 违反甲方义务，造成自身或他人伤害或损失。

七、丙方对须由乙方负担的费用或赔偿负有连带责任。

协议附则

单方协议解除

一、以下情况下甲方可解除协议：

1. 甲方认为乙方的病情发展超出了甲方的护理能力；

2. 乙方患传染病、精神病；

3. 乙方有过度暴力、自残、盗窃、诈骗倾向或其他严重不良嗜好，并有多名老人投诉；

4. 乙方涉及刑事犯罪；损害社会公共利益；

5. 乙方未按时缴纳有关费用或赔偿金；

6. 乙方不遵守甲方规章，对甲方工作产生严重干扰。

二、如甲方违反本协议中的甲方义务，乙方可解除协议。

三、任何一方解除合同，须至少半个月前通知对方。

四、合同解除后，甲方应按规定退还尚未发生但已预交的费用。

五、如乙方因其他原因解除合同，已交费用不予退还。

六、合同解除，并不影响甲方向乙方要求支付按《协议费用》一节发生的赔偿金。

违约责任

除本协议已明确约定违约责任的条款外，违约方应支付给对方违约金_____元，因违约给对方造成损失的，应承担赔偿责任。

解决争议的办法

各方在履行本协议过程中发生纠纷时，由当事人协商解决，协商不成的，依法向甲方所在地人民法院起诉。在协商和诉讼期间，各方仍需履行本协议。

其他条款

一、协议一式三份，甲、乙、丙三方各执一份，同等效力；

二、本协议未尽事宜，由各方协商，另订补充条款。

补充条款

（不足可附页）

甲方：（盖章）＿＿＿＿＿＿＿＿＿＿＿＿＿＿＿＿＿＿＿＿＿＿

法定代表人：＿＿＿＿＿＿＿＿＿＿＿＿＿＿＿＿＿＿＿＿＿＿

委托人：＿＿＿＿＿＿＿＿＿＿＿＿＿＿＿＿＿＿＿＿＿＿＿＿

乙方：（签名）＿＿＿＿＿＿＿＿＿＿＿＿＿＿＿＿＿＿＿＿＿＿

姓名：＿＿＿＿＿＿＿＿＿＿＿＿＿＿＿＿＿＿＿＿＿＿＿＿＿＿

丙方：（亲属签名）＿＿＿＿＿＿＿＿＿＿＿＿＿＿＿＿＿＿＿＿

亲属姓名：＿＿＿＿＿＿＿＿＿＿＿＿＿＿＿＿＿＿＿＿＿＿＿＿

担保人姓名（签名）：＿＿＿＿＿＿＿＿＿＿＿＿＿＿＿＿＿＿＿

签订时间：＿＿＿＿＿＿＿＿＿＿＿＿＿＿＿＿＿＿＿＿＿＿＿＿

（资料来源：http：//fanben. lawtime. cn/fwqita/20110905115639.html）

评析：

1. 这是一则养老院入住协议书的范本。

2. 首部包括标题和当事人的基本情况。标题由协议内容加文种组成，当事人的基本情况包括：姓名、性别、年龄、住址、身份证号码、原单位等。

3. 写出订立协议的原因和依据。

4. 双方充分了解、自愿签订本协议。

5. 协议规定三方的权利与义务。

6. 写明服务费用。

7. 协议附则注明单方协议解除、违约责任、解决争议的办法、其他条款。

8. 三方签名，加盖养老机构公章。

能力检测

请你为××养老院拟写一份老人入住协议书。

子项目二
合　　同

情境导入

合同有纠纷：养老院被停电

　　沈阳爱心养老院成立于 1998 年，由夏秋梅等多名下岗女工集资修建，夏秋梅称至今该养老院已经前后收留老人 1900 余人。

　　2005 年，夏秋梅与沈阳轻工研究设计院签订协议，以年租金 10 万元的价格，租下了后者位于宁山路 7 号的一栋建筑面积 500 平方米左右的二层楼，作为养老院使用。"签约时定的是租期三年，到 2008 年年底到期。合同中还有一条，到期后养老院可优先继续使用，租金不变。可是后来研究院换了领导，不承认这个了，要把房租涨到 20 万元。我们不同意，他们就要求我们搬家。可是前期装修我们投入了 270 多万元，一点赔偿没有就走，这也说不过去啊！"

　　更让夏秋梅和养老院里的老人们无法接受的是，因为合同纠纷一直没有解决，2011 年 5 月 6 日，设计院关闭了向养老院供电的电闸，养老院在此后的 200 多天时间里，一直无电可用。

　　解决此情境合同的纠纷涉及对合同文体知识的理解和把握。要完成此任务，首先需要了解哪些是合同中必备的条款，然后按照合同写作的规范进行写作。

知识归纳

一、合同的含义

　　为了维护正常的经济秩序，更有效地保护经济活动中当事人的合法权益，1999 年 3 月 15 日九届全国人大 2 次会议通过了《中华人民共和国合同法》明确规定："合同是平等主体的自然人、法人、其他组织之间设立、变更、终止民事权利义务关系的协议。"

　　养老机构合同，从内涵上看，是指具有平等民事主体的老年机构、其他经济组织之间，为实现一定的经济目的，明确相互权利义务关系而订立的合同。从外延上看，它主要包括购销、建设工程承包、加工承揽、货物运输、供用电、仓储保管、财产租赁、借款、财产保险以及其他经济合同。

二、合同的特点

(一)合法性

合同是一种民事法律行为。民事法律行为是一种最重要的法律事实，是民事主体（包括自然人、法人和其他组织）实施的能够引起民事权利和义务产生、变更或终止的合法行为。只有在合同当事人作出的意思表示符合法律要求的情况下，合同才具有法律约束力，并受到国家法律的保护。因此合同的撰写要严格遵守《合同法》的规定。

(二)平等互利性

合同是为了设立、变更或终止民事权利义务关系的，是协商协作的产物。因此签订经济合同的双方或多方的法律地位必须是平等的，合同内容应是等价有偿的。

(三)协商一致性

合同的签订是一个协商一致的过程。合同的内容只有表达当事人彼此一致的意愿，其条款才能成立。在履行合同过程中，如需要变更合同条款，也要重新协商补签。任何不经双方或多方协商一致而改变合同者，要承担违约责任。

(四)规范性

合同的规范性具有两层含义：其一是依法成立的合同对当事人具有法律约束力；其二是指合同的写法和格式的规范性。

三、经济合同的类型

合同的种类有多种分法：

(一)按合同的有效期可分为长期合同、中期合同、短期合同等。

(二)按形式分，有书面合同和非书面合同。

(三)按写法分，有条款式合同、固定式合同和条款表格结合式合同。

(四)按业务性质和内容分，这是目前最常用的分类方法。我国《合同法》将合同分为 15 大类，并对其条款做了具体规定。

1. 买卖合同

买卖合同又称购销合同，是出卖人转移标的物的所有权于买受人，买受人支付价款的合同。

2. 供用电、水、气、热力合同

供用电、水、气、热力合同是供电(水、气、热力)人向用电人(水、气、热力)供电(水、气、热力)，用电人(水、气、热力)支付费用的合同。

3. 赠予合同

赠予合同是赠予人将自己的财产无偿给予受赠人，受赠人表示接受赠予的合同。

4. 借款合同

借款合同是借款人向贷款人借款，到期返还借款并支付利息的合同。

5. 租赁合同

租赁合同是出租人将租赁物交付承租人使用、收益，承租人支付租金的合同。

6. 融资租赁合同

融资租赁合同是出租人根据承租人对出卖人、租赁物的选择，向出卖人购买租赁物，提供给承租人使用，承租人支付租金的合同。

7. 承揽合同

承揽合同是承揽人按照定做人的要求完成工作，交付工作成果，定做人给付报酬的合同。

8. 建设工程合同

建设工程合同是承包人进行工程建设，发包人支付价款的合同。建设工程合同包括工程勘察、设计、施工合同。

9. 运输合同

运输合同是承运人将旅客或者货物从起运地点运输到约定地点的合同。

10. 技术合同

技术合同是当事人就技术开发、转让、咨询或者服务订立的确立相互之间权利和义务的合同。

11. 保管合同

保管合同是保管人保管寄存人交付的保管物，并返还该物的合同。

12. 仓储合同

仓储合同是保管人储存存货人交付的仓储物，存货人支付仓储费的合同。

13. 委托合同

委托合同是委托人和受托人约定，由受托人处理委托人事务的合同。

14. 行纪合同

行纪合同是行纪人以自己的名义为委托人从事贸易活动，委托人支付报酬的合同。

15. 居间合同

居间合同是居间人向委托人报告订立合同的机会或者提供订立合同的媒介服务，委托人支付报酬的合同。

四、合同的基本写法

合同虽种类各异，但一般均包括首部、主部、尾部三部分。

(一)首部

首部主要包括标题、合同当事人名称或者姓名、引言三个部分。有的合同还在标题下方书写合同的编号。

1. 标题

标题写在合同首页上方正中位置，一般有以下四种写法：

(1)"合同的性质＋文种"。如《借款合同》《租赁合同》等。

(2)"经营范围(或标的)＋合同的性质＋文种"。如《农副产品买卖合同》《建筑施工物资租赁合同》等。

(3)"时间期限＋合同的性质＋文种"。如《2003 年融资租赁合同》《2004 年第一季度供电合同》。

（4）"签约单位＋合同的性质＋文种"。如《海星公司西安计算机研究所技术开发合同》《西安第二汽车公司运输合同》等。

2. 合同当事人名称或者姓名

合同当事人是指签订合同的双方或多方的名称或者姓名，要准确写出签约单位或个人的全称、全名，并在其后注明双方约定的固定指代，如一般写"甲方""乙方"。如有第三方，可将其称为"丙方"。在对外贸易合同中，有时可指代为"卖方""买方"。指代当事人，不能用不定指代"你方""我方"。

3. 引言

合同开头部分，主要写签订合同的目的或依据。表达句式为："为了……"或"根据……"。若选用"表格式合同"，则依据有关部门制定的规范文本要求填写。

（二）主部

是合同的主要部分，一般采用条文法。按双方当事人的约定，详细写明主要条款和其他条款的内容。

1. 主要条款

合同的内容由当事人约定。合同一般应具备以下条款：

（1）标的

标的是合同当事人权利义务所共同指向的对象，是合同的基本条款。标的可以是物、货币、劳务、智力成果等。标的要协商一致，具体、明确。

（2）数量和质量要求

指从数量和质量的角度对标的进行精确度量，它决定双方当事人承担的权利义务的大小、范围。数量是标的具体计量，如借款金额，建设工程项目、工作量等。要明确标的的计量单位，如：吨、米、件等。

质量要求是对标的质量的要求，如产品、商品、工程的优劣程度。应明确标的质量的技术标准（如：国家标准、行业标准）、等级、检测依据等。

（3）价款或报酬

这是指合同标的的价格，是双方对标的议定的价格。是合同一方以货币形式取得对方商品或接受对方劳务所应支付的货币数量。要明确标的的总价、单价、货币计算标准，付款方法、程序，结算方式。若与外方合作，要写明支付币种。

（4）合同履行的期限、地点和方式

合同的有效期限是合同法律效力的时限和责任界限，过期则属违约。日期用公元纪年，年、月、日书写齐全。地点是指当事人履行合同义务、完成标的任务的地点。履行方式是当事人履约的具体办法，如借贷合同的出资方要以提供一定的货币来履约。

（5）违约责任

是指合同的当事人不能履约或不能完全履约时，所要承担的经济责任和法律后果。具体包括违约金、赔偿金和其他承担责任的法律形式等。

"违约责任"是履行合同的重要保证，也是出现矛盾分歧时解决合同纠纷的可靠依据。

2. 其他条款。是指除上述必备条款外，经双方当事人协商确定的其他条款。它包括：

(1)不可抗力条款。这项条款的作用是：依据《合同法》规定，部分或全部免予承担责任。此条款的内容应包括不可抗力事故的范围、后果等。

(2)解决争议的方法。此条款要约定在履行合同发生争议时解决问题的方式和程序，要明确注明是通过仲裁解决、协商解决还是诉讼解决。

(三)尾部

尾部是指合同的结尾和落款部分。主要包括：

1. 合同的有效期限和文本保存。有效期限是指合同执行生效、终止的时间，是合同当事人要求必须具备的条款。文本保存是注明合同文本的保管方式。即合同一式几份及当事人保管的份数。

2. 落款。写出当事人的名称、签章、法定通信地址、法人代表、银行账号、签约日期、地点等。有些合同有特殊要求，或有附件，也要在尾部注出。

五、合同的写作要求

(一)合法

订立合同，必须依法办事。

(二)合理

合同必须贯彻平等互利、协商一致、等价有偿的原则。任何一方都不得把自己的意愿强加给对方。

(三)合格

即合乎合同的一般写作格式和必备的主要条款。

(四)完善、明确

不仅格式和主要条款要完善，每一条款的内容也要尽量周密严谨，避免发生漏洞。

(五)做好调查研究

首先要调查对方属于何种身份；其次要调查对方履行合同的能力。再次要调查本单位履约的能力。

例文评析

【例文7-2】

老年公寓护理员劳动合同书

甲方名称：××老年公寓

住所：×××××××××××

法定代表人：×××

乙方姓名：_____ 性别：_____ 年龄：_____

籍贯：_____ 身份证号码：_____

为规范护理员管理、保障甲乙双方的合法权益，遵循平等自愿、协商一致的原则，甲乙双方经协商自愿签订本合同并共同遵守。

第一条：劳动合同期限

本合同期限为_____年，自_____年____月____日至_____年____月____日止，（试工期为2个月，月工资标准按730元计算）。

第二条：工作内容和工作地点

乙方同意根据甲方的工作需要在_____层，任护理员，主要负责老人的生活照料及相关的服务工作。

第三条：工作时间和休息休假

乙方每天工作8小时，因工作需要24小时在老人房间工作和休息；乙方每周享受一天休息；元旦、春节、五一节、国庆节各享受一天休假；休息和休假期间按基本工资计算报酬；休息和休假前应向主管领导请假并妥善安排好本人照料的老人后才能休息和休假。

第四条：劳动报酬及奖金

乙方每月工资总额：_____元，其中基本工资730元，管吃管住最少照料3位老人计件工资和加班费本月：_____元。

乙方放弃休息、休假甲方按规定支付加班费；出全勤的年终享受全勤奖300元，全年无责任事故的享受安全奖200元；甲方将按月足额发给乙方工资。

第五条：社会保险

按照国家规定甲方将为乙方（非本地户口）按月缴纳社会保险费（工伤及医疗保险）本年度标准39.36元/月/人。

第六条：劳动保护和劳动条件

甲方将为乙方提供相应的劳动和劳动保护条件，如工作服、手套、口罩、洗浴、清洁、劳动所需的用具、用品以及为其提供休息用的沙发床、床上用品等生活条件。

第七条：劳动纪律

1. 乙方应具备应有的职业道德，爱岗敬业、遵守国家的法律法规、遵守甲方的规章制度；全心全意做好本职工作并积极参加甲方为乙方提供的政治学习、专业技能培训（甲方提供培训费用）、技能比赛等活动，做到持证上岗；乙方自持证之日起应在甲方连续服务最少3年，乙方违反服务期约定的应当向甲方支付相当于培训费用的违约金。

2. 乙方在自己所在岗位工作应服从本层主管的管理和指导；工作中不做私事，不串岗、离岗，不收、拿老人及家属的钱物；团结协作，不传闲话，员工之间不吵架；对待老人有爱心、耐心、诚心、细心，不发脾气、一视同仁的照顾好老人，热情、规范地为老人服务；经常与老人家属沟通，征求家属的意见。

3. 根据甲方规定，洗衣房每周定期为老人洗衣服（内衣除外，有粪便的衣服要清理干净后送入洗衣房），为此，乙方应认真遵守本规定，掌握老人大小便的规律，定时给老人接大、小便，尽量减少尿垫污染。

4. 其他按照甲方工作细则及规章制度规定执行。

第八条：违反劳动合同的责任

1. 甲方违反本劳动合同的，乙方可以向甲方提出意见或向有关方面反映甚至申诉，甲方应无条件改正并依法履行本合同。

2. 乙方因工作失职，未尽到巡视、检查、监督、报告、安全防范意识和安全对策导致老人出现安全问题及其他重大安全责任事故，造成甲方名誉和经济上的损失，乙方应承担相应的赔偿责任(经济损失数额的30%～50%)，接受警告、严重警告、扣除年终安全奖的处分，经批评教育不能积极改进的给予辞退。

3. 乙方其他违反法律规定及违反甲方相关工作制度的行为，视为乙方违反劳动合同。

第九条：劳动合同的解除和终止

1. 甲方未依法履行合同的，乙方可以解除劳动合同。

2. 乙方违反本合同条款的，甲方可以解除劳动合同。

3. 劳动合同期满或因出现不可抗力原因使本单位无法继续经营的，本劳动合同自动终止。

4. 其他法律规定的情形。

第十条：本合同一经签订，双方应认真遵守。本合同一式两份，双方各执一份

第十一条：本合同未尽事宜，以甲方的工作细则及规章制度为准

第十二条：甲方的工作细则及规章制度作为本合同的附件

甲方盖章：　　　　　　　　　　　　　　　　　　乙方签字：

负责人签字：　　　　　　　　　　　　　　　　　年　月　日

　　年　月　日

评析：

1. 这是一份劳动合同。标题采用"合同性质＋文种"的形式。

2. 标明了合同双方"甲方"的住所及法定代表人，表明甲方的合法与可信。"乙方"的姓名及身份证号码。

3. 正文开头简要写明订合同的原则、目的，说明经双方协商，签订该合同。

4. 合同的主体共分12条写明合同的法定条款。一般最后的一两条写订立合同的有关说明。

5. 在双方约定的条款中，只有标题，没有内容的部分为方便双方随机增加一些具体内容而预留的。

6. 结尾立合同双方盖章、签字，标明签字日期。

能力检测

一、案例思考。

河北省赞皇县政府采购中，与大发果蔬公司签订了一份无公害蔬菜购销合同。该县是全国贫困县，采购中心以财政困难为由要求对方将所有产品低价出售。大发果蔬公司在履行合同一段时期后，发觉亏损惨重，拒绝继续履行。

县政府采购中，认为果蔬公司不守信用，便对其进行处罚。

请问：大发果蔬公司应该受到处罚吗？为什么？

二、修改合同。

建筑工程承包合同

甲方：西丽化工厂

乙方：华西建筑公司

建筑西百化工厂西厂房，经双方协商，订立本合同。

（一）由工厂委托承建方在甲方左侧建造西厂房一座，由华西建筑公司按照甲方提供的规格、图样(附件一)建造。

（二）全部工程造价(包工包料)为人民币捌拾贰万柒仟元整。

（三）甲方在订立合同后尽快付给乙方全部建造费的百分之六十，其余百分之四十在西厂房竣工并验收合格后抓紧付清。

（四）乙方建造的厂房如不符合附件一图样及国家有关规定标准，由乙方负责返修，返修费由乙方承担。如工程不能按时完成，由乙方按全部建造费的千分之一赔偿甲方的损失。甲方必须按双方协商日期交付建造费，若违约，由甲方按全部建造费的千分之一赔偿乙方。

（五）本合同一式三份，甲乙双方与公证机关各执一份。本合同自签订之日起执行。

西丽化工厂
华西建筑公司
××××年 10 月 5 日

三、根据下述内容，拟写一份运输合同。

北方有色金属公司与石家庄市大型货物运输公司签订了一份运输合同，大致内容如下：金属公司向运输公司每年提供铁精矿运输量 180 万吨，从天津新港 113 号码头运往太原钢铁公司炼钢厂，每吨按 154 元包干计算运费。

子项目三
意向书

情境导入

> ××养老集团与香港××公司拟合作开设全国连锁养老院，经双方初步洽谈，该项目计划投资 1300 万港币，中方出资 40%，港商出资 60%，养老院名字定为"××养老院"，总院地址设于北京高新技术开发区××路××号，商业广告由港商负责，港商提供技术、设备、信息，中方负责立项、办理相关手续、筹建养老机构院址。合作期限为 15 年。

上述情境中，双方只是将彼此合作经营的想法表达了出来，至于具体的操作细节，资金整合，管理细则并未罗列，充分展现了意向书和经济合同的区别。意向书是带有原则性、意愿性和趋向性意见的文书。因此，意向书没有合同严格。要想完成此项任务需要掌握意向书的相关文体知识。

知识归纳

一、意向书的含义

意向书是双方或多方就某一项目进入实质性谈判之前，根据初步接触所形成的带有原则性、意愿性和趋向性意见的文书。

二、意向书的特点

(一)目标的导向性

意向书可为下一步磋商奠定良好的基础。只是一种导向性文书，合作目标只求总体轮廓清楚，不求描述具体。

(二)内容的概略性

意向书是当事人确立共同的目的，合作领域、项目的文书，一般不讨论具体细节，因此其内容多是概略性、轮廓性的。

(三)行文的灵活性

意向书的行文措辞一般比较灵活、原则，以便在条款文字中洋溢着一种友好的气氛，又不至于太拘泥、死板。

(四)作用的临时性

意向书是合作的前期性文书，签署了协议或合同，意向书也就完成了它的任务。意向书不具备法律效力，对当事人没有任何约束力。

三、意向书的分类

意向书的具体类别较多，从不同的角度可以将意向书分为不同的类型。

(一)从意向书的签署形式上分

1.单签式。即由出具意向书的一方撰文、签署，文件一式两份。由合作一方在其副本上签章认可，交还对方，就算签署完成。

2.双签式。即联合签署式，在意向书上当事人同时签署，然后各执一份为凭，这种形式比较郑重。有些重要意向书的订立还举行签字仪式，但其效力与其他形式无异。

3.换文式。这是当事人以交换信件的方式来表达合作意向，形式与外交上的"换文"相似。

(二)从合作双方所享有的权益和承担的义务分

1.具有"双方契约"和"有偿合同"性质的意向书。即签订双方或多方既享有一定的权利，也承担一定义务。

2.具有"单方契约"和"无偿合同"性质的意向书。即只有一方单独承担某种义务。

四、意向书的基本写法

意向书表达形式与合同书相似，有条文式、表格式和综合式。

意向书的基本结构包括标题、首部、正文、尾部，与合同书的结构形态实质相同。

(一)标题

意向书的标题有三种写法：

1.用文种作标题，将"意向书"三字居中写在上方，这是意向书常用的标题形式。

2.根据协议的性质或内容确定标题，如"养老院技术引进意向书"、"横向经济联营意向书"等。

3.公文式标题，由当事人名称、事由、文种构成，如"××市×老年大学与×养老院关于联合发展老年产品研发的意向书"。

(二)首部

首部要写明签订意向的单位或个人的名称，有时在名称后用括号注明甲乙方。当事人名称的排列顺序有三种形式：一是左右并列；二是上下分列；三是前后连写。

(三)正文

正文的基本结构分为开头、主体、结尾三部分。开头一般简明扼要地说明签订意向书的目的、遵循的原则以及达成什么方面的意向等，然后用"现达成意向如下"或"经友好协商，签订本意向书"等惯用语过渡到正文主体。主体展开意向的基本内容，把协商一致的意见列举出来。意向书既可用段落形式表述，也可用条款形式分条列项来表述。结尾写明意向书的份数，各方或有关单位(个人)存执情况，有效期限以及必要的说明等。

(四)尾部

尾部填写当事人名称、代表人签名、加盖印章、注明签署时间和地点等。意向书的写作内容要具体，条款要明确，用词要准确。而且要体现平等互利的原则，语气要平等，态度要诚挚，以利于当事人进一步协商。

五、意向书的写作要求

1. 不要表现出我方对关键问题的要求。

(1)仅仅是表明双方对某个项目的意愿和趋向，而不是对该项目的完全确认；

(2)对项目中的关键问题的要求，不宜写入，以便在下一步洽谈时，能进退自如，取得主动。

2. 不要写进超越我方工作范围的意向条款，也不要写入与我国现行政策和法规相抵触的内容。

3. 思考要周密，用词要准确，特别不要随便使用肯定性的词句；尤其是关系到双方权益的问题，务必慎用肯定性的词句，以便留有余地。

例文评析

【例文 7-3】

合作意向书

2019 年 3 月 3～5 日，香港×研究所(简称甲方)云××先生，与×养老院(简称乙方)李××先生，就双方共同合作养老院服务项目事宜，进行了洽谈，达成以下共识：

1. 双方对进一步探讨在养老院服务项目上的可行性深感兴趣。

2. 双方商定，乙方负责为该合作项目寻找厂址，甲方负责提供养老服务的最新技术。

3. 双方同意于 2019 年 5 月 5—8 日在西安进一步探讨投资的方式和比例，利润的分享，双方的权利与义务等问题。

××(签字)	李××(签字)
香港×研究所(章)	×养老院(章)
2019 年 3 月 5 日	2019 年 3 月 5 日

评析：

1. 这是一份合作意向书。

2. 正文简单交代写意向书的背景，以"达成以下共识"过渡到下文。

3. 议定的初步合作事项方向。

4. 合作双方的签名，加盖印章。

能力检测

根据下列材料写意向书。

某市玩具厂（甲方）和香港雅达玩具公司（乙方），经过友好洽谈，双方达成初步共识：

一、为了扩大玩具贸易，乙方要求甲方提供稳定生产的玩具厂，为乙方制作玩具，甲方同意在××县××镇建一间玩具厂。

二、乙方向甲方提供价值××万元的专用设备。

三、甲乙双方的贸易和来料加工业务，其价格、规格、交货日期等，均应连项签订合同。

四、乙方派员到甲方玩具厂进行技术辅导及质量监督，所需费用由乙方自己负担。

项目八　养老机构公文写作

学习目标

1. 知识目标

◆了解行政公文的基础知识，掌握行政公文的行文规则及格式要求

◆了解各类行政公文文种的概念、种类、特点和写法

2. 技能目标

◆能根据行文规则和格式要求拟写规范的行政公文，选择合适的文种

◆能用规范的格式拟写通知、通报、通告、请示、批复等行政公文

子项目一

公文概述

情境导入

随着业务的不断发展壮大，××养老院由一个单纯的小型老年机构逐步向集多个养老机构、养老产品的科研与开发一体的综合性养老集团有限公司转变。公司准备近期新上一个老年产品加工厂，但是，根据国家有关规定，新建工厂需要得到当地政府环保部门的批准。公司经理李×正好认识公司所在地环保局的局长吴×，他就给吴局长打电话，要求吴局长帮忙。吴局长说，养老集团有限公司必须有一个书面的材料报上来，环保局再根据养老集团有限公司的申请材料组织相关的专家进行环境影响评价，然后才能决定是否批准这个项目。经理李×感到有点迷惑，他叫来秘书王×，要求王×解决以下三个问题：

1. ××养老集团与当地环保局之间是一种什么样的行文关系？
2. 如果向环保局行文的话，应该选择什么样的行文方式？
3. 选择什么文种给当地环保局行文？

假如你就是秘书王×，请书面列出上述三个问题的解决方案。

知识归纳

一、公文的概念、特点、种类及作用

(一)公文的概念

公文是指"行政机关在行政管理过程中形成的具有法定效力和规范体式的文本"。党政机关公文是党政机关实施领导、履行职能、处理公务的具有特定效力和规范体式的文书，是传达贯彻党和国家的方针政策，公布法规和规章，指导、布置和商洽工作，请示和答复问题，报告、通报和交流情况等的重要工具。它包括了决议、决定、命令、公报、公告、通告、意见、通知、通报、报告、请示、批复、议案、函、纪要，共15种。

(二)公文的特点

1. 公文由法定的作者制作和发布。公文的法定作者是指依法成立并能以其名义行使权力和承担义务的各级各类行政机关；公文主要以行政机关的名义发布，有时也可以以机关法人的名义发布。

2.公文具有法定权威性与行政约束力。公文是行政机关集体智慧与思想的集中体现，代表某个机关的意图与要求，受文单位必须认真学习、贯彻执行。在此意义上具有很强的权威性和约束力，有令必行、有法必依。

3.公文有特定的读者与使用范围。公文的特定读者必须是具有法人资格的文件收受单位。标有密级程度的公文，要求读者严格遵守保密规定，不得泄露机密。

4.公文有规范的格式与处理程序。公文均有特定格式，也称"公文体式"。如文件用纸的纸型、尺寸、编号、书写格式，文件的结构安排，有统一要求。公文的使用、行距大小，都有特定规格，为了维护公文的权威性、严肃性，公文在制发上要履行法定的处理程序。

(三)公文的种类

公文有多种分类方法。

1.按用途分，即《党政机关公文处理工作条例》(以下简称《条例》)规定的 15 种。

2.按行文方向分，有 3 类。

①上行文。即下级机关向上级机关呈送的公文，如报告和请示。

②下行文。即上级机关向下级机关发送的公文。如命令、决定、通知、通报、通告、批复等。

③平行文。即不相隶属机关之间相互往来的公文，如函。

3.按阅知范围划分，也有 3 类。

①秘密公文。涉及党和国家秘密的公文，在一定时期内需要限定阅知范围并保守秘密，共分三个等级："绝密""机密"和"秘密"。秘密公文应当标注密级。

②内部公文。在机关或单位内部使用的公文，也称普通公文，一般不对外公布。

③公布公文。需要向国内外宣布或在一定范围内公布的公文。

4.按缓急时限划分，有 2 类。

①紧急公文。需要紧急送达和办理的公文。紧急公文应表明紧急程度："特急"、"急件"(紧急电报分为"特提""特急""加急""平急")。

②常规公文。又称平件公文，按常规送达和办理的公文。大部分公文都属此类。

(四)公文的作用

1.指导宣传作用

行政机关运用行政公文对下级单位实行领导和监督，对整个工作过程进行有效调控，不断适应客观环境变化，保证社会围绕既定决策目标运转。上级机关通过公文，讲清工作意义，使人们提高认识，规范和制约社会行为，把党和政府的意图变为干部群众的自觉行动。

2.联系作用

公文是党和国家各级机关上下有序地开展工作所必不可少的文件。如上级批复请求事项，发出情况通报，让下级了解全局情况；下级机关向上级机关汇报工作、反映情况、请示问题，以便上级掌握基层工作进程和动向，等等。

3.行政依据

公文反映制发机关的意志，具有行政约束力，上级可以根据下级公文来了解各方信息，作为决策和指导工作的依据，下级机关根据上级的行文部署和开展工作、处理和解决问题的依据。不相隶属机关来往的公文也是处理问题、商洽工作、查核事实的依据和凭证。

二、公文的语言要求

公文语言具有明晰、准确、简朴、庄重的特点，为了体现公文语言这特有的特点，在具体用语行文时，必须符合下列要求。

1. 适当使用文言词语和文言句式

公文应当适当使用诸如"业经""悉""兹""兹有""特""为""依""逾""其""亦""以""尚""之""该""予""此"等文言文词语言句式，有利于增强公文的庄重性。如函："以上各项，如蒙同意，迅即互派主管人员就有关问题进一步磋商，以达成协议。特此函达。务希研究见复。"此文中的"悉""以""蒙""迅即""特此函达""务希"等均为文言。由于在文中用了六个文言词语，仅 11 个字，就表达了需 20 多字才能表达的同样意思。可见文言词语容量之大，内涵之丰富。体现出公文语言的简洁凝练，要言不烦，意尽言止的特色。

2. 恰当使用公文特定专用语

由于行文和处理程序的需要，公文逐渐形成公文特定用语。含义确定，使用频率很高。或在结构上起开端，导向过渡，收束全文；或在意向上提出请示，表示盼望。或在语意上表示郑重、强调；能效地增强行政公文简明、庄重的语体风格。

3. 用好介词结构

为能准确地说明事物的时间、地点、方向、条件、目的、方式、依据等，公文经常使用含介词结构的句式。例如，公文标题中一般都会出现介词"关于"的介词结构，用以提示和限定公文涉及的内容范围。

三、公文的基本格式

1. 版头

置于公文首页红色反线以上的各要素统称公文版头。版头包括：公文份数序号、秘密等级和保密期限、紧急程度、发文机关标识、发文字号、签发人。

(1)份号：公文印制份数的顺序号，即将同一文稿印刷若干份时每份公文的顺序编号。涉密公文应当标注份号。置于版心左上角第一行，用阿拉伯数字。

(2)秘级和保密期限：密级分为绝密、机密和秘密；保密期限是对公文秘密等级时效规定的说明。置于版心右上角第一行，两字之间空一字。

(3)紧急程度：是对公文送达和办理的时限要求。根据紧急程度，标注"特急""加急"；紧急电报分为"特提""特急""加急""平急"。置于版心右上角第一行，两字之间空一字。公文同时标识秘密等级与紧急程度，秘密等级顶格标识在版心右上角第一行，紧急程度顶格标识在版心右上角第 2 行。

(4)发文机关标识：发文机关标识表明公文的作者，他是发文机关制作公文时使用的、规范板式的文件版头，通常称"文头"。由发文机关全称或规范化简称后加"文件"组成，居中红色套印在文件首页上端。联合行文时，发文机关标志可以并用联合发文机关名称，也可以单独用主办机关名称，"文件"二字置于发文机关名称右侧，上下居中排布。

(5)发文字号：发文字号是发文机关按照发文顺序编排的顺序号。由发文机关代字、年份和序号组成。置于发文机关标识下空两行，居中排布。年份、序号用阿拉伯数码标识；年份应标全称，用六角括号"〔 〕"括入；序号不编虚位（即1不编为001），不加"第"字。联合行文使用主办机关的发文字号。

发文字号之下4 mm处印一条与版心等宽的红色反线。

(6)签发人：签发人是在上报的公文中批准签发的领导人姓名，只用于上行文。平行排列于发文字号右侧。发文字号居左空1字，签发人姓名居右空1字；签发人用3号仿宋体字，签发人后标全角冒号，冒号后用3号楷体字标识签发人姓名。如有多个签发人，主办单位签发人姓名置于第1行，其他签发人姓名从第2行起在主办单位签发人姓名之下按发文机关顺序依次顺排，下移红色反线，应使发文字号与最后一个签发人姓名处在同一行并使红色反线与之的距离4 mm。

2.公文主体部分

置于公文首页红色反线（不含）以下至抄送机关（不含）之间的各要素统称主体。包括：标题、主送机关、正文、附件说明、发文机关署名、成文日期、印章、附注、附件。

(1)公文标题：即对公文主要内容准确、简要的概括。由发文机关名称、事由和文种组成。除法规名称加书名号外，一般不用标点符号。位于红色反线下空两行，用2号小标宋体字，可分一行或多行居中排布；回行时，要做到词义完整，排列对称，间距恰当。

(2)主送机关：是指要求公文予以办理或答复的主要受理机关，应当使用机关全称、规范化简称或者同类型机关统称。标识在标题下空一行，左侧顶格3号仿宋体字标识，回行时仍顶格。最后一个主送机关名称后标全角冒号。

(3)公文正文：公文正文表述公文的具体内容。通常分导语、主体和结束语。在主送机关下一行，每自然段左空2字，回行顶格，数字、年份不分行。正文以3号仿宋体字，一般每面排22行，每行排28字。文中如有小标题可用3号小标宋体字或黑体字。

(4)附件说明：公文附件的顺序号和名称。公文如有附件，在正文下空一行左空2字用3号仿宋体字标识"附件"，后标全角冒号和名称。附件如有序号使用阿拉伯数码（如"附件：1.××××"）；附件名称后不加标点符号。

(5)发文机关署名（从2012年7月1日起）：署发文机关全称或者规范化简称。

(6)成文时间：指公文生效的时间。署会议通过或者发文机关负责人签发的日期。联合行文时署最后签发机关负责人签发的日期。标识在正文之下，空两行右空4字。用汉字将年、月、日标全；"零"写为"○"。

(7)印章：公文中有发文机关署名的，应当加盖发文机关印章，并与署名机关相符。有特定发文机关标志的普发性公文和电报可以不加盖印章。联合上报的公文，由主办机关加盖印章，联合下发的公文，发文机关都应加盖印章。

单一机关制发的公文在落款处不署发文机关名称，只标识成文时间。加盖印章应上距正文 2～4 mm，端正、居中、下压成文时间，印章用红色。

当印章下弧无文字时，采用下套方式，即仅以下弧压在成文时间上；当印章下弧有文字时，采用中套方式，即印章中心线压在成文时间上。

当联合行文需加盖两个印章时，应将成文时间拉开，左右各空 7 字；主办机关印章在前；两个印章均压成文时间，印章用红色。只能采用同种加盖印章方式，以保证印章排列整齐。两印章间互不相交或相切，相距不超过 3 mm。

当联合行文需加盖 3 个以上印章时，为防止出现空白印章，应将各发文机关名称（可用简称）排在发文时间和正文之间。主办机关印章在前，每排最多排 3 个印章，两端不得超出版心；最后一排如余一个或两个印章，均居中排布；印章之间互不相交或相切；在最后一排印章之下右空 2 字标识成文时间。

当公文排版后所剩空白处不能容下印章位置时，应采取调整行距、字距的措施加以解决，务必使印章与正文同处一面，不得采取标识"此页无正文"的方法解决。

（8）附注：是需要说明的其他事项，如公文的发放范围、使用时注意的事项、联系人及联系方式等。公文如有附注，用 3 号仿宋体字，居左空 2 字加圆括号标识在成文时间下一行。

（9）附件：公文正文的说明、补充或者参考资料。附件应与公文正文一起装订，并在附件左上角第 1 行顶格标识"附件"，有序号时标识序号；附件的序号和名称前后标识应一致。如附件与公文正文不能一起装订，应在附件左上角第 1 行顶格标识公文的发文字号并在其后标识附件（或带序号）。

3. 公文版记部分

置于抄送机关以下的各要素统称为版记。包括：抄送机关、印发机关和印发日期。

（1）抄送机关：指除主送机关外需要执行或知晓公文的其他机关。公文如有抄送，在主题词下一行；左空 1 字用 3 号仿宋字体标识"抄送"，后标全角冒号；抄送机关间用逗号隔开，回行时与冒号后的抄送机关对齐；在最后一个抄送机关后标句号。

（2）印发机关和印发时间：印发机关是印制公文主管部门，印发时间是公文的付印时间。位于抄送机关之下（无抄送机关在主题词之下）占 1 行位置；用 3 号仿宋体字。印发机关左空 1 字，印发时间右空 1 字。印发时间以公文付印的日期为准，用阿拉伯数码标识。

（3）版记中的反线。版记中各要素之下均加一条反线，宽度同版心。

子项目二
拟写通知

情境导入

为充分调动职工干事创业的积极性，"温馨家园"托老所最近在进行人事分配制度改革。2022年3月17日（星期四），所内决定就人员编制于下午6点钟召开各部门负责人参加的紧急会议。早上8：30，新来的秘书写作的会议通知内容如下。

会议通知

各部门领导：

定于周四下午6点召开会议，讨论人员编制等问题，和职工每个人都关系密切，会议非常重要，请有关人员务必准时出席。

2022年3月17日

可是到了下午6点钟，迟迟不见有人前来开会。所长一查看原因，原来责任在于此份通知的写作出了问题。

那么，如何写出一份规范的会议通知呢？

知识归纳

一、通知的适用范围

《条例》规定，通知"适用于发布、传达要求下级机关执行和有关单位周知或者执行的事项，批转、转发公文"。

二、通知的分类

1. 指示性通知

指示性通知用于传达上级机关有关指示，要求下级机关贯彻执行。撰写这种通知要写清发文依据、目的或意义，有时要交代行文背景材料，以增强文件的现实针对性。

2. 事务性通知

事务性通知主要用于一般性事务，在具体的层面做工作的指导，告知人们办什么事，在哪里办，何时办理，如何办理。

3. 规定性通知

规定性通知属于郑重严肃的需要执行的下行文种，无须讲什么道理，比较注重规定特定事项。

4. 知照性通知

知照性通知使用频率多，主要用于告知某一事项或某些信息。交代临时布置任务、检查任务完成情况、成立或撤销机构、节假日放假安排等事项。

5. 发布性通知

发布性通知主要用于发布行政法规、规章。内容重要，命令性、规定性强。要求收文单位贯彻执行。

6. 批转性、转发性通知

批转性通知的上级机关对下级机关发文审批之后的一种转发行为。转发性通知是用于转发上级机关和不相隶属机关的公文给所属人员。让他们周知或执行。

7. 会议通知

用于向有关单位或人员告知开会的事项。要写明会议时间、地点、议题及会议要求等。

8. 任免通知

上级机关宣布下级机关的人员任免时使用。

三、通知的特点

1. 作者的广泛性。在行政公文文种中，通知是不受机关性质、级别的限制。制发通知，不像命令、公告等文种那样受级别等方面的严格限定，各级机关、团体和事业单位均可使用。

2. 使用的频繁性。在公务活动中，问题无论大小，均可以使用通知。

3. 写作的灵活性。不同类型的通知在写法上各不相同。在篇幅上，有的长达数千字，有的只有十几个字。

四、通知的写作方法

通知由版头、主体、版记三部分组成。

(一)版头及版记

版头主要由发文机关标志及版头中的红色反线组成。版记只有一条分割线。

(二)主体

通知的主体由份号、紧急程度、标题、主送机关、正文、落款组成。有的通知在成文日期后还有附件等内容。

1. 标题

通常情况下，标题的三要素要齐备，即通知的标题为：发文机关名称＋发文事由＋文种；内部会议通知、聘任通知等可以使用部分标题形式。

2. 主送机关

即收文单位，位于标题之下、正文之前，左侧顶格书写。

3. 正文

通知的正文部分是文章的核心部分，不同类型的通知其主体内容也不相同。要根据实际情况确定正文的写法。

(1)指示性通知的写法

指示性通知的正文主要由通知缘由及应知事项和要求(希望)三部分组成。

通知缘由主要写明通知的主要依据、原因、背景和意义等。如针对工作中存在的问题、根据有关会议精神、依据某项方针政策等，简洁地说明通知的针对性和目的性。其次要阐明通知的意义，以起下级机关和有关人员的重视。这部分内容要简练。应知事项部分是指示型通知的主题，其主要功能是交代工作任务、阐明具体措施，指出工作时应该注意的问题等。一般采用应分或分段写法。这部分内容要写得明确具体。要求(希望)部分一般较为简单，常用"本通知自下发之日起执行""以上通知，望遵照执行"等惯用语结尾。也有的通知这部分省略不写。

(2)事务性通知的写法

事务性通知的正文由三部分组成：首先写发通知的依据或目的，其次写具体事项，最后写执行要求。写事项时，可将具体内容一项一项列出，并写清楚要求、措施、办法等。

(3)规定性通知的写法

正文可开门见山、简洁明了地提出规定的具体事项。要求下级机关认真贯彻执行。行文较为单一。

(4)知照性通知

正文一般用简练的文字写明所要知照的具体事项即可，有的也可以写出行文的目的和依据。

(5)发布性通知

正文分为两部分：一是写印发文件的目的、点名发布对象。有的在点名发布对象的同时，还要表明发文机关对所发布对象的态度。通常用"现发布……""现将……印发你们"等句式。二是提出执行要求。如"遵照执行""参照执行""定点试行""酌情施行"等。

(6)批转性、转发性通知

正文部分包括两部分：第一部分写清所批转或转发文件的名称，表明态度，做出批语，第二部分简要说明政策性的规定或者要求，有的也可不写第二部分。

(7)会议通知

会议通知的正文要求交代齐全。包括：一是召开会议的原因或者意义。二是会议的时间和地点，会议时间包括报到和会期，地点有报到地点和开会地点，都要写清楚。三是会议的内容和议程。四是参会的单位与人员。五是与会人员的准备工作。六是其他相关注意事项。如交通安排、食宿接待、联系方式等。

(8)任免通知

写作较为简单，先写任免的依据，如："经会议研究决定""根据工作需要"，写清任免人员的姓名和具体职务。

4. 落款

落款包括发文机关和发文日期。

例文评析

【例文8-1】

关于做好政府购买养老服务工作的通知

财社〔2014〕105 号

各省、自治区、直辖市、计划单列市财政厅（局）、发展改革委、民政厅（局）、老龄办，新疆生产建设兵团财务局、发展改革委、民政局、老龄办：

为贯彻党的十八届三中全会关于推广政府购买服务的战略部署，落实《国务院关于加快发展养老服务业的若干意见》（国发〔2013〕35 号）和《国务院办公厅关于政府向社会力量购买服务的指导意见》（国办发〔2013〕96 号），加快推进政府购买养老服务工作，现就有关问题通知如下：

一、把握政府购买养老服务的基本原则

（一）坚持需求导向，注重创新机制。以老年人基本养老服务需求为导向，将政府购买服务与满足老年人基本养老服务需求相结合，重点安排与老年人生活照料、康复护理等密切相关的项目，优先保障经济困难的孤寡、失能、高龄等老年人的服务需求，加大对基层和农村养老服务的支持，并逐步拓展政府购买养老服务的领域和范围。立足各地经济社会发展实际，积极探索，不断创新政府购买养老服务机制，改进购买服务的方式方法。

（二）坚持政府引导，培育市场主体。政府要加强对购买养老服务的组织领导、制度设计、政策支持、财政投入和监督管理。充分发挥市场配置资源的决定性作用，将推进政府购买养老服务与逐步使社会力量成为发展养老服务业的主体相结合，与培育专业化养老服务组织相结合，按照公开、公平、公正原则，坚持费随事转，通过竞争择优的方式选择承接政府购买养老服务的社会力量，确保具备条件的社会力量平等参与竞争。

（三）坚持规范操作，注重绩效评估。明确各方责任、权利和义务，建立以项目申报、项目评审、资质审核、组织采购、合同签订、项目监管、绩效评估等为主要内容的规范化购买流程，有序开展工作。加强绩效管理，建立评估机制和动态调整机制，降低成本，提高效率，增强政府购买养老服务的针对性和有效性。

（四）坚持体制创新，完善政策体系。要做好相关政策的完善和相互衔接，推进政事分开、政社分开，坚持与事业单位改革相衔接，推进管办分离，放开市场准入。凡社会能够提供的养老服务，尽可能交给社会力量承担。要及时总结行之有效的管理办法和政策措施，尽快形成各方衔接配套、操作性强的政府购买养老服务政策体系。

二、明确政府购买养老服务的工作目标

"十二五"时期，政府购买养老服务工作有序推开，相关制度建设取得有效进展。到 2020 年，基本建立比较完善的政府购买养老服务制度，促进形成与经济社会发展相适应、高效合理的养老服务资源配置机制和供给机制，支持和参与养老服务的社会氛围更加浓厚，养老服务水平和质量显著提高，推动建成功能完善、规模适度、覆盖城乡的养老服务体系。

三、积极有序地开展政府购买养老服务工作

（一）明确购买主体。政府购买养老服务的主体是承担养老服务的各级行政机关和参照公务员法管理、具有行政管理职能的事业单位。纳入行政编制管理且经费由财政负担的群团组织，也可根据实际需要，通过购买服务方式提供养老服务。

（二）界定承接主体。各地可根据国办发〔2013〕96号文件确定的原则和养老服务的要求，规定承接主体的具体条件。购买工作应按照政府采购法律制度规定，根据服务项目的采购需求特点，选择适用采购方式确定承接主体，严禁转包行为。

（三）确定购买内容。政府购买养老服务内容应突出公共性和公益性，按照量力而行、尽力而为、可持续的原则确定。各地要全面梳理现行由财政支出安排的各类养老服务项目，凡适合市场化方式提供、社会力量能够承担的，应按照转变政府职能要求，通过政府购买服务方式提供方便可及、价格合理的养老服务。要根据养老服务的性质、对象、特点和地方实际情况，重点选取生活照料、康复护理和养老服务人员培养等方面开展政府购买服务工作。在购买居家养老服务方面，主要包括为符合政府资助条件的老年人购买助餐、助浴、助洁、助急、助医、护理等上门服务，以及养老服务网络信息建设；在购买社区养老服务方面，主要包括为老年人购买社区日间照料、老年康复文体活动等服务；在购买机构养老服务方面，主要为"三无"（无劳动能力，无生活来源，无赡养人和扶养人或者其赡养人和扶养人确无赡养和扶养能力）老人、低收入老人、经济困难的失能半失能老人购买机构供养、护理服务；在购买养老服务人员培养方面，主要包括为养老护理人员购买职业培训、职业教育和继续教育等；在养老评估方面，主要包括老年人能力评估和服务需求评估的组织实施、养老服务评价等。

各地要根据养老服务的项目范围，结合本地经济社会发展水平、财政承受能力和老年人基本服务需求，制定政府购买养老服务的指导性目录，明确服务种类、性质和内容，细化目录清单，并根据实际情况变化，及时进行动态调整。对不属于政府职责范围内的服务项目，政府不得向社会力量购买。

（四）规范服务标准。各地应根据所购买养老服务的项目特点，制定统一明确、操作性强、便于考核的基本服务标准，方便承接主体掌握，便于购买主体监管。购买主体要及时对服务标准的执行情况进行梳理，总结经验，逐步完善服务标准体系。

（五）提供资金保障。政府购买养老服务资金在现有养老支出预算安排中统筹考虑。对于新增的养老服务内容，地方各级财政要在科学测算养老服务项目和补助标准基础上，列入同级财政预算。

（六）健全监管机制。各地要加强政府购买养老服务的监督管理，完善事前、事中和事后监管体系，要严格遵守相关财政财务管理规定，确保政府购买养老服务资金规范管理和使用，不得截留、挪用和滞留。购买主体要严格按照政府购买服务的操作规程，公平、公正、公开选择承接主体，建立健全内部监督管理制度，按规定公开购买服务相关信息，自觉接受社会监督。承接主体应健全财务制度，严格按照服务合同履行服务任务，保障服务数量、质量和效果。服务完成后，购买主体应委托第三方独立审计机构对金额较大、服务对象较多的项目进行审计，并出具审计报告。

（七）加强绩效评价。各地要建立健全由购买主体、养老服务对象以及第三方组成的综合评审机制，加强购买养老服务项目绩效评价。在绩效评价体系中，要更侧重受益对象对养老服务的满意度评价。政府购买养老服务的绩效评价结果要向社会公布，并作为政府选择购买养老服务承接主体、编制以后年度政府购买养老服务项目与预算的重要参考依据，建立承接主体的动态调整机制。

四、落实政府购买养老服务的工作责任

各地要高度重视政府购买养老服务工作，要建立健全政府统一领导、财政部门牵头、民政等有关职能部门协同、社会广泛参与的工作机制。财政部门和其他政府职能部门要加强对不同地区、不同项目、不同服务的分类指导工作，定期研究政府购买养老服务的重要事项，及时发现、研究和解决工作中出现的问题。同时，要充分利用各种宣传媒体，广泛宣传实施政府购买养老服务工作的重要意义、主要内容、政策措施，充分调动社会参与的积极性，为推进养老服务工作营造良好的舆论氛围。

财政部

国家发展改革委员会（章）

民政部

全国老龄工作委员会办公室

2014 年 8 月 26 日

评析：

1. 这是一则指示性通知，是上级机关就某项工作对下级机关有所指示和安排。
2. 标题采用"事由＋文种"的形式。
3. 主送机关顶格书写，均为财政部等的下属机关、部门。
4. 正文开头，交代发文目的和依据。以"现将有关问题通知如下"过渡到下文。
5. 通知正文主体部分事项以条款式进行发布。
6. 落款注明发文单位、发文日期，并加盖印章。

【例文 8-2】

关于协助开展

"全国农村养老服务调查"的通知

各省（自治区、直辖市）民政厅（局）、新疆生产建设兵团民政局社会福利和慈善事业促进处（老龄处）：

为了更好地服务社会主义新农村建设，了解农村养老服务现状和农民养老服务需求，为政府决策提供依据和第一手资料，我司决定继续依托教育部人文社会科学重点研究基地——华中师范大学中国农村研究院，在全国范围内抽样调查 261 个村庄，同时，再选取抽样所在县（市、区）1 个新型农村社区进行社区养老服务调查，以研究农村社区化建设过程中的养老服务问题。此次调查将由中国农村研究院安排调查员进行问卷调查和深度访谈。请你们及时通知抽样村庄所在地的县(市、区)民政部门,尽力为调查员开展调查工作提供便利和支持。

附件:

1. 农村养老服务调查点名单

2. 农村养老服务调查负责人名单

民政部社会福利和慈善事业促进司(章)

2014 年 5 月 28 日

(资料来源:http://www.mca.gov.cn/article/zwgk/tzl/? 3)

评析:

1. 这是一则知照性通知。主要用于告知某一事项或某些信息的通知。

2. 标题采用"事由+文种"的形式。

3. 正文开头,阐述发文原因。通知事项简洁文字予以说明。

4. 正文内容放在 2 个附件里详细说明。

5. 落款注明发文单位、发文日期,加盖印章。

【例文 8-3】

关于开展"我与老干部心连心"
主题征文活动的通知

各省辖市委老干部局,省直各单位、省管高校(企业)、中央驻×省单位离退休干部工作处:

为深入推进党的群众路线教育实践活动,树立全省老干部工作者先进典型,展现老干部工作者靓丽风采,决定结合省委老干部局近期开展的"党群心连心,共筑中国梦"活动,即日起在全省老干部工作者与见证者中间开展"我与老干部心连心"征文活动。来稿将在××省老干部工作网和××省法制报《今安康老龄周刊》专栏刊发。

征文活动相关事宜:

一、内容要求:真实,生动感人,积极向上。

二、体裁不限。

三、截止时间:2021 年 12 月 31 日。

四、凡被采用稿件,待征文活动结束集中评奖,并颁发获奖证书。

五、来稿方式:

1. 书面稿件一式两份,分别寄××市郑汴路 136 号省检察院综合楼 1017 室和××市金水路 105 号省委老干部局调研处。

2. 电子投稿信箱:××省法制报 76749366@qq.com、省委老干部局调研处 hnlgb-jdyc@126.com。

3. 来稿请标明作者姓名、工作单位及联系电话。

联系电话:0371—65902502 0371—86178096

省委老干部局联系人:王× 高× 郭×

××省法制报社联系人：黄×　于×　宋×

中共××省委老干部局（章）
2021 年 11 月 8 日

评析：

1. 这是一则事务性通知。主要用于一般性事务，在具体的层面做工作的指导。
2. 标题采用"事由＋文种"的形式。
3. 主送机关为中共××省委老干部局的业务下级机关。
4. 正文开头，简述发文目的。
5. 通知要求以条款式进行发布。
6. 落款处注明发文单位、发文日期、印章。

【例文 8-4】

北京市人民政府

关于陈××、李××同志职务任免的通知

京政发〔2012〕33 号

各区、县人民政府，市政府各委、办、局，各市属机构：

经 2012 年 9 月 23 日北京市第十五届人民代表大会常务委员会第三十九次会议决定：

任命陈××为北京市×××主任。

免去李××的×××主任职务。

北京市人民政府（章）
2012 年 10 月 11 日

评析：

1. 这是一则人事任免通知。标题采用"发文机关＋事由＋文种"的形式。
2. 正文开头交代任免的依据，主体说明任免事项。
3. 落款注明发文单位、时间和印章。

【例文 8-5】

国务院办公厅转发扶贫办等部门关于做好
农村最低生活保障制度和扶贫开发政策
有效衔接扩大试点工作意见的通知

国办发〔2010〕31 号

各省、自治区、直辖市人民政府，国务院各部委、各直属机构：

扶贫办、民政部、财政部、统计局、中国残联《关于做好农村最低生活保障制度和扶贫开发政策有效衔接扩大试点工作的意见》已经国务院同意，现转发给你们，请认真贯彻执行。

国务院办公厅（章）
二〇一〇年五月七日

评析：

1. 这是一则转发类通知。标题为"批转机关＋原发文机关＋事由＋文种"的形式。

2. 主送机关为国务院办公厅的下级机关。

3. 正文对转发内容作简要说明，具体转发内容附后，本例未列入。

4. 落款由发文机关、印章、发文时间组成。

【例文 8-6】

教育部办公厅关于召开全国教育系统
办公室主任会议的预通知

教办厅函〔2014〕22 号

各省、自治区、直辖市教育厅（教委），各计划单列市教育局，新疆生产建设兵团教育局，部属各高等学校：

为落实全国政府系统秘书长和办公厅主任会议部署，推进新形势下教育系统办公室工作，拟于今年 6 月中下旬召开全国教育系统办公室主任会议，现就有关事项通知如下：

一、出席人员：各省、自治区、直辖市教育厅（教委）办公室主任，各计划单列市教育局、新疆生产建设兵团教育局办公室主任，各直属高校办公室主任。

二、请各与会单位提交一份书面经验交流材料。要求紧密结合本单位的工作实际，围绕工作重点，展示工作亮点，突出新思路、新举措，可重点围绕新形势下办公室工作如何深化巩固教育实践活动成果，加快转变工作职能和工作作风，做好信息公开、督查督办、值班应急、信息报送、公文处理、电子政务、教育信访、新闻宣传、自身建设等方面的工作，内容要重点突出，简明扼要，不面面俱到，字数控制在 3000 字以内，署单位名称。会议将确定部分单位作大会发言。

三、请各单位结合办公室业务工作提交 1～2 份具有创新性、代表性的规章制度。会议将制作规章制度选编。

四、请各单位于 2014 年 4 月 25 日前将书面经验交流材料和规章制度送教育部办公厅综合处，并将电子版材料发至联系人电子邮箱。

会议具体时间、地点及其他有关事宜另行通知。

联系人：庞金刚、陈余珍、张萍

联系电话：(010)66096833、66097956、66096329、66096831(传真)

电子邮箱：bgtzhc@moe.edu.cn

教育部办公厅（章）

2014 年 3 月 25 日

评析：

1. 这是一则会议通知。标题为"发文机关＋事由＋文种"的形式。

2. 主送机关为教育部的下级机关。

3. 正文首先写明召开会议的原因和依据。以"现通知如下"过渡到下文。

4. 具体写明参会人员、会议要求、联系方式等。

5. 标注发文机关、发文时间、印章。

能力检测

请以×市×民政局的名义向所辖区养老机构转发×市委宣传部关于学习实践科学发展观活动第三阶段工作实施意见的通知，发文时间是 2009 年 7 月 15 日。

子项目三
拟写通报

情境导入

独居的方老因脑梗死留下了后遗症，导致行动不便。为了让生活不能自理的老人得到良好的照顾，儿女们在征得老人同意后，将其送入×市区的一家养老院，并签订了入院协议书，约定养老院提供包括喂饭在内的24小时专门护理，护理等级为专三级。此后，老人的身体和精神状况明显有了改善，儿女们也都放宽了心。不料，2019年9月8日凌晨5时，养老院突然打来电话，称方老生命垂危。等到儿女们急匆匆地赶到医院，方老已因医治无效而死亡。急救病历中显示，老人系因面团堵塞气管导致死亡。其后，医院出具的死亡证明书中也载明，老人的直接死亡原因为窒息；促进死亡的因素为脑梗。

明明入住协议中约定有专人负责喂饭，为何老人还会噎着并导致死亡？儿女们一调查才知道，原来那天早上，由于人手不够，方老的护工要同时看护几个老人，因此就让他自己吃早饭，直到老人被噎着后，护工才从隔壁赶来。更让人气愤的是，这名护工连执业资质都没有。

请你以 ×市×民政局老龄办的名义拟写一份批评性通报。

知识归纳

一、通报的适用范围

《党政机关公文处理工作条例》中规定："通报适用于表彰先进、批评错误、传达重要精神和告知重要情况。"

二、通报的分类

通报从性质上可分为表彰性通报、批评性通报和情况性通报三种。

(一)表彰性通报

表彰性通报适用于表彰先进人物或先进集体，肯定取得的成绩，激发积极性。弘扬正气，宣传典型经验。

(二)批评性通报

批评性通报适用于批评所犯错误、揭露问题，使犯错误单位或个人受到应有的惩戒和处罚，纠正工作中的偏差。同时以该事件为反面典型，给其他单位与个人敲响警钟，达到惩戒、教育的目的。

(三)情况性通报

情况性通报适用说明情况，明确相关事宜，传达信息和精神，使收文单位和个人对所开展的工作有一个全局性、综合性的认识。情况性通报可以是宣传上级的指示或会议精神；可以针对日常事务中的某项工作或活动的进展情况及动向传达，可以是针对某一事件或事故说明其原因和过程。

三、通报的特点

(一)告知性

通报的内容，常常是把现实生活当中一些正反面的典型或某些带倾向性的重要问题告诉人们，能及时交流信息，上情下达。并能促使上下级之间、有关部门之间的相互了解。

(二)教育性

通报的目的是让人们接受先进思想的教育，或警戒错误，引起注意，接受教训。这就是通报的教育性。这一目的，不是靠指示和命令方式来达到，而靠的是正、反面典型的带动，真切的希望和感人的号召力量，使人真正从思想上确立正确的认识，知道应该这样做，而不应该那样做。

(三)典型性

通报涉及的对象，都是典型事项、典型人物和具有典型意义的重要情况。发文机关通过对这些人物、事件、情况的分析，总结经验教训，推动工作的开展。

四、通报的写作方法

通报由标题、主送单位、正文、落款组成。

(一)标题

通报的标题一般由发文机关、事由、文种三部分构成。其形式和通知的标题形式大致相同，也可以有三种形式，第一种为标准形式，即包含发文机关、发文事由、文种三要素；第二种省去发文机关，由事由和文种组成；第三种最为简单，只出现"通报"二字。这种标题是在通报内容比较简单、不作为正式文件发布、在机关内部使用的标题。

(二)主送单位

主送单位一般不得省略，普发性通报，可省略不写。主送单位可以是一个或多个，多个主送单位并存时按级别从高到低排列。

(三)正文

通报正文通常包括通报情况、情况分析评论、通报决定、具体要求和希望、结束语组成，要根据实际情况合理安排各部分所占比例，繁简得当。

1．表彰性和批评性通报正文通常由4部分组成

①通报事实。概括主要事实，概括介绍所通报的事件发生的时间、地点、有关人物或单位，说清楚何人，在哪里，什么时间，发生了什么事，经过怎样，直接原因是什么以及最后结果如何。叙述事例文字要详略得当。

②分析评论。针对通报事实中存在的问题进行剖析，解释其中实质性的问题，分析要切合实际，议论要有分寸。

③通报决定。对通报事件做出表彰或处罚决定。要写明决定的依据，即根据什么规定，经过什么会议讨论。

④提出号召要求。对收文单位或个人提出有针对性的要求或希望。一般分条列出，条理层次清晰。表彰性通报提出学习先进；批评性通报提出有关单位吸取教育、引以为戒的要求。

2情况通报的正文包括3个部分

第一部分是叙述有关情况。客观叙述事情的发生、发展的经过，有的还须交代工作的背景和目的。第二部分对有关情况进行分析。阐明所包含的意义及事务发展趋势。第三部分提出具体要求。

(四)落款

在正文右下方写出发文机关和成文时间，如果发文机关在标题中出现，此处可以省略不写。

例文评析

【例文 8-7】

关于全国散居孤儿最低养育标准执行情况的通报
民福善字〔2009〕39号

各省、自治区、直辖市民政厅(局)，新建生产建设兵团民政局：

为保障社会散居孤儿基本生活和成长发育需要，避免出现各地供养标准差距大、孤儿保障状况不平衡的现象，2009年2月19日，民政部办公厅下发了《关于制定孤儿最低养育标准的通知》(民办发〔2009〕4号)，提出全国统一的社会散居孤儿最低养育标准为每人每月600元。文件下发后，各地民政厅(局)予以高度重视，部分地区率先行动起来，对散居孤儿最低养育标准给予了落实。这些地方是：

天津市；河北省唐山市；廊坊市；山西省太原市；内蒙古自治区呼和浩特市新城区、达拉特旗、伊金霍洛旗、二连浩特市；吉林省前郭尔罗斯蒙古族自治县；黑龙江省克东县、大兴安岭地区；福建省福州市马尾区和罗源县、武夷山市、三明市梅列区、三元区、永安市、尤溪县、沙县和将乐县；江西省九江市浔阳区、庐山区、修水县、星子县、都昌县、彭泽县、经济技术开发区、瑞昌市和共青城开发区、景德镇市昌江区、珠山区和浮梁县、赣州市崇义县；山东省威海市；河南省荥阳市；广东省广州市、

深圳市、东莞市、佛山市高明区、惠州市龙门县和博罗县；广西壮族自治区防城港市、北海市海城区、钦州市钦州港经济开发区、灵川县；海南省万宁市；新疆生产建设兵团农二师。

希望地方各级民政厅局积极行动起来，科学谋划，努力争取，尽早落实孤儿养育标准，推动建立儿童福利制度。

附：《全国散居孤儿最低养育标准已落实地区表》

民政部社会福利和慈善事业促进司（章）
二○○九年十月二十日

评析：

1. 这是一份情况通报。标题采用"事由＋文种"形式。

2. 主送机关顶格书写。

3. 正文先写通报的原因，然后写明通报的事项。

4. 提出通报的要求。

5. 附件补充说明正文内容。

6. 落款。包括发文机关、发文时间、印章。

【例文8-8】

河南省人民政府办公厅
关于表彰2010—2011年全省政风行风建设
先进单位的通报
豫政办〔2011〕139号

各省辖市人民政府，省人民政府各部门：

2010—2011年，在省委、省政府的高度重视和正确领导下，全省参加民主评议的77个部门和行业以邓小平理论和"三个代表"重要思想为指导，认真贯彻落实科学发展观，紧密结合工作实际，加强政风行风建设，为推动中原经济区建设、构建和谐中原、促进中原崛起做出了贡献，涌现出了一批认真履行职能、群众满意度高、工作成绩突出的先进单位。

为表彰先进，经省政府同意，决定将政风行风建设综合考核成绩位列政府部门前20名的省工商局、国税局、地税局、人口计生委、财政厅、人力资源社会保障厅、公安厅、科技厅、质监局、司法厅、烟草专卖局、人行郑州中心支行、省通信管理局、农业厅、卫生厅、环保厅、广电局、林业厅、商务厅、审计厅和位列公共服务行业前10名的省电力公司、中国移动河南分公司、省邮政公司、建设银行河南省分行、中国银行河南省分行、工商银行河南省分行、中国联通河南省分公司、中国电信河南省分公司、河南人民广播电台、郑州新郑国际机场管理有限公司作为2010—2011年政风行风建设先进单位予以通报表彰。

希望受表彰的单位发扬成绩，再接再厉，为全省政风行风建设做出新的更大的贡献。各级、各有关部门和行业要向受表彰的单位学习，大力加强政风行风建设，增强服务意识，采取有效措施，狠抓工作落实，为全面建设小康社会、构建和谐中原做出新的贡献。

河南省人民政府办公厅（章）

二〇一一年十二月二十七日

评析：

1. 这是一则表彰性通报。标题采用"发文机关＋事由＋文种"的形式。

2. 正文第一段首先交代通报事项的背景。正文第二段说明发文目的与依据。

3. 结尾提出希望，发出号召。

4. 落款写明发文单位、发文日期，印章。

【例文 8-9】

教育部办公厅　国家卫生计生委办公厅
关于陕西、吉林两地个别幼儿园违规开展
群体性服药事件的通报

教体艺厅〔2014〕1 号

各省、自治区、直辖市教育厅（教委）、卫生计生委（卫生厅局），新疆生产建设兵团教育局、卫生局：

据报，陕西省西安市宋庆龄基金会枫韵幼儿园和鸿基祥园幼儿园、吉林省吉林市高新区芳林幼儿园违规给幼儿集体服用处方药品"病毒灵"，严重违反了《教育部办公厅、卫生部办公厅关于加强和规范学生健康服务工作管理的通知》（教体艺厅〔2009〕2号）的管理要求，造成严重的社会影响，有关部门正在依法依规进行查处。为防止类似事件再次发生，维护儿童身体健康，特予以通报并明确以下要求：

一、严格规范幼儿及中小学生健康服务管理。各地教育、卫生计生行政部门及幼儿园、中小学校必须按照有关文件规定，严格管理幼儿及学生健康服务工作。因常见疾病防治需要而组织幼儿及中小学生群体服药时，强化做到"五个"必须，即必须事先经医疗卫生专家论证，必须经县级以上卫生计生行政部门商同级教育行政部门同意并制订详细的防治方案，必须坚持学生和家长知情同意、自愿参加的原则，必须有卫生技术人员进行现场指导，必须向证照俱全的正规医药生产、经营企业购买药品。任何单位或个人不得擅自或越权组织幼儿及中小学生群体服药。

二、立即组织力量开展幼儿园及中小学校健康服务管理的拉网式排查。教育、卫生计生行政部门要密切配合，对幼儿园及中小学校落实健康服务管理有关文件情况进行排查，重点检查行政区域内幼儿园是否有违规组织幼儿群体服药的行为，并于 4 月 10 日前完成全部排查工作。对反映和暴露的问题，要认真核实查处，强化责任追究，严肃处理责任人，并通报查处结果。

请于 4 月 15 日前将排查和查处情况分别报送教育部体卫艺司和国家卫生计生委妇幼司。

教育部体卫艺司联系人：柴××

电话/传真：010－660961××

国家卫生计生委妇幼司联系人：徐××

电话：010－620306××

传真：010－620308××

教育部办公厅　国家卫生计生委办公厅（章）
2014 年 3 月 17 日

评析：

1. 这是一则批评性通报。标题采用"发文机关＋事由＋文种"的形式。

2. 正文第一段首先简述违规开展群体性服药事件，摆出事实；并简要分析评论，指出问题所在。以"特予以通报并明确要求"引出下文。

3. 正文第二、三段提出解决问题的具体办法和相应的要求。

4. 落款写明发文单位、发文日期，印章。

能力检测

1. 下面是某地区老龄委员会印发的通报节录，请细加分析，加以修改。

关于××县××乡养老院院长张×挪用养老经费私建住宅的通报

各县(市)人民政府、各县(市)教委：

据反映，××县××乡养老院院长张×，挪用养老院经费，为自己建造住宅，引起周围群众的强烈不满，纷纷写信揭发。地区老龄委员会组成调查组，进行了调查，证明群众揭发的问题是正确的。为了教育犯错误者，使之从中吸取教训，特将此事通报如下：（略）

2. 根据下面材料写两则通报。

(1)××养老院护理员张×，在护理老人过程中，态度粗暴。和老人不断发生争执，2014 年 3 月 12 日，在和×房间×床位老人发生口角，随手将老人李×推翻在地，导致李×骨折，李×家人纷纷来院理论，并要求养老院赔偿，院领导研究决定，给予护理员张×警告处分一次，并在全院予以通报批评。请代该校为此事写一篇通报。可适当补充所需素材。

(2)90 多岁的李老太在 2006 年签订了《××市养老机构老人入住协议书》，入住位于×区的一家养老院养老，24 小时有专人看护。2013 年 4 月 29 日夜里，李老太起床如厕，在无人搀扶的情况下跌倒在地，致右腿摔伤，经医院诊断为右下肢股骨骨折。养老院当夜值班人员为李×，但经调查，她并未到岗，才导致了此事件的发生。请你以×养老院的名义拟写一份通报。

子项目四
拟写通告

➡ 情境导入

　　2011 年 5 月郑州畅乐园老年公寓护工虐待老人的事件经媒体报道后，河南省民政厅高度重视，厅领导立即做出批示，要求厅老龄处立即派人调查情况，并责成郑州市民政局、郑州市中原区民政局将调查处理情况上报。省民政厅于 6 月 1 日发出通知，决定在全省范围内开展一次民办养老机构全面清理整顿工作。通知要求，各级民政部门要依法维护老年人权益、关注民生，重点解决民办养老机构出现的无证经营、虐待老人、服务质量不高等突出问题。对辖区内已取得社会福利机构证书的民办养老机构逐一分类、登记、造册，明确归属，实行分级管理体制，强化监管责任。尽快制定切合实际的民办养老机构监管办法，加大政务公开和人员培训力度。

　　请你以老龄办的名义，根据这次民办老年机构的清理整顿情况，拟写一份通告。下发全省老龄机构。

知识归纳

一、通告的适用范围

　　《条例》规定："通告，适用于在一定范围内公布应当遵守或周知的事项。"其发布形式一般采用广播、报刊、电视公布，也可以采用张贴和发文的形式。

二、通告的分类

(一)法规性通告

　　用以公布一定范围内有关单位和人员应当遵守的事项，它的规范性很强。其内容常常是有关的行业法规或行业规章。

(二)知照性通告

　　用以公布社会各有关方面需要周知的事项。其行文的重点在于一定范围内的告知明确，不在于提出具有约束力的要求和措施。

三、通告的特点

(一)普遍的告晓性

通告的内容要求广为周知，以使人们了解通告的事项，遵守通告的规定。没有保密要求，一般也没有固定的告晓对象。

(二)广泛的宣教性

通告的内容，往往涉及党和国家的路线、方针、政策，常有较强的法规和规范性。它的公布，本身就是一种宣传，对广大群众具有一定的教育作用。

(三)很强的约束性

通告的事项，有时是要求人们普遍地遵守的，否则会受到有关单位和人员的追究以至处罚，因此它同样具有很强的行政约束性。

四、通告的写作方法

通告在结构上，通常由标题、主送单位、正文、落款四部分组成。

(一)标题

通告的标题的写法：第一种是全标题形式，即由发文机关、事由和文种组成；第二、三种为部分标题形式，即由发文机关加文种或事由加文种组成；只标明"通告"，省略发文机关和事由。

(二)主送单位

一般情况下没有具体的收文机关，常常是通过公开张贴、广播、电视等媒体发布。

(三)正文

一般由通告的缘由、事项和要求三部分组成。

(1)通告缘由。缘由部分主要阐述发布通告的原因、根据、目的、意义等。常用"为……特此通告如下""根据……，决定……"等特定的承上启下句式。通常用"现将有关规定通告如下"等习惯用语过渡到事项部分。

(2)通告事项。事项部分是主体，主要是通告事项的具体内容，包括周知事项和执行要求。要写的明确具体，便于执行。如果内容单一，正文常采用篇段合一的结构形式。把通告的依据、目的事项、要求一一写清；如果内容较多，为了使层次清楚、条理分明，可采用分条列项的写法。结尾处一般用"特此通告"等习惯用语做结语，或是提出遵守施行本通告的希望和要求。

(四)落款

在正文右下方写明发文机关名称和发布通告的日期。

例文评析

【例文 8-10】

2014 年度城乡居民社会养老保险参保缴费工作通告

全县广大城乡居民：

根据《仙游县人民政府关于印发仙游县城乡社会养老保险制度一体化的实施办法的通知》(仙政文〔2013〕154 号)、《仙游县人民政府办公室关于认真做好 2014 年度城乡社会养老保险参保缴费工作的通知》(仙政办〔2014〕4 号)等文件规定，现将 2014 年度城乡居民社会养老保险(以下简称"城乡居民保")参保缴费工作有关事项通告如下：

一、参保缴费对象

1. 续保缴费对象。以往年度已缴纳了城乡居民保保费的人员(已领取待遇人员除外)。

2. 新参保缴费对象。已年满 16 周岁(不含在校学生)、不符合参加城镇职工基本养老保险条件的城乡非从业居民。

3. 补缴保险费对象。制度实施后未参保或参保后又中断缴费的 45～59 周岁的人员，必须从制度实施时起按年补缴保费，补缴年度不再享受政府缴费补贴。该部分人员需在待遇领取前办理补缴手续。

4. 缴费困难群体的身份认定以民政、计生、残联等部门提供的名单为准。

二、参保缴费时间

2014 年度城乡居民保的个人集中缴费时间为即日起至 3 月 31 日。

三、参保缴费标准

城乡居民保缴费档次设 100～3600 元共 36 个档，政府对参保人缴费给予补贴，补贴标准为每人每年 30～75 元，城乡居民自主选择档次缴费，原则上要求参保人选择一个缴费档次后要保持相对稳定，如确需改变缴费档次的，须填写《缴费变更表》。

四、参保缴费方式

城乡居民保参保缴费采取银行代扣方式，城乡居民(或委托他人)应在缴费截止日期前到就近的村级金融服务便民点、农行各营业网点、自助终端进行缴存，保险费足额存入参保人银行卡(不足额不代扣)，逾期不再收取年度保险费。

新参保人员必须先在所在村(居)办理参保手续，领取银行卡后再缴费；续保人员如果不改变缴费档次，可直接缴存保险费。

五、参保待遇

参加城乡居民保的城乡居民，年满 60 周岁，可按月领取养老金。养老金待遇由基础养老金和个人账户养老金组成，支付终身。

2014 年我县基础养老金标准由原先的每人每月 55 元提高到每人每月 70 元。年满 60 周岁的计生对象(指持有独生子女证、农村二女结扎户的夫妻)每月加发基础养老金 25 元；独生子女死亡或伤残、手术并发症和独生子女户、二女户屡患重大疾病的计生对象每月加发 100 元。

六、其他说明

以后每年城乡居民保个人集中缴费时间统一安排在当年度的 1～3 月。

特此通报

仙游县城乡居民社会养老保险

工作领导小组办公室(章)

二〇一四年一月一十七日

评析：

1. 这是一篇知照性通告，只是情况的告知，不具有约束力。标题采用"事由＋文种"的形式。

2. 正文发文缘由。一般写明发布通告的根据和意义，然后用"现将有关事项通告如下："开启下文。

3. 通告事项分条列项从六个方面告知具体情况。

4. 结尾用"特此通报"结束全文。

5. 落款。交代发文机关、成文日期及加盖印章。

能力检测

根据以下材料拟写一份通告。

××省民政厅、公安厅为了维护养老机构的正常秩序，保障广大老人的人身安全，保证养老机构的管理秩序顺利进行，发了一则通告。通告的具体内容为：没有经过养老机构允许，无关人员不可以随便进入养老机构。对那些寻衅滋事，严重破坏养老机构秩序的犯罪分子，要坚决打击，依法惩处。任何单位和个人不准随便侵占养老机构的土地以及附属设施，不准堵塞养老机构的道路，卡断养老机构的电路，强行从养老机构通过。禁止各种商贩到养老机构里或者在养老机构门口摆摊叫卖。严禁翻印、出售、传抄、传阅反动淫秽书刊和播放反动、黄色歌曲。这份通告要求在公布之日起正式实施，对违反本通告的人，经教育不听者，根据其情节轻重，将依法给予处理。通告发布日期为 200×年×月×日。

子项目五
拟写请示、批复

情境导入

××养老院隶属于××中医学院附属医院。近年来，由于养老院服务质量好，服务水平专业，获得了业内人士的好评与认可。使得养老院床位供不应求。就满足目前市场供应的需求来看，现在的养老院面积仍显得过小，养老服务设备也已比较落后。为了保证市场供应，××养老院计划立即对院内进行大规模扩建和改造。准备建成中心占地80余亩，设置床位200张，拥有养老及医疗用房两万余平方米，集养老、医疗、护理、康复、保健功能为一体，5星级服务，给予老人全方位的照顾；园区绿化率达50%，空气清新，环境优雅的养老院，经过认真的测算，全部扩建改造工程需要经费400万元。但是，××养老院目前自己只能筹集到130万元，因此希望自己的上级单位××中医学院附属医院能够拨给专项经费270万元予以支持。在这种情况下，××养老院就应该用请示行文来解决问题。××中医学院附属医院收到的××养老院请示后，经研究同意拨给专项经费270万元予以支持，并提出要规范运用专项资金，专款专用。

请你分别完成请示与批复的写作。

知识归纳

一、请示的基本概念

(一)适用范围

《条例》规定："请示，适用于向上级机关请求指示、批准。"

(二)请示的分类

1. 请求指示类请示

下级机关对上级机关的文件、政策的界限把握不准，向上级机关行文，请求上级机关给予指示或解释。

2. 请求批准类请示

这是请示中最普遍的一种。对于工作中遇到必须上级机关批准才能办理的事项，或本单位无权解决的问题，需要上级机关给予人力、物力、财力的支持的事项，请求上级机关的审核批准。

3. 请求解答类请示

解答类请示是下级单位对某个文件的理解存在疑问，对上级的某一个问题存在分歧，或者在工作中遇到不易解决的问题，请求上级机关的解答。

4. 请求批转类请示

下级机关在工作中对某事项提出的意见和解决方法，需要协同办理，请求上级机关批转在相关机关或部门范围内执行。

(三)请示的特点

1. 陈请性

请示是向上级机关请求指示和批准的公文，行文上要陈述情况、请求批准，行文内容具有请求性。

2. 单一性

一篇请示只能涉及一个问题或一件事情，即所谓的"一事一请示""一文一事。"内容集中、单一。

3. 期复性

请示的行文目的是请求上级机关指示、批准，做出明确答复。是公文中为数不多的双向对应文体之一。

4. 超前性

请示必须事前行文，等到上级机关答复后才能付诸行动，不能"先斩后奏"。

(四)请示的写作方法

一般由标题、主送机关、正文、落款等部分组成。

1. 标题

有两种写法，一是发文机关、事由和文种三要素组成的全标题式；一是省略发文机关，只有事由和文种。

2. 主送机关

只能有一个主送机关，为自己的直接上级机关。

3. 正文

请示的正文分三个部分：

(1)请示的缘由

请示缘由是请示的成败的关键所在。因此要用简明扼要的语言写清楚请示的原因、依据、背景。写得是否清楚、充分，直接关系到能否得到上级机关的支持、批准。

(2)请示的具体事项

请示事项是要求上级机关解决的问题这部分要写得明确、具体，上级机关才能做出恰当的答复。

(3)结语

常用的结束语有："请指示""特此请示，请批示""以上请示如无不妥，请批转有关单位执行""妥否，请批复"等。要注意根据请示种类使用相应的结束语。结束语一般在请示事项之后另起一行书写。

4.落款

写明发文机关、发文日期，加盖印章。

(五)请示的写作要求

1.请示应确有必要

凡属于自己职权范围内能处理的事情，应自行处理，不得事无巨细一概向上级请示。只有遇到新问题、新情况，现行政策无法解决，按照有关规定必须经请示批准后才能行动，或对重要的文件精神把握不准，或须经上级机关审批才可得到时，才向上级机关行文。

2.要一文一事

请示内容要求单一，必须就一件事或一个问题提出请示，不可数件事情一起请示。

3.请示只有一个主送机关

请示的主送单位只能有一个。受双重领导的单位请示时，要根据请示事项的性质确定主送哪一个上级机关，不能多头主送。

4.不能越级请示

请示与其他公文一样，一般不能越级请示，如需必要，要抄送越过的上级机关。

5.不抄送下级机关

按行文方向分，请示是上行公文，行文时，不得同时抄送给下级机关。以免造成工作上的混乱。

二、批复的基本概念

(一)适用范围

《条例》规定："批复，适用于答复下级机关的请示事项。"

(二)批复的分类

1.指导性批复

指导性批复政策性、指导性较强，对下级机关的请示事项提出指导性的意见，下级机关需要严格按照批复内容执行。

2.批准性批复

针对下级机关无法解决的问题，如一些政策的界限问题，需要上级机关的批准，下级机关才能执行。

3.解答性批复

主要针对下级机关有疑问或不清楚的问题作出明确具体的解答。这种解答成为下级机关具体执行时的相关凭证或依据。

4.表态性批复

主要针对下级机关请示中涉及的现实困难，或者针对名称及地址的变迁、组织机构的设置等问题给出明确答复。

(三)批复的特点

1. 被动性

批复是用来答复下级机关请示事项的下行文,没有向下级的请示,也没有向上级的批复,下级机关呈报多少请示,上级机关就需要下发多少批复。

2. 政策性

上级机关的答复意见或提出的意见和要求,都要有相关的政策依据,体现着上级机关的政治意图和领导精神。

3. 针对性

批复针对请示问题行文,其内容范围较为狭窄,针对性强。

4. 明确性

上级机关在批复行文中要明确表明态度,不能含糊其辞,让下级机关无法执行。

(四)写作方法

批复一般由标题、主送机关、正文、落款几部分构成。

1. 标题

标题的组成形式有 2 种:一是由发文机关、事由、文种三部分组成的全标题形式;二是由事由和文种构成,或由发文机关加原请示标题和文种构成。

2. 主送机关

批复的主送机关一般情况下就是呈送请示的下级机关。但是如果下级机关请示的问题具有普遍的代表性,上级机关批复的意见具有某种程度指导性和规定性,对于其他有关下级单位也同样具有较普遍的指导意义时,该批复可有多个主送机关。

3. 正文

批复的正文一般由批复引语、批复内容和结尾用语三部分组成。

(1)引述来文

因批复是针对请示下发的,所以一开始要交代针对什么行文做到批复,惯用写法是引述来文的标题、日期、发文字号,有的仅引用发文字号,也有的引用日期和主要请示事项。

(2)批复意见

是批复的主体,是针对请示事项作出的具体答复。答复意见大体有三种:一是批准或同意;二是不批准或不同意,需要阐明根据或理由;三是基本同意或原则同意,要指出修正意见或者补充处理办法。

(3)批复结语

一般只写"此复"或"特此批复",有的写明希望和要求,给请示的单位指明方向。另起一行,结束不加句号等标点符号。

4. 落款

写明发文机关、发文日期,加盖印章。

(五)写作要求

1. 针对请示内容下发

请示要"一文一事",批复也要"一文一复"。批复要针对请示内容回答。

2. 态度鲜明

批复是针对下级机关的请示事项制发的，不论是肯定或否定的回答，要观点鲜明，不能有似是而非的回答。要注意语言的含蓄委婉，如不同意请示的内容，应答复"暂不宜考虑""暂缓进行"等，不宜直说"不同意你们的意见"。同时简要说明不同意的理由。

3. 撰写慎重及时

批复是指示性、政策性较强的公文，又是对下级机关请求指示、批准的公文，撰写时要慎重及时，根据现行政策法规及相关文件精神，经认真研究后，给予下级机关及时的答复。

例文评析

【例文 8-11】

关于成立×社区居家养老服务站的请示

××县民政局：

根据省、州、民政局和老龄办的文件精神，我社区于今年 7 月以来开展了两次对老年人的调查，社区共有老年人 674 人。其中：男 329 人，女 345 人，60～69 岁的 415 人，70～79 岁 212 人，80～89 岁 45 人，90 岁以上 2 人，通过问卷调查，80％以上的老年人对以家庭为核心，以社区为依托，日间照料，以专业化服务为主的人需求日益增多。为了使社区老年人"老有所为、老有所教、老有所乐、老有所养、老有所医"，为了更好地服务老年人。目前社区以具备成立居家养老服务站的条件，特向县民政局、××镇人民政府申请成立×社区居家养老服务站，请给予批准为盼。

××镇×社区（章）

×年×月×日

评析：

1. 这是一篇请求批准类请示。
2. 主送机关顶格书写，规范、严格。
3. 正文交代发文依据、目的，便于上级决策，并说明请示事项。
4. 结尾以"请给予批准为盼"结束全文。
5. 落款交代发文单位、发文时间，并加盖印章。

【例文 8-12】

关于开展养老服务业综合改革试点工作的请示

兰民发〔2014〕16 号

市政府：

近日，国家民政部办公厅、国家发改委办公厅联合下发《关于开展养老服务业综合改革试点工作的通知》，对综合改革试点工作提出了 8 个方面的主要任务，特别是要求试点地区要以完善地方配套政策为方向，重点加大财政投入、加强金融支持、强化土地供应、落实税费优惠等措施，以使试点工作取得经验和成效。

我们认为，开展养老服务业综合改革试点工作是贯彻落实《国务院关于加快发展养老服务业的若干意见》精神，加快发展养老服务业的有利时机。通过开展养老服务业综合改革试点，必将促进我市率先建成功能完善、规模适度、覆盖城乡的养老服务体系，满足多样化养老服务需求，有利于保障老年人权益，共享改革发展成果，努力使养老服务业成为积极应对人口老龄化、保障和改善民生的重要举措，成为扩大内需、增加就业、促进服务业发展、推动经济转型升级的重要力量。为此，我们起草了《关于开展全国养老服务业综合改革试点工作实施方案》，如果没有其他意见，请以市政府办公厅名义报省民政厅和省发改委。

妥否，请批示。

附件：关于开展全国养老服务业综合改革试点工作实施方案

兰州市民政局（章）
2014 年 2 月 11 日

评析：

1. 这是一则请求批转类请示。
2. 主送机关为上级主管机关，顶格书写，主送机关只有一个，不能多头主送。
3. 正文首先写明发此请示的依据。
4. 接着写我局对此项工作的理解与做法。
5. 请求报送上级机关。
6. "妥否，请批示"结束全文。
7. 为便于上级机关决策，以附件形式将工作实施方案附于文末。
8. 落款写明发文机关、发文时间，并加盖印章。

【例文 8-13】

河南省民政厅关于对郑民文〔2008〕116 号的批复

豫民文〔2008〕126 号

郑州市民政局：

你局《关于经营性公墓存在有关问题的请示》（郑民文〔2008〕116 号）收悉。经研究，现批复如下：

经营性公墓是经省级民政部门依法审批的，为城镇居民提供骨灰或遗体安葬实行有偿服务的公共墓地。根据《中华人民共和国行政许可法》第八十条第二款、《民政部、公安部、国家工商行政管理局、国家宗教事务局关于制止丧葬中的封建迷信活动的通知》（民事字〔1989〕27 号）第三条第二款和国务院《宗教事务条例》（国务院令第 426 号）第十二条的有关规定，同意你局关于依法批准的经营性公墓内，不应有宗教设施和从事宗教活动的意见。

此复。

河南省民政厅
二〇〇八年七月四日

评析：

1. 这是一则解答性批复。
2. 主送机关为制发请示的下级机关。
3. 正文开头先引述请示的标题、发文字号，以"现批复如下："引起下文。
4. 正文接着阐明答复意见的法规依据。
5. 明确表明态度。
6. "此复"结尾。
7. 注明发文机关、日期。

【例文 8-14】

财政部关于涉外收养捐赠款资金性质的批复

财综〔2005〕22 号

江西省财政厅：

你厅《关于涉外收养捐赠款资金性质的请示》（赣财综〔2005〕15 号）收悉。经研究，现就有关问题批复如下：

一、根据《财政部关于加强政府非税收入管理的通知》（财综〔2004〕53 号）的有关规定，政府非税收入管理范围包括以政府名义接受的捐赠收入，即以各级政府、国家机关、实行公务员管理的事业单位、代行政府职能的社会团体以及其他组织名义接受的非定向捐赠货币收入，不包括定向捐赠货币收入、实物捐赠收入以及不实行公务员管理的事业单位、不代行政府职能的社会团体、企业、个人或者其他民间组织名义接受的捐赠收入。据此，你省涉外收养捐赠中以政府名义接受的非定向捐赠货币收入，应作为政府非税收入，纳入同级财政专户，实行"收支两条线"管理。

二、根据《中华人民共和国公益事业捐赠法》的有关规定，公益性非营利事业单位受赠财产应用于发展本单位的公益事业，不得挪作他用。涉外收养捐赠属于国家公益事业，捐赠资金应当严格按照上述规定，用于社会福利院的儿童收养，不得挪作他用。

此复。

财政部（章）
二〇〇五年五月十七日

评析：

1. 这是一则指导性批复。政策性、指导性较强。
2. 主送机关为制发请示的下级机关。
3. 正文开头先引述请示的标题、发文字号，以"现批复如下："引起下文。
4. 对答复意见所依据法规的具体说明。
5. "此复"结尾。
6. 注明发文机关、发文日期。加盖印章。

能力检测

一、写作题。

××养老院(隶属于上海××养老集团下设机构)拟利用"十一"长假期间，组织院里优秀护理人员23人去井冈山参观学习，接受革命传统教育。此事需花交通、生活补助及其他杂务费用约两万元。另外，养老院拟于12月中旬在全院范围内组织一次老年人乒乓球比赛，购置设备、奖品等费用约需五千元。请代××养老院办公室写一篇请示，要求上级在经费上给予支持。

针对以上请示，请代××养老集团写一篇答复性公文。

二、指出下面"请示"的毛病。

关于要求购买一台复印机、一部小轿车的请示报告

××养老集团：

我××养老院从去年五月成立以来，工作活动日益增多，经常有许多文件、合同、契约、技术资料需要复印，而且时间要求很急，为了便于工作，我们拟购买一台复印机。同时，由于工作活动繁忙，为了工作方便，我们拟购买一部小轿车。

可否？请批复。

××养老院(章)
二○○三年五月二日

子项目六
拟写报告

情境导入

> **重庆市政府工作报告的起草过程**
>
> 2010年1月20日，在重庆市第三届人民代表大会第三次会议上，市政府代市长黄××做了市政府工作报告，政府工作报告是"两会"中的最大亮点，但其背后却是报告起草班没日没夜连续4个多月的加班。
>
> 市政府工作报告的"写手"不是一个人，而是一个团队，他们是来自市政府研究室的10多个硕士、博士，他们中设有一个主笔，其余分别辅助。
>
> 报告起草分为五步。第一步，9月启动调研，11月完成初稿；第二步，4个务虚会定基调，毛稿出炉；第三步，中央经济工作套后修改毛稿；第四步，征求意见过四"关"；第五步，审议通过后，一字一句朗读找语感。最后校稿完成后，报告于2009年1月17日正式开印。
>
> 但政府工作报告定稿，则要在代表们审议以后，做最后修改。

"两句三年得，一吟双泪流"（唐·贾岛《题诗后》）、"吟安一个字，拈断数茎须"（唐·卢延让《苦吟》）。中国古人非常讲究文章的炼字炼句，这种优良传统千年来仍然被很好继承，政府工作报告的起草、修改牵涉上下、事关重大，逐字逐句"推敲"也是必不可少的过程。那么，报告，到底是怎样一种公文，其特点、写法又是怎样的呢？

知识归纳

一、报告的适用范围

报告是向上级机关汇报工作、反映情况、提出意见或者建议、请求备案、答复查询或报送文件时所使用的陈述性公文。属于上行文。报告是我国目前使用频率较高的公文文种之一。《条例》规定，报告"适用于向上级机关汇报工作、反映情况，回复上级机关的询问"。

二、报告的分类

报告，按其内容和性质可以分为工作报告、建议报告、情况报告、答复报告、随文报告等类型。

(一)工作报告

是指定期向上级反映工作的全面情况，使上级掌握全局以方便指导工作的文种。包括综合报告、专题报告和例行报告。综合报告反映的是工作的全局情况，如《××养老院关于 2013 年工作总结的报告》；专题报告是就某个问题、某方面工作写的报告，例行报告是根据情况需要，定期向上级汇报工作的报告。一般要全面而有重点地写明工作的进展情况、经验教训、存在的问题以及今后的打算。

(二)建议报告

建议报告用于有关单位就开展、改进或加强某项工作而向上级领导机关所提出的建议性的报告。

(三)情况报告

情况报告是下级机关就工作中出现的突发情况、特殊情况和新动态等而做的汇报，便于上级机关及时了解情况，指导工作，做出明确的处理意见。如《铁道部关于 193 次旅客快车发生重大事故的报告》。

(四)答复报告

答复报告是就上级机关的询问或要求而做的报告。

(五)随文报告

是以报告的形式，向上级机关呈报其他文件、物件的说明性的公文。

三、报告的特点

1. 内容的汇报性

一切报告都是下级向上级机关或业务主管部门汇报工作，让上级机关掌握基本情况做出正确决策，发文机关应注意采用"汇报性"的语气。

2. 语言的陈述性

报告是向上级讲述做了什么工作，或工作是怎样做的，有什么情况、经验、体会，存在什么问题，今后有什么打算，对领导有什么意见、建议，所以行文上一般都使用叙述和说明来汇报事项。

3. 双向的沟通性

报告是下级机关取得上级机关的支持、指导的桥梁；同时上级机关也能通过报告获得信息，了解下情，报告成为上级机关决策，指导和协调工作的依据。

4. 行文的单向性

报告时下级机关向上级机关行文，是为上级机关进行宏观领导提供依据，一般不需要受文机关的批复，属于单项行文。

5. 成文的事后性

多数报告都是在事情做完或发生后，向上级机关作出汇报，是事后或事中行文。

四、写作方法

报告主要由标题、主送机关、正文和落款组成。

（一）标题

标题由发文机关＋报告事项＋文种组成。

（二）主送机关

主送机关不能省略，主送机关一般只有一个，受双重领导的机关，要依据权限与分工，主送一个抄送一个。

（三）正文

正文包括三部分内容。

1. 开头部分要开门见山地简要说明报告的缘由、目的、意义，然后用"现将××情况报告如下"转入下文。

2. 中间部分是报告的核心部分。从内容方面看，工作报告内容包括：基本情况、主要成绩、经验教训、今后工作的建议或发展方向；建议报告，应有依据、说明、设想三部分，其中意见、设想不能省去；情况报告，应有事件或情况的概括、处理意见、处理建议两部分，其事件或情况发生的原因、经过、性质不能省；答复报告包括两部分：答复依据及答复事项。答复事项是针对所提问题答复的意见或处理结果；随文报告写明报送的文件或物品的名称及数量。从形式上看，内容复杂的报告主体可分部分加二级标题或分条加序码。

3. 结尾部分，结束语一般都有程式性用语，不同的报告结语不同，常用"特此报告""专此报告""请审阅""请收阅"等语。

（四）落款

落款包括发文机关和时间两项内容。发文机关应用全称或规范化的简称，有的标题中出现发文机关，落款处可省略。需要注意的事，有的报告把日期写在标题之下。

五、写作时注意事项

1. 材料真实。报告时上级机关制定方针政策、指导工作的依据，在报告中不能夸大成绩，也不能掩饰问题和缺点。

2. 报告中不能夹带请示事项。不然会延误工作。

3. 报告是下级机关对上级机关的行文，语言要谦虚，态度要谨慎。

例文评析

【例文 8-15】

×市民政局关于养老服务体系建设工作的报告

各位副主任，各位委员：

市人大常委会十分重视我市的养老事业，对养老服务工作多次进行了走访、座谈和调研，还将开展全面评议。现在，我代表民政局把近年来我市养老服务体系建设的情况向各位领导作个汇报，请予评议。

一、基本情况

1. 老龄人口情况

2010年底，全市60周岁以上老年人口从2008年的10.7万人增加到11.4万人，占总人口比例由23.06％提高到24.37％。其中70周岁以上老年人5.44万，约占老年总人口的一半。80周岁以上老年人1.79万，百岁老人74人。

2. 养老服务体系情况

全市拥有公办养老机构9家，其中市级1家，镇级8家，省示范性养老机构2家，床位2471张，千名老人拥有养老床位22.3张。建有老年护理院5家，床位数244张，日间照料中心4家，在建6家。民办养老机构4家，床位数400多张。有市居家养老服务中心1家，镇（区）居家养老服务中心10家，村（社区）居家养老服务站153家。

3. 长寿情况

长寿的整体性：2008年，全市人口平均寿命77.54岁（2010年已达81.07岁），超过长寿之乡标准5.04岁。长寿的代表性：百岁以上老人占总人口的7.93/10万，超过长寿之乡标准0.93/10万。长寿的持续性：80岁以上老年人占总人口的比例为3.59％，超过长寿之乡标准2.19％。2009年，经过我们积极申报，终于被国家老年学学会授予"中国长寿之乡"称号，成为全国首个富裕型长寿之乡。在去年新闻发布会上，引起全国10多家媒体的关注，中央电视台四套用45分钟的专题节目12次向全世界播放，极大地提高了太仓的知名度和影响力。

4. 老龄工作整体状况

全市老龄工作机构健全，人员基本到位。在苏州市第一个成立市级老年协会，成为市、镇、村都有老年群众组织的唯一县市。各项老龄工作较有起色，在去年创建全国老龄工作先进单位活动中，经苏州市无记名投票考核，总分96分，列苏州各县（市）区之首，被评为"全国老龄工作先进单位"。

二、主要工作

近年来，由于市委、市政府对养老事业高度重视，加上各有关部门特别是老龄委成员单位以及社会各界大力支持积极参与，我市养老服务体系建设取得了长足进步。从我们民政部门来说，主要抓了以下几个方面工作：

1. 发挥职能作用，推进养老政策和制度体系建设

近几年来，我们发挥老龄工作牵头协调单位的作用，积极为市委市政府出谋划策，与相关部门沟通，出台了一系列有关养老服务的政策规定，设计了一整套养老服务的制度，从政策、制度上保证了养老服务工作的健康发展。先后出台了《关于加快我市老龄事业发展的实施意见》、《太仓市居家养老服务操作办法》、《关于进一步规范太仓市居家养老服务工作的意见》、《关于建设社区老年护理院的实施意见》、《关于调整老年人尊老金发放标准的通知》、《太仓市80－89周岁老年人尊老金发放办法》等，这些文件的出台，不仅从全局性上为我市养老服务工作的发展指明了方向，而且从具体操作上作出了制度性的安排，为养老服务体系建设奠定了坚实的基础。与此同时，我们还积极建议，集中精力、物力、财力搞养老设施建设，连续三年把镇（区）福利院改造建

设、老年大学改造建设、老年护理院建设列入政府实事工程，这也有力地推进了养老服务体系建设的步伐。

2. 多元并举，加快养老服务体系建设

近年来，我们采取政府、社区和民间并举的办法，积极构建养老服务体系。经过多年努力，已初步形成了"以居家养老为基础、社区养老为依托，机构养老为补充"的养老服务体系。

一是加大投入改造建设公办养老机构，实现乡镇福利院转型升级。

由于乡镇福利院前身就是农村敬老院，大多在20世纪七八十年代建立起来，规模小、档次低、设备陈旧、服务单一、功能狭小，仅解决城镇"三无"、农村"五保"老人的基本生活照料，远远不能满足现有老年人的养老需求。2008年，市委、市政府下决心改造建设乡镇福利院，把它列入政府实事工程，由市镇两级财政投资1.5亿元，对沙溪、浏河、浮桥三个福利院实行改造建设。在市、镇共同努力下，经过一年多的建设，三个颐悦园在功能定位、规模设施、服务质量、现实作用上实现了转型升级，园内花卉飘香、绿树成荫，环境优美，设施提档，服务质量提高，群众反映：环境像公园，住宿像宾馆，食堂像饭店，保健像医院，是老年人安度晚年的乐园。颐悦园加强内部规范化管理，提高服务水平，2010年沙溪、浏河颐悦园获得"江苏省文明敬老院"称号，沙溪颐悦园通过考评，获得"省级示范性养老机构"称号。由此，颐悦园还起到了支撑引领和示范作用。民政部一位领导来太仓视察后称赞为"太仓模式"。苏州市委蒋宏坤书记参观后给予高度评价，多次在苏州全市性会议上要求各县、市、乡镇福利院建设要向太仓学习。省老龄委最近召开养老体系建设会议，要我们把"农村敬老院转型升级"拍成电视片在会上进行放映交流。

2010年，市政府还把"老年护理院"建设列入政府实事工程，建成了娄东、新安、沙溪、浏河和浮桥5个老年护理院，拥有床位244张，当年通过验收投入使用。与此同时，市福利中心今年投入500万元进行改造；双凤镇福利院投入250万元进行改造，目前进入尾声；城厢镇福利院正在进行改造。最近，市委市政府决定把老的第一人民医院交给民政部门进行改造建设，把它改造建设成太仓市颐悦园。这说明市委、市政府始终十分重视养老服务体系建设。总之，公办养老机构建设尽管它在整个养老服务体系中作为"补充"，而在当前情况下，它的发展起到了相当大的引领和支撑作用。

二是依托社区，构建社会共同参与的养老服务平台。

首先，在社区设立日间照料中心、助餐点，为老人提供就近、便捷的日常生活照料。这一项工作从去年开始，建起了城厢、新区、浏河以及沙溪香塘村4家日间照料服务中心(站)，已正式投入使用。今年正在城厢、沙溪、璜泾、浮桥、浏河、双凤等镇新建6个日间照料中心。

其次，充分发挥志愿者的作用，为老人提供必要的帮扶。各镇(区)积极培育志愿者队伍，倡导志愿者与老年人结对帮扶。组织社区志愿者为居家的老人提供生活照料、家政等服务，涌现了城厢镇"红枫爱心服务站"、浏河镇"江海情"居家养老服务队等一批居家养老志愿服务队伍。

三是以家庭为基础，大力发展居家养老服务。

2008 年，我市在全省县(市)中率先出台了《太仓市居家养老服务操作办法》，2011 年又出台了《关于进一步规范居家养老服务工作的意见》。目前，全市镇(区)、村(居)居家养老服务中心(站)全覆盖，共有居家养老服务中心(站)164 个，有专兼职服务人员 500 多人。居家养老服务中心(站)首先对八种政府服务对象进行居家养老服务。服务办法有的建立专门服务队伍上门服务，有的利用物业公司、志愿者上门服务，也有的指定专人结对服务。目前服务对象超过 1200 人。服务费用由政府补贴，去年共补贴支出服务费 250 多万元。目前，还在逐步向其他老人拓展，为有困难老人提供养老服务。

3. 落实老年福利政策，从传统补缺型向适度普惠型转变

为了进一步提高我市老年人生活质量，我们积极落实老年优待政策，向适度普惠型转变，建立多层次、广覆盖、可持续的养老优待体系，作为老年保障体系的补充。

一是发放老年人尊老金。2006，出台《关于进一步做好老年人优待工作的意见》，从 2007 年 1 月 1 日起为我市 90 周岁以上老人发放尊老金，90～99 周岁每人每月 100 元，100 岁以上老人每人每月 300 元。2010 年，每人每月分别调整提高 150 元和 500 元。2011 年，又将尊老金的覆盖面扩大到 80 周岁以上老年人，每人每月 50 元，使享受的人群扩大至 2 万余人，约占全市老年总人口的 18%。二是提高了"三无"、"五保"人员和政府服务对象补助标准。"三无"、"五保"人员从 2005 年每人每月 420 元提高到 630 元；"介助"、"介护"对象补贴标准从 2007 年每人每月 200 元、300 元提高到 450 元、600 元。三是向老年人提供文体活动、门诊挂号、乘坐公交车等优惠。公办文化体育设施免费向老年人开放，公办医院门诊免收挂号费，70 周岁以上老年人可免费乘坐公交车。四是实施老年群体"惠民"爱心工程。2008 年开始为全市 55 周岁以上的老年群体提供专用保险。2010 年，又为 70 周岁以上老年人购买人身意外伤害保险。

4. 弘扬传统美德，营造全社会尊老敬老的良好氛围

一是以长寿之乡为抓手，大力宣传长寿文化。

2009 年 12 月我市获得"中国长寿之乡"称号。我们以此为抓手，总结长寿经验，挖掘长寿文化，树立长寿典型，出刊长寿画册，借助各大新闻媒体，充分展示太仓长寿风采。同时，平时我们也十分重视养老工作的宣传，以《太仓日报》、太仓电视台和太仓老龄网、《娄东银潮》以及《娄江夕阳红》报为阵地，采取多种形式广泛宣传养老工作的新动态、新政策、新举措，让全市人民家喻户晓，有力推动养老工作的深入发展。

二是开展各项尊老敬老品牌活动，树立良好社会风气。

2008 年，在全市中小学开展"小手拉大手"孝亲敬老教育活动，从小灌输尊老敬老的思想。同年，开展评选太仓市 2007—2008 年度"十佳孝亲敬老之星"活动，在报上宣传孝亲敬老的典型，让大家向他们学习。2010 年组织开展养老服务工作先进集体和先进个人评选活动，表彰了 12 个先进集体和 51 个先进个人。这些活动的开展，进一步弘扬了尊老敬老的传统美德，树立了良好的社会风气，有效地推进社会化养老服务体系建设。

三是丰富精神文化生活，提高老年人幸福指数。

组织和引导老年人开展健康有益的文体活动，倡导科学、健康、文明的生活方式。每年举办形式多样的老年人体育节、夕阳红艺术节和老年节、敬老月系列活动，开展

太极拳、健身球操、腰鼓、传统秧歌、桥牌、象棋、书画、时装表演、江南丝竹以及文艺汇演，还参加苏州市文艺演出、歌咏比赛活动，举办"夕阳百名看改革成果"、"千名老人看太仓"活动。2010年，市老年大学经过改造正式启用，今年，共开设了英语、舞蹈、合唱、书画、钢琴、电脑、棋类等11个专业、23个班级，参加学习的老年学员共有500多名。各镇(区)老年学校全年共有2万多老人参加学习。这些，都极大地丰富了老年人的晚年生活，提高了老年人的幸福指数。

三、存在问题

我市是全国老龄化程度最高的县市之一，高龄化、空巢化比较严重，家庭结构"421"现象非常普遍。养老服务工作任重道远。尽管我们做了不少工作，但还存在很多不足。一是公办养老机构建设还不平衡，有几个镇(区)养老机构条件还较差。按照上级要求，到2015年全市每千名老人拥有床位数需达到40张，目前我市每千名老人拥有22.3张，差距还很大。二是依托社区养老服务的力度还需要进一步加大。目前日间照料中心、助餐点建设还刚刚起步，网点还不多。要发展日间照料中心、助餐点也有一定难度，突出的是老社区日间照料中心用房难以解决。三是居家养老服务面还不广，目前主要集中在政府服务对象，对普通老人服务还需逐步拓展。四是养老服务队伍人员缺乏，专业化程度低、年龄偏大，提供多元化、个性化的服务还不够多。五是养老服务体系多元化程度不高，特别是民办养老机构发展不够，沙溪、岳王的两家民办养老院水平偏低。

四、努力方向

"十二五"期间，我市养老服务体系建设的目标是立足太仓实际，基本建立起与经济社会发展水平相适应，与人口老龄化进程相符合，以居家养老为基础、社区养老为依托、机构养老为补充，资金保障和服务提供相匹配，政府主导、部门协同、社会参与、公众互助，具有太仓特色的养老服务体系，让老年人从老有所养向老有颐养、老有乐养发展。

具体来说，我们重点抓好这样几件工作：

1. 制定好养老服务体系建设的规划，发挥规划引导作用。要继续加强调查研究，为市政府出谋划策，特别要对养老体系建设进行规划，出台政策建议，搞好制度设计，作出具体安排。

2. 加大资金投入，确保养老服务的资金保障。资金保障是养老服务的基础，我们要通过积极争取政府投入、激励社会投入、扩大福彩发行等各种渠道来加强养老服务的资金保障。政府财政每年要安排户籍人口60周岁以上老年人每人每年不少于80元的标准用于养老服务事业，列入预算，用于政府养老服务建设项目、资助社会力量养老、建立养老服务补贴制度等。

3. 积极探索符合太仓老人需要的养老模式，不断完善和发展养老服务体系。一是进一步积极发展机构养老，确保"十二五"末每千名老人养老床位数达到40张。要积极支持未改造的几个镇的福利院加快改造建设，特别要抓好原来人民医院的改造建设，争取列入2012年政府实事工程，组织专门班子，认真规划，精心改造，把它建成一流的养老机构。二是进一步加快社区养老服务平台建设，完善和发展社区日间照料中心网点，加大对日间照料中心建设的政策扶持力度，帮助解决实际问题。三是进一步健全居家养老服务网络，加强服务队伍，扩大服务对象，提高服务水平。四是进一步提高养老服务多元化程度，加大对民办养老机构的扶持力度。

4. 加强养老服务队伍建设，不断提升养老服务的水平。要努力解决当前养老服务队伍人员缺乏、服务单一、水平较低的问题。首先要规范养老机构建设，加强内部管理，改善服务质量，提高入住率。机构养老部门要成为社会化养老的榜样，起带头示范作用。其次要积极培养全社会养老服务队伍，扩大服务队伍的阵容，提高服务人员的素质。再次要拓展服务内容，要从单纯生活照料、家政服务扩展到康复护理、医疗保健、精神慰藉等服务，满足不同层次老人的多元化服务需求。

当前中央提出要加强社会建设和管理，要大力改善民生，市委提出要共创美好生活。养老事业是社会建设和管理的重要内容，是改善民生的重点对象。过去，太仓的养老事业发展取得了一定的成绩，但按照老龄化的趋势，要求越来越高，难度越来越大。我们民政人要继续努力，也希望社会各界共同参与和大力支持。这次市人大常委会对我局养老服务工作进行评议，不仅是对我们的鼓励和关心，更是对我们的鞭策，我们将以这次评议为契机，进一步搞好养老服务体系建设，为构建和谐幸福金太仓做出新的贡献。

评析：

1. 这是一篇工作报告。

2. 主送机关顶格书写。

3. 正文引言简洁，以惯用语"请予评议"过渡到正文。

4. 正文主体部分分四个部分对问题进行阐述。基本情况、主要工作、存在问题、努力方向。结构层次井然，逻辑严密。

能力检测

一、请阅读下文，指出其毛病，并写出修改稿。

盛达公司关于盛达制衣厂翻建房屋的请示报告

总公司：

我公司下属盛达制衣厂于 2005 年 10 月开始翻建汽车库，且已经拆除了司机、装卸工宿舍，武装部办公室，基建科办公室等共计 510 平方米。因为以上办公用房的拆除，以致汽车无处停放，有关职工无处办公，严重影响正常工作。为缓和厂区占地紧张状况及结合全厂长远规划，故决定一层为汽车库，二层为办公用房。

为解决当前办公用房之急需，决定把已拆除的 510 平方米面积加在汽车库顶层，资金由本公司自行解决。

妥否，请批示。

盛达公司（公章）

二〇〇五年十月三十日

　　二、请合理扩充下面提供的材料，以××分公司的名义向总公司起草一份不超过500字的情况报告。

　　(1)××××年6月4日凌晨2时40分，××分公司江南百货大楼发生火灾事故。

　　(2)事故后果。未造成人员伤亡，但该大楼二楼商品被全部烧毁，直接经济损失350万元。

　　(3)事故原因。二楼某个体裁缝经二楼经理同意从总闸自接线路，夜间没断电导致电线起火。

　　(4)施救情况。事故发生后，分公司领导马上拨打火警，市消防队出动了8辆消防车，至清晨6点，火灾才被扑灭。

　　(5)善后工作。分公司经理、副经理多次到现场调查，并对事故进行了认真处理。

子项目七
拟写函

情境导入

××职业技术学院 12 届养老护理专业的学生按计划要到×市×老年公寓进行为期一个月的实习。实习内容：老年人护理知识与技能；实习时间：2014 年 11 月 10 日～12 月 10 日；实习人数：40 人；食宿无需对方安排。

按上述内容，××职业技术学院给×市×老年公寓写一份公函商洽此事；然后×市×老年公寓须给××职业技术学院写一份复函作答复。

知识归纳

一、函的适用范围

函，就是书信。这里所讲的函，不是指个人使用的书信，而是指作为行政公文一种的函。《条例》规定："函，适用于不相隶属机关商洽工作、询问和答复问题、请求批准和答复审批事项。"

二、函的种类

按往来关系来分，可分为发函和复函或来函和回函。按函的用途和内容来分，可分为商洽商、问复函和请批函。

(一)商洽函

凡与不相隶属机关之间有公务联系的，都可发函商洽，使用范围广。主要用于不相隶属机关之间请求协助、支持、商洽解决办理某一问题。如洽谈人员培训、人事转调、联系参观学习、请求帮助支持等。

(二)问答函

用于不相隶属机关之间互相询问和答复问题。这种函询问和答复是对应的。用于发文机关向主送机关询问有关情况；被动行文答复询问函或请批函等主动来函。

(三)请批函

用于不相隶属机关之间请求批准和答复审批事项。请求批准可用两个文种行文：请求上级机关批准用"请示"；请求不相隶属机关或有关主管部门批准，用"请批函"。"有关主管部门"指的是与此次行文有关的业务主管机关。如负责人员编制工作的是编委办，负责项目立项工作的是发展和改革委员会。

三、函的特点

(一)往来性

函一般是往来对应的，有发函则有回函，有来函则有复函。通过往来函件联系和商洽有关工作，询问和答复问题，请求批准和答复审批事项。

(二)灵活性

函用于不相隶属机关之间，是平行文中的主要文种。没有发文权限的限制，无论何级何类的发文机关都可以使用。不仅用于商洽工作、询问和答复问题，还用于请求批准和答复审批事项。显示出自由灵活的特性，这是其他公文所不具备的。内容大多简约直接，行文精短。

(三)平易性

函的语言大多是陈述性、说明性的，质朴明白、通俗易懂，复函机关可按来函的意见办，也可不按来函的意见办，来函中的意见，只供参考，没有命令、决定、通知等文种的强制力和约束力。

四、函的基本写作方法

从结构上看，函一般由标题、收文机关、正文和落款四部分组成。

(一)标题

函的标题一般由"发文机关＋事由＋文种"组成，如《外贸部关于选拔出国人员的函》，还可以省去发文机关；由"事由＋文种"组成，如《关于××××的函》，有的只写文种。

(二)主送机关

即受函机关，标题之下另起一行，写明受文单位名称。

(三)正文

函虽然有三个分类，但正文写法都是相同的。一般由缘由、事项和结语三项组成。

1. 缘由

去函要把商洽的问题或请求批准的原因或依据等写清楚，语言要诚恳、平和，表现出平等协商、尊重对方的态度；复函要先引述来函，明确答复对象，然后针对来函，把自己的意见或答复的问题写明确。常用句式有："你单位关于××的来函收悉"，"×××年×月×日函悉"，或"××发〔2014〕××号函收悉"等。接着以"经研究现对××答复如下"引起下文。

2. 事项，这是函的主体部分

去函的主体部分多采用叙述或说明的方式，简明扼要说清商洽内容或请求批准的事项。复函要对来函提出的请求做明确的回答，如不能或不能完全满足来函的请求，应当简要说明理由，取得对方的谅解。答复的内容要注意针对性，问什么答复什么，不要答非所问，也不要问一答十。

3. 结语

(去)函写出希望或要求，常用"敬请函复……""盼予函复……""请予审核批准……函复为盼"等惯用语，表达请求对方复函的愿望。复函常用"特此函复……""特此函达……""特此函告""特此复函""特此函告，务请见谅。"等结语。

(四)落款

在正文右下方写明发函或复函单位名称和日期，并加盖公章。如果是便函，可不盖公章。

五、函与相关文种的区别

函本是广为使用的一种公文，却常常被请示、批复、报告、通知等替代。究其原因，主要是对函缺乏明确的认识，因此，要认真辨析函与相关文种的区别。

(一)函与通知

函与通知都可"告知"有关事项，但对象不同。通知是向有隶属关系的下级告知，而函则是向不相隶属的机关告知。

(二)函与请示

虽然两者都有请求批准的功能，但是行文方向不同。请示是上行文，即下级机关向上级机关请求指示、批准事项时使用的文种，而函是向业务主管机关或是向不相隶属机关请求批准。

(三)函与批复

批复有批准或答复的作用，但是批复专用于答复下级机关的请示，属于下行文；函也有"答复审批事项"的作用。而函用于不相隶属机关之间的行文，属于平行文。

例文评析

【例文 8-16】

教育部关于同意四川师范大学文理学院
转设为成都文理学院的函

四川省人民政府：

《四川省人民政府关于 2013 年独立学院转设的函》(川府函〔2013〕266 号)收悉。

根据《高等教育法》《民办教育促进法》《民办教育促进法实施条例》《普通本科学校设置暂行规定》《独立学院设置与管理办法》(教育部令第 26 号)的有关规定以及全国高等学校设置评议委员会六届三次会议的评议结果，经研究，同意四川师范大学文理学院转设为成都文理学院，学校标识码为 4151013671；同时撤销四川师范大学文理学院的建制。现将有关事项通知如下：

一、成都文理学院系独立设置的民办普通本科学校，由你省负责管理。

二、鼓励学校办学定位于应用技术类型高等学校，主要培养区域经济社会发展所需要的应用型、技能型人才。

三、学校全日制在校生规模暂定为 16000 人。

四、学校现有专业结构的调整和新专业的增设，应按我部有关规定办理。

五、请督促四川师范大学与成都星亿科技投资有限公司认真履行签订的《终止合作举办四川师范大学文理学院暨善后事宜协议书》，逐项实施到位，以保证过渡期内学校平稳、健康发展。我部将对落实情况和结果进行复查。

六、我部将适时对学校办学定位、教学质量和人才培养情况进行评估。

望你省加强对该校的指导和支持，结合优化区域高等教育结构布局的需要，引导学校按照办学定位，服务区域经济社会发展需要和经济发展方式转变，加强学校发展战略规划研究，加强内涵建设，创新人才培养模式，培养社会需要的应用型、技术技能型人才，不断提高教育教学质量和学生就业率，促进学校办出特色，办出水平，为四川省的经济发展和社会进步作出更大贡献。

附件：成都文理学院章程

教育部
2014 年 5 月 16 日

评析：

1. 这是一则问答函。标题采用"发文机关＋事由＋文种"的形式。
2. 正文首先引用对方函的标题和来函字号，表示来文收悉。解答问题的依据
3. 解答问题的依据
4. 表明态度。以"现将有关问题通知如下"过渡到具体的答复要求中。
5. 对来函单位提出希望与要求。
6. 以附件形式补充说明正文内容。
7. 落款：写明发文机关和成文时间。

【例文 8-17】

关于建议建设休闲型养老机构的函

仑人办〔2010〕29 号

区人民政府办公室：

近期，区人大常委会法工委就我区机构养老工作情况进行了深入的调研。9 月 26 日，区七届人大常委会第五十一次主任会议又听取了该项工作的调研报告。会议认为，随着我区人口老龄化的不断加剧，包括全区机关、事业离退休人员在内的老年人生活照料、医疗健康、精神文明等需求日益增加，养老服务问题不断突出。及时谋划和深化社会养老事业，积极推进我区社会化养老机构建设，是着力提高我区民生质量的一项重要举措。会议建议区政府尽快在我区投资建设一所新型的、能提供优质综合服务

235

的集养老居住、医疗康复、休闲娱乐、旅游度假于一体休闲型老年公寓(类似于鄞州雅戈尔老年公寓)。

现根据会议要求,将《关于我区机构养老情况的调研报告》印送给你们,请根据实际情况作研究处理,并建议将此项目列入我区"十二五"规划中。

附:《关于我区机构养老情况的调研报告》

宁波市北仑区人大常委会办公室(章)

二○一○年九月二十八日

评析:

1. 这是一则请批函。

2. 正文简述请批的原因及建议事项。

3. 附件起补充解释正文的目的。

4. 落款:发文机关、发文时间、印章。

能力检测

下面是一则病文,试指出其毛病,并写出修改稿。

××市第七变压器厂抓紧归还劳动服务公司借款的函

市第七变压器厂:

你厂于二○○五年一月从我厂借去资金三万元,作为你厂劳动服务公司开办费,当时双方讲好年内一定偿还。目前已经是二○○六年一月了,我厂正在编制去年的财务决算,为使我们能及时搞好各类款项的清理结算,要求你厂务必将所借之款于二十日前归还我厂,切不要一拖再拖,给我厂财务工作的顺利进行带来不应有的困难。

此致

敬礼!

××市第一变压器厂

二○○六年一月十日

子项目八
拟写会议纪要

情境导入

　　某养老机构日常管理比较混乱，王×秘书没有将机构会议记录整理、立卷、归档，经常出现找不到会议资料的事情。为了机构的发展，决定和某外资合作。一次，机构与投资合作方经过多次协商，双方开会研究共同签署了一个项目的合作意向书。不久，上方展开了正式合作会谈，当需要协商的会议资料和合作意向书时，王×秘书在自己保存的文件中找不到相关资料了，当投资方看到这一幕时，终止了和某养老机构的合作。

　　这个情境告诉我们，秘书在收齐会议文件后，应该及时整理、加工、修改与会人员的讨论稿，根据需要形成会议纪要。并及时立卷、归档，便于工作需要时的查找。

知识归纳

一、会议纪要的适用范围

　　根据《条例》第二章第八条第十五项规定："会议纪要，适用于记载会议主要情况和议定事项。"会议纪要是党政机关主要使用的文种，是一种应用范围广、价值较高的文种。会议纪要是对会议的讨论事项，择其要点进行整理归纳，以通报会议精神，统一认识，指导工作。通常只有大中型会议或比较重要的会议才要求写会议纪要。

二、会议纪要的分类

　　按会议性质来分，会议纪要可以分为专项会议纪要、办公会议纪要和决议性会议纪要。

（一）专项会议纪要

　　专项会议纪要主要是为研究专项问题而召开的会议所形成的会议纪要，包括各种研讨会、座谈会、交流会等会议。主要记载和传达有关工作的重要方针、政策、理论原则问题的讨论、交流情况纪实，给相关单位工作人员以深刻的启示，为相关方面的工作提供宏观的指导。

（二）办公会议纪要

　　办公会议纪要也称日常工作会议纪要，它是各级机关召开行政办公会和例会时所形成的会议纪要，主要反映机关单位对重要的、综合性的工作进行研究、部署的情况，使受文者了解会议精神和有关事项，以便贯彻执行。这种会议纪要经会议主持人签发后生效，它为今后开展工作提供了具体的指导依据。

(三)决议性会议纪要

决议性会议纪要是对领导层经开会讨论通过的决议性意见进行阐述的会议纪要。行政约束力强，具有明确的指示性。

三、会议纪要的特点

(一)纪实性

会议纪要必须是对会议宗旨、基本精神和所议定事项的概要纪实，即要实事求是地反映会议的各项内容，决不能按主观意图，随意增添内容，甚至歪曲或篡改。

(二)概括性

会议纪要是以极为简练的文字概括会议的内容和结论，即对会议的基本情况、重点内容、主要精神的简要记述，不能像会议记录那样面面俱到，巨细必录。

(三)条理性

会议纪要要对会议议定精神和议定事项的分类别、分层次的归纳整理，使之条理清楚。

四、会议纪要的基本写作方法

从结构上看，会议纪要大致可分为标题、正文、落款三部分。

(一)标题

常见的标题有三种：一是公文规范标题，即由发文机关＋事由＋文种组成。如《民政部关于加强全国养老机构规范法管理工作会议纪要》。二是会议名称加文种，如《全国老龄工作会议纪要》。三是正副标题，正标题概括会议的主题，副标题交代会议名称、范围和文种，这类标题形式的会议纪要一般适合在媒体发表。如《对比反映差距说明潜力——郑州市养老院院长座谈纪要》。

(二)正文

会议纪要的正文一般由三部分组成。

1. 会议概况

会议概况是会议纪要的开头部分，概述会议情况，主要包括会议时间、地点、名称、主持人、与会人数、到会领导人及其有关活动和基本议程。用"现纪要如下"引出主体部分。

2. 会议内容

即会议议定事项。对会议内容的概要是会议纪要的核心部分，主要用来反映会议的主要精神、讨论意见及所形成的结果等。这部分内容相对复杂，安排好结构是关键。

常见的结构方式有的有三种：

（1）综述式

即集中概述法。这种写法是把会议的基本情况，讨论研究的主要问题和议定的事项从全局角度综合概括，分为几个方面的内容，适合较复杂的工作会议纪要。

（2）分项式

即分项叙述法。也叫条文叙述法。将会议内容分为几个大的问题，然后写出序号或小标题，分项来叙述。这种写法侧重于横向分析阐述，内容相对全面。

（3）摘要式

即发言提要式。这种写法是把会议上具有代表性、典型性的发言加以整理，归纳出内容要点和精神实质，然后按照发言顺序或不同内容分别加以阐述。这种写法能如实反映会议讨论情况和各方面不同要点。

3. 结语

主要是就会议的议定事项提出贯彻落实的要求，发出号召，强调会议的意义，或交代尚未解决的问题。也有的会议纪要没有结语。

（三）落款

包括发文机关和成文时间。有的把发文机关放在标题之下，也有的把时间放在标题之下（用括号括上）。

五、会议纪要写作注意事项

（一）做好准备工作

会议前的准备工作是写会议纪要的基础。要在写作之前，查阅会议的有关文件和材料，把握好会议的主旨，认真研究会议记录。

（二）正确集中与会者的意见

拟写会议纪要时要认真研究会议中的各种意见，并根据会议确定的宗旨进行归纳整理。没有取得一致意见的，一般不写入会议纪要，如果写的话，应当有会议主持机关的倾向性意见，但对少数人的合理意见或建议，也要注意汲取。

（三）要突出会议的中心和重点

要反映会议的中心和要点，即会议重点突出的问题，主要明确和解决的问题。则应写出会议的主要内容，切忌不分轻重主次，眉毛胡子一把抓。

（四）注意使用会议纪要的常用语

"纪要"用"会议"做主语，即"会议认为""会议指出""会议确定""会议强调""会议听取了""会议讨论了"等。

（五）注意时效性

会议纪要时效性较强，一般应在会议结束时就拟好，及时送有关领导审阅签发。

例文评析

【例文 8-18】

鼓楼区居家养老服务工作会议纪要

2月4日上午，区居家养老服务工作领导小组副组长、区民政局局长张宏炎召集10街(镇)分管领导再次召开全区居家养老服务工作会议，研究推进全区居家养老服务工作。现将会议纪要如下：

会议听取了10个街镇分管领导关于居家养老服务工作进展情况汇报，会议议定：

一、各街镇要在正月十五前核实确定低偿服务对象人数和为80岁以上独居老人安装一键通的户数，并造册上报区民政局。

二、各街镇近期要重点完善1个至2个居家养老服务站的软硬件设施的配套建设，使之成为各街镇居家养老服务工作的示范平台、辐射平台，并要实质性地推进对低偿、有偿服务对象的服务工作。

三、各街镇、社区建设居家养老服务站需申请政府财政补助的要实行一站一报告制度，即每个服务站点要本着勤俭节约原则，根据实际建站的资金投入情况单独提出申请补助报告，由各街镇汇总上报区民政局，并经由区民政局会同市民政局实地逐一审核后下拨补助款。

四、各街镇可根据区居家养老服务工作"实施意见"(鼓政办〔2009〕1号)文件精神，按现行政府开展公益性岗位招收的有关规定招聘助老管理员，并造册上报区民政局。

五、各街镇、社区要继续直接与福州市金太阳助老服务中心接洽有关居家养老服务问题。

福州市鼓楼区民政局(章)
二〇〇九年二月五号

评析：

1. 标题由"发文机关＋会议名称＋文种"组成。

2. 开头部分。会议召开的时间、与会人员、会议内容。用"现将会议纪要如下："承接下文，过渡自然。

3. 主体部分。会议事项。根据会议的具体内容，把议定的事项概括为五点。

4. 落款。注明发文机关、发文时间，加盖印章。

能力检测

请你组织一次会议，写出会议记录，并进行资料整理加工，形成一份会议纪要。

子项目九
拟写决定

情境导入

　　××养老院在 2013 年年终进行工作总结和回顾。2013 年，全院职工围绕年初制定的各项目标任务，勤奋工作，创业创新，取得了较好的成绩。经院党委研究决定，决定对办公室、财务科、护理科等年度考核先进部门和李××、孙××、陈××、任××、吴××等年度考核先进个人予以表彰。

　　那么，该怎样行文表彰呢？在这种情况下，用决定行文。如何拟写这份表彰性决定？

知识归纳

一、决定的适用范围

　　根据《条例》第二章第八条第二项规定："适用于对重要事项作出决策和部署、奖惩有关单位和人员、变更或者撤销下级机关不适当的决定事项。"同时根据相关的公文法规规定，撤销下级机关不适当的命令（令）、决议、决定等不适宜使用命令，而使用决定。

二、决定的分类

　　按照内容性质划分，决定有知照性决定、法规性决定和指挥性决定三种。

　　（1）知照性决定。此类决定是对有关具体事项作出决定，知照下级机关及有关各方，起到通知、关照和依据作用。如批准或修订法规，召开重要会议，安排处理人事问题，设置或撤销组织机构，表彰或处分有关单位和人员等。这类决定的一个突出点，就是把决定事项简要地告诉有关单位和人员，不写执行要求。

　　（2）法规性决定。这类决定往往由国家立法机关或权力机关作出，内容涉及法律、法规，一般由重要会议通过发布，具有很强的权威性和行政约束力。

　　（3）指挥性决定。此类决定是对某些重要事项或重大行动作出决策部署确定大政方针，提出要求措施，要求下级认真贯彻执行。这类决定突出的是指挥性（或指示性），一般篇幅较长、说理成分较多。

三、决定的特点

(一)强制性

就是指凡决定中写明的决定事项,有关组织、单位和人员都应认真贯彻执行。

(二)指导性

决定是对重大事项或重要工作的安排,传达上级机关的决策,为下级机关的工作提供依据和准则。

四、决定的基本写作方法

从结构上看,决定大致可分为标题、正文、落款三部分。

(一)标题

决定的标题有"发文机关+事由+文种"的形式,也有"事由+文种"的形式。

(二)正文

不同种类的决定有不完全相同的正文写法。

1. 法规性决定

一般由决定缘由、决定事项组成。决定缘由简略写出作出决定的目的或重要性。决定事项实际上是法规性的条项。

2. 指挥性决定

一般包括决定缘由、决定事项、执行要求三部分。决定缘由是正文的开头,写出决定的原因、根据和目的。由于指挥性决定事关重大,这部分需要提出问题、分析问题,用较多的文字阐述为什么要做出某项决定,写清原因或根据,为下面决定事项提供基础和前提。决定事项是正文的主体。针对缘由部分所提出和分析的问题,作为解决问题的部署,一般将决定事项分条列项或采用小标题方式具体写出,也就是采用并列式结构。要注意层次分明,详略得当;用语严肃准确,决断有力;做到强制性、指令性、规范性的有机结合。执行的要求是正文的结尾。写执行的要求与希望,也可对决定事项内容加以补充或强调。这部分的作用是加深人们对决定事项的认识理解,提高执行效力。

3. 知照性决定

一般由决定缘由、决定事项组成,不提执行要求。只是在表彰性决定中以提希望、号召作为结尾。知照性决定,要求写得简明扼要。有的甚至不做分析,往往篇段合一。

(三)落款

包括发文机关和成文时间。有的把发文机关放在标题之下,也有的把时间放在标题之下(用括号括上)。

五、决定写作注意事项

(一)决定的使用范围要明确

决定的内容要与"决定"文种相符,不能滥发决定。有些单位为了引起收文机关的注意,把本该"通知"行文的内容,用"决定"行文,应尽量避免这种情况。

(二)决定的缘由要充分、合理

决定的缘由是决定事项的基础,要有理有据,令收文机关信服。

(三)决定事项要具体、明确

决定事项时决定的主要内容,是收文机关开展工作的依据,因此,决定事项应写得明白、具体,并写清楚工作如何贯彻执行。内容比较复杂的决定,要采用合理的结构,决定事项部分分条列项解释清楚。多采用规范化的用语:"会议决定""一致决定""大会决定"等。

例文评析

【例文 8-19】

教育部等六部门关于表彰全国职业教育
先进单位和先进个人的决定

近几年来,在各级党委、政府的领导和有关部门的支持配合下,经过职业教育战线全体同志与社会各界人士密切合作、共同努力,我国职业教育改革发展进入了历史新阶段,涌现出一大批工作成绩显著的先进单位和先进个人。为表彰先进,树立典型,营造全社会关心、支持职业教育的良好氛围,激励全国职业教育工作者投身本职工作,激发办学活力,提高教育质量,由各省、自治区、直辖市人民政府有关部门评审推荐,并经教育部、国家发展改革委、财政部、人力资源和社会保障部、农业部、国务院扶贫办六部门审定,决定授予北京市昌平职业学校等 298 家单位"全国职业教育先进单位"称号,授予胡定军等 299 名同志"全国职业教育先进个人"称号。

希望受表彰的先进单位和先进个人珍惜荣誉,开拓进取,再创佳绩。希望各地区有关单位和广大职教工作者以先进为榜样,全面贯彻党的十八大和十八届三中全会精神,落实《国家中长期教育改革和发展规划纲要(2010—2020 年)》和国家加快发展现代职业教育的方针政策,坚定信心,抢抓机遇,齐心协力地推动现代职业教育改革创新,为全面实施科教兴国战略和人才强国战略,促进教育公平,建设富强、民主、文明、和谐的社会主义现代化国家,实现中华民族伟大复兴的中国梦作出积极贡献。

附件:1.全国职业教育先进单位名单(298 家)

2.全国职业教育先进个人名单(299 人)

教育部　国家发展改革委　财政部(章)

人力资源和社会保障部　农业部　国务院扶贫办

2014 年 4 月 25 日

评析：

1. 这是一份知照性决定。标题采用"发文机关＋事由＋文种"的全标题形式。

2. 主送单位：接受决定的下一级机关，也可无主送机关。

3. 正文的前言部分重点介绍了表彰先进的依据(背景)和表彰先进的目的，表彰决定事项。

4. 正文主体从领导的角度对受表彰的单位和人员提出新的要求，并发出号召，进行激励。然后达到未来的结果——为实现中华民族伟大复兴的中国梦作出积极贡献。例文结语与主体提出的新要求、号召合为一体。

5. 因为正文需要被表彰单位与个人的名单，所以附件说明正文内容。依然属于正文部分。

6. 落款：写明发文机关、发文时间，加盖印章。

能力检测

根据下列材料，以学校的名义写一份处分决定。

某学院医学系 2012 级学生李某，入学以来学习态度不明确，学习不认真，经常不遵守校纪校规，自由散漫、旷课迟到多次，结伴打架斗殴。今年 6 月 18 号，李某又和同宿舍同学发生口角，并叫来校外人员参与打架，将同学王某打成重伤。学校决定按照《学生管理条例》给予李某处分。

项目九　养老机构公文处理程序

学习目标

1. 知识目标

◆了解养老机构公文的概念、基本处理程序和行文规则，掌握公文处理主要环节的内容

2. 技能目标

◆针对公文的收文、发文、归档、整理与保管能够熟练地知道该程序的作业规范和环节

子项目一
收文处理程序

情境导入

A 是爱心老年公寓的办公室文员。某天，上班时收到一批文件，A 查收了这批文件，并确认收到的件数和文件投递单上的件数一致，于是在文件投递单上签上了自己的名字。

随后 A 开始拆封这些文件，A 很小心的按照拆封规范去开启所有信封，尽量避免文件正文发生损毁。拆封完毕后，A 开始逐件在收文登记簿上登记相关的内容。等级如下：

××年×月×日

1.《老年生活》杂志征稿的通知；

2.××省老龄工作委员会关于举办老年服务机构规范化培训的通知；

3.××中医院于×月×日(下周五)聘请×××教授讲授老年营养知识；

4.老年公寓老年人免费听课的通知黄海科技学院关于举办文艺演出慰问老年公寓的联络函。

登记完毕后，A 在每份文件的前面加贴了一份"文件处理单"，并送交办公室主任填写拟办意见。办公室主任在看到"××省老龄工作委员会"关于举办老年服务机构规范化培训的通知；于是该主任在文件处理单的"拟办意见"栏中写拟办意见——"积极配合老龄委培训活动，力争把主办地点设在我院，当否？请刘院长、黄副院长阅示。"

随后，办公室主任把已经写完拟办意见的文件交给 A，请他把文件分送到主管领导人那里去批示或者传阅。A 分送给不同的领导批示或传阅。根据规定，A 及时地在《收文登记簿》的"处理情况"一栏中进行了相应的记录。A 在下班前，从每一位领导那里把批示或者阅读完毕的文件拿了回来。检查批办意见栏中和签名字与阅读时间。

第二天，在查看刘院长在每份文件的"批办意见"一栏中都写上了自己的名字时，按规定，需要在请刘院长签署明确的批办意见。A 开始按照批办意见安排承办任务。

A 看到在"××省老龄工作委员会关于举办老年服务机构规范化培训的通知；拟办意见是"拟请人事部阅研，并提出参加培训的人员名单和承办申请"，批办意见是"同意"。就把文件处理单和文件的复印件传送给人事部，请他们按照领导批示办理相关事项。A在《收文登记簿》的"处理情况"一栏中作了相应的记录。

人事部收到文件后，经过开会研究认为，参加培训的人员名单可以开列，但承办培训条件不具备，决定不予承办。

A在月末检查本月收文的办理情况发现，人事部承办的文件还没有结果，就询问人事部，人事部把不予承办培训告知了A。A说"按规定，你们要把情况写一份答复函"人事部根据研究的意见起草了一份答复函，并按照发文程序和规定格式由办公室打印答复函发给××省老龄工作委员会。

文件发出后，A在《文件处理单》的"处理情况"一栏中填上注明"已复文"，和复文的文号和复文的日期。

请找出以上案例的收文处理的失误。

知识归纳

一、收文处理的概念

收文处理指收进外部送达本机关、本单位的公务文书和材料，包括文件、电报、信函、内部刊物、资料等其他文字资料。并对这些公文进行办理和保管。

二、收文处理的程序

第一环节，公文的收受与分流，具体包括：签收、外收文登记、启封、内收文登记、分办、摘编；

第二环节，办理收文，具体包括：拟办、批办、承办、注办；

第三环节，组织传阅与催办查办；

第四环节，处置办毕公文，包括：立卷归档、清退、暂存、销毁等。

三、主要环节解释

1. 签收

签收是收文办理的第一道程序。指收到文件后收件人在对方的文件投递单或送达簿上签字，表示收到。签收首先是为明确交接双方的责任提供一种凭证；其次是为了保证文件运行安全。

2. 登记

登记的形式主要有簿式、卡片式、联单式三种。登记时应注意：收文与发文，平件、密件与急件一般应分别进行；分清轻重缓急，急件随到随登，平件分批登，但也应当日到当日登；登记序号应不留空号，不出重号；字迹工整、不滥用简称；所有登录项目都应完整准确；对于无标题文件应代为拟出简明、确切的标题。

3. 启封

上级来文，均由文件专管人员拆封，其他人员不得拆封。写明某个部门或个人亲收的文件，应登记后转送有关部门或个人签收。

4. 筛选

根据来文单位和文件内容对收文进行鉴别和归类。

5. 分办

由有关工作人员将签署分发阅办处理意见的文件向上呈送。

6. 拟办

由部门负责人或有关具体工作人员经过对公文进行认真的阅读分析，提出建议性的处置意见，供有关领导者审核定夺。

7. 批办

即机关领导者或部门负责人对公文提出处置意见。

8. 承办

即有关工作人员按批示意见具体处置公文所针对的事务和问题。

9. 注办

即由承办人签注公文承办情况，以备忘待查。

10. 传阅

需要传阅的文件，要按批示意见传阅。传阅中，应先送主要领导和分管领导阅，各部门间安排主管部门先看。领导同志阅文后要签字、注释。如有阅批意见，要按领导同志的意见，做好补办工作。文件传阅前，要认真登记，阅完后进行检查，随时掌握文件的去向。

11. 催办

由公文处理管理机构根据承办时限和其他有关要求对公文承办过程实施的催促检查。

12. 查办

由公文处理管理机构或其他专门组织对重要公文实际执行情况所进行的核查协办工作。

13. 注结

文件办理完毕，应在《收文登记簿》或公文处理单上注结，注明办理日期，并简要写明办理结果。

14. 清退

接到文件清退通知以后，要按规定的清退范围和清退时间，填写清退表，到所在地党政机关文管部门进行清退。清退中发现文件短缺，要认真组织找查，并及时向上级主管部门汇报。

15. 立卷

把对本单位工作有查考价值的上级文件、材料收集齐全，按文书立卷有关规定整理成案卷，并填写案卷目录。

16. 归档

将立好的案卷向综合档案室移交，移交时应履行审定、交接手续。

17. 销毁

没有存档价值的文件以及其他材料，经鉴定、批准后，可进行销毁，销毁秘密文件，要由专人(两人以上)到指定的造纸厂鉴销，严禁向废品收购部门或个人出售。

四、收文处理要求

收文处理必须做到准确、及时、安全，各个环节，应力求当日事当日毕。收文的签收、登记多由秘书部门负责。一般应在十五天内办理完毕，并答复报文单位。十五天内难以办结的，应向报文单位说明情况。紧急文件随到随办。有时限要求的文件，必须在时限内办完。应建立严格的收文签收、登记制度，加强对公文运转的管理，保证收到的公文件件有着落。

例文格式

××老年公寓收文处理单

文号		收文编号	
来文单位		收文时间	
文件标题			
拟办意见			
领导批示			
审阅人签字	姓名	时间	阅处意见

能力检测

根据收文处理程序，请同学们设计一个《××养老院收文登记簿》。

子项目二
发文处理程序

情境导入

　　B是天伦敬老院的办公室文员。某天餐饮部安排B起草一份文件，文件内容是就本月初餐饮部根据领导的批示对保证老年饮食安全给卫生部门做出答复。接受任务后，B找出本月初餐饮部讨论此事的记录，顺利起草了公文，并送到办公室主任那里，进行发文审核。

　　办公室主任收到餐饮部起草的文稿，进行了审核。修改了公文的标题《餐饮部根据领导的批示对保证老年饮食安全的意见》，改为"复函"。随后在发文稿纸的"文秘部门审核意见"写上了"审核合格"的意见，并在审核人签名处签名。

　　第二天上午，办公室文员B把审核过的复函文稿传送给赵总经理签发，赵总阅读了复函和审核意见后，在发文稿纸的"签发意见"一栏中签名。

　　B随后给复函编号。根据已发公文的编号，在复函的"发文字号"一栏中写上了"天计函字〔20××〕××号"。编制后，B按照公文标准格式的要求印制公文和校样。校样对照无误，按照规定的印数进行批量印刷。印制完成后，B拿着印刷的公文找印章管理员Z盖章。Z拿出公章，对B说："你自己盖吧！"B随即在公文末页的正文末尾与成文日期之间的空白处盖了公章。

　　盖完公章，B把其中一份与签发稿装合订存档，另一份用中号信封，按卫生部门来函地址正确书写封面，装入复函。封好，贴邮票，备送邮递。

　　请找出以上案例的发文处理的失误。

知识归纳

一、发文处理的概念

　　发文处理是指以本机关名义制发公文所进行的拟制、处置与管理活动。发文处理的一般程序为：拟稿、会商、审核、签发，核发、登记、缮印、用印或签署，分装、发出，处置办毕公文。这一程序具有很强的确定性与不可逆性。

二、发文处理程序

　　发文处理一般可分为四个阶段，即：

　　第一阶段：文稿的形成，具体包括：拟稿、会商、审核、签发。这一阶段是发文处理活动的中心内容。

第二阶段：公文的制作，具体包括：核发、登记、缮印、用印或签署。

第三阶段：公文的对外传递，包括分装、发出等环节。

第四阶段：处置办毕公文，包括暂存、销毁、立卷、归档等。

三、主要过程解释

1. 拟稿

即公文写作。经过对有关信息材料的收集加工和再创造，系统地记录有用信息，使机关的意见见诸文字，草创供进一步完善的原始文稿。

2. 会商

指当公文内容涉及其他有关同级或不相隶属机关的职权范围，需征得其同意或配合时所进行的协商活动。

3. 审核

指拟就的文稿在送交有关领导审批或会议讨论通过之前，由经验丰富、政策理论水平和文字水平较高的相关工作人员等对文稿所做的全面核查、修改工作。

4. 签发

指由机关领导人或被授以专门权限的部门负责人对文稿终审核准之后，批注正式定稿和发出意见并签注姓名、日期的活动。除一些规范性及部分重要公文须经有关会议讨论通过，或再由负责人签署方可生效外，其他文稿，一经履行签发手续即为定稿。为此，签发是绝大多数公文生效的必备条件。

5. 核发

指秘书部门在定稿形成后、公文正式印发前，对公文的审批手续、文种、结构格式等进行复核，确定发文字号、发文单位和印制份数。

6. 登记

这里指发文登记，主要登记行将发出的公文的发文字号、文种、标题和发文范围。

发文字号是公文的一个重要项目，位于版头的正下方，文头部分与正文部分的间隔横线的正上方。党的公文也可标在版头的左下方。

发文字号有固定的模式：由发文机关代字、年份（发文年度）、序号（发文顺序号）三部分组成。

机关代字：是发文机关名称的极度简缩，但还能识别出是哪一个机关。如："国发"是国务院的机关代字；"中发"是中共中央的机关代字；"国办发"是国务院办公厅的机关代字；陕西省人民政府的机关代字是"陕政字"，四川省人民政府的机关代字是"川府"。根据代字可以看出发文的是什么机关。

年份：就是发文当年的年度，用阿拉伯数字写全，不得缩写，如把 1999 年减缩为"99"。年份加六角括号，例如：〔1999〕，不得用圆括号或别的括号。

序号：是机关发文的流水号，当年所发的第一份公文是 1 号，以后依次顺排即可。除命令（令）外，其他公文的序号前不加"第"字，数字前面也不加"0"。

发文字号是引用和查找公文时的重要依据，正规公文一般都要有发文字号。

7. 缮印

即以誊录抄写、印刷等方式制作供对外发出的公文。

8. 用印或签署

即在印毕的公文上加盖发文机关的印章，或请有关领导者在公文正本上签注姓名。其作用均为表明公文的正式性质和法定效力。

9. 分装

指按照规定具体分配和封装公文。

10. 发出

指将已封装完毕的公文以适宜的方式(如走机要交通等)发送给受文者。

11. 处置办毕公文

处置办毕公文，具体包括：暂存、销毁、立卷、归档等。

发文处理

××老年公寓发文处理单

签发：	审批：
	核稿：
	拟稿：
文件主题：	
主送机关：	抄送机关：
附件：	
份数：	年　　月　　日印发

能力检测

根据发文处理程序，请同学们尝试设计一个《××养老院发文登记表》。

子项目三

文件归档处理

情境导入

  C在"永福老年之家"进行归档整理工作。某天，C对文件材料进行归档选择。有以下文件：

  1. ××市卫生局《关于养老机构配置医务人员的规定》的通知；

  2. "老年服务器有限服务公司"业务联系介绍信；

  3. 高龄老人入住条件的规定；

  4. "永福老年之家"客户咨询登记表；

  5. "天心降压丸"功效和降价通知。

  他选择的归档的文件是＿＿＿＿＿＿＿＿＿＿。

  "永福老年之家"由于发展需要，员工数量、机构设置、管理模式均发生了巨大变化。为了便于查找档案，根据公司要求，C调整了档案分类方案。根据"永福老年之家"的实际情况，采用＿＿＿＿＿＿的分类方法最合适。

  ××××年，C为了降低成本，提高效率，对档案装订方法进行了改进，删减了一些中间环节。但改进后，装订的档案质量及查找便利性出现大量问题。常用的档案装订方法有＿＿＿＿＿＿＿＿＿＿。

你能正确填写以上空格吗？

知识归纳

  公文处理工作要集中在办公室进行，办公室主管本机关的公文处理工作。由专职文书人员负责对公文统一收发、分办、传递、用印、立卷、归档和销毁。各部室、各单位必须确定有专人负责公文的保管工作，年终整理交办公室存档。

  凡接到外来公文，由专职文书人员统一拆封、登记，送领导审批，然后送有关部门处理，承办单位收到公文，必须抓紧处理，有时限的应在时限内办完，不得积压。人员外出学习、参观、考察和参加各种会议带回的文件，应先交办公室进行登记，再行办理。办理完毕后及时归档。

  公文处理工作应规范化、制度化、科学化。提高文件处理工作的效率和质量，并保证公文归档及时齐全、完整，以便日后有效利用是十分必要的。要做好文件归档处理，前提是要从制度上确立档案工作岗位责任制。

一、档案工作岗位责任制

（一）分管档案工作的领导职责

1. 组织全局性的宣传、贯彻、执行《中华人民共和国档案法》和上级关于档案工作的各项方针政策的活动；

2. 加强对档案工作的领导，将档案工作纳入整体发展计划，列入议事日程，督促分管部门按上级和档案部门要求做好应做的工作；

3. 关心档案工作和档案室的建设与发展，从人力、物力、财力上给予支持，及时解决工作中的重大问题和困难，改善工作条件，使档案工作与其他各项工作协调发展。

（二）档案员职责

1. 贯彻实施《档案法》等档案工作的法律、法规，建立健全档案管理制度；

2. 对各有关处室形成的各种材料的收集、整理、立卷和归档进行监督和指导；

3. 负责收集出国和外出考察人员应当归档的有关材料和照片，收集领导同志外出开会的发言材料和带回的带有密级的材料；

4. 负责管理各种门类和载体的档案，维护档案的完整、准确与安全，并为本单位各项工作的需要提供服务；

5. 按时向上级主管部门报送档案工作统计材料；

6. 按规定向档案馆移交应进馆的档案。

（三）分管档案工作的领导职责

1. 配备具有较好政治业务素质的专（兼）职档案人员，并保持相对稳定；

2. 将档案工作纳入本单位的议事日程，帮助专（兼）职档案人员解决工作中的实际困难；

3. 组织本单位人员学习档案法规，执行档案工作的规章制度；

4. 疏通渠道，严格制度，督促有关人员注意平时各类文件材料的形成积累，积极配合专（兼）职档案人员的归档工作；

5. 协同档案室监督、检查本单位文件材料预立卷、整理组卷、归档验收及档案鉴定工作；

6. 负责检查本单位专（兼）职档案人员履行档案岗位职责情况。

（四）专（兼）职档案人员职责

1. 坚持平时整理。根据本单位不同种类文件材料的形成特征，制定案卷类目，合理分类存放，便于利用和归档。

2. 负责本单位文件材料的形成、积累、保管和整理归档工作，保证归档文件材料完整、准确、系统。

3. 归档案卷做到组卷合理，页号编写准确，案卷目录清楚，案卷标题简明扼要。

4. 保管好本部门应归档的案卷，注意文件材料的安全和保密。

5. 主动接收档案员的业务指导和督促检查，按规定时间向档案室移交。

6. 积极参加业务学习，不断提高档案工作水平。

7. 按档案室要求对档案进行分类、整理、编目，并编制检索工具。

8. 按归档时间向档案室提供档案目录和统计年报表。

二、各类文件材料

各类文件材料，由承办部门的专职或兼职档案管理员负责立卷归档，编写总目录索引，清理上柜。承办部门立卷后，要及时向档案室移交档案卷宗。

(一)收集归档范围

本机关在各项工作中形成的具有保存价值的，或者上级和下级送来的与本机关关系很密切的文件材料(包括公文、电报簿册、书信、会议、电话记录、图纸、登记表、报表、名册、奖品、照片、录音带、录像带等，下同)都属收集归档范围，应按规定的范围、时间和要求交本部门资料员或综合档案室归档。

1. 本级文件

(1)各种代表会议、工作会议、专业会议、各级干部会议的会议记录、会议纪要；

(2)工作计划、规定、方案、安排、总结、小结、汇报、简报、通报、通知；

(3)各种综合的或专题的调查、检查、考察等报告；

(4)向上级请示，与其他单位的来往文书，对下级的指示、批复、通知；

(5)各项决定、决议、规定、标准、规范、条例、办法、制度、守则、要求；

(6)各级领导的报告、讲话、发言稿或提纲、记录；

(7)反映生产、基建、科研设备、工艺情况底图、蓝图及文字材料；

(8)各种报表、名册、登记表、簿册、数据、凭证；

(9)反映本机关、本地区重要活动的照片、录音带、录像带；

(10)电报、重要电话记录、机关工作日记；

(11)年鉴、大事记、基础数字汇编、基本情况综合；

(12)本机关制发的奖状、奖证、奖章、奖旗、奖品；

(13)有关房产、财产、物资、档案、债权、捐赠等的凭证，发放各种证明、证件存根；

(14)已故人员资料；

(15)重要的人民来信及处理材料；

(16)本机关编辑、出版的书刊、资料样板；

(17)本机关(包括上报和下批)干部任免、呈批表、调配培训、专业技术职务评定、聘任、入党、年终统计、报表、干部的录用、转正、定级、调资、离休、等审批表及干部奖惩等文件材料。

2. 上级文件材料

(1)上级(包括各部门及派驻本机关的调查组、检查组、工作组，下同)有关本机关、本地区工作或问题的决定、决议、指示、批复及调查、检查、经验材料；

(2)各级领导同志、国际友人、人民代表、政协委员视察本机关、本地区时的指示、讲话、题词、照片、录音、录像；

(3)上级发给本机关的奖状、奖册、奖章、奖旗、奖品；

(4)上级报刊刊载有关本机关、本地区情况的文章。

3.同级文件材料

(1)有关单位与本机关联合召开会议，共同进行工作，协作查处案件或问题共同署名的文件材料；

(2)有关单位与本机关签订的合同、合约、协议；

(3)有关单位与本机关涉及比较重要的工作或问题的来往文书；

(4)有关单位发来的重要的、需要执行的方针、政策性文件。

4.下级文件材料

(1)年、季度工作总结、重要的专题工作总结；

(2)重要的调查报告、检查报告、典型材料，比较重要的工作经验、重要的请示、法规性的备案文件；

(3)重要的名册、登记表；

(4)大事记、基本情况汇编、基础数字汇编。

(二)归档份数

文书档案一式两份，其中正文和签发稿各一份作存档用，一份作文件汇编用。

(三)归档时间和方法

1.凡经过打字室打印的文件，打印好后由打字员收集，交文书档案员归档；

2.凡各部门发出的文件，由各部门办公室的有关人员收集，交由综合档案室归档；

3.一项工作已完成时(包括一项已完成或一个会议已结束，一个问题已解决，一件案件已处理等)，由各部门办公室的有关人员，将进行该项工作形成的全部文件材料，系统整理后送交综合档案室归档；

4.外出开会、考察、学习、参观形成或带回应归档的文件材料，在该项活动结束时交由文书档案员归档；

5.年度工作总结、各种年报、党员、干部名册，应于翌年一月底前交文书档案归档；

6.每年的二月底前进行一次全面、彻底的归档，各部门要把上一年应归档而未归档的全部文件材料移交综合档案室归档。

(四)归档要求

1.应归档的文件、材料应由各部门资料员收集全齐；

2.正文与底稿(签发稿)主件或附件、请示与批复、来文与复文一起归档；

3.归档文件材料注意：检查应盖公章是否盖了，文件没有标题应加上标题，内容、摘要、文件没有标明日期的要标上日期；

4.归档的文件材料应是原稿原件，不得用复制件；

5.归档的照片、录音带、录像带要一一写上文字说明；

6.凡是归档的文件材料必须经过初步整理，把同一具体问题的文件材料集中在一起，按文件的先后形成排列好。

(五)档案鉴定

1. 档案鉴定工作是甄别和判定档案的价值，并据以确定档案"存毁"的工作；

2. 档案鉴定工作是一项科学性很强的工作，必须坚持全面观点，坚持历史观点，坚持发展观点；

3. 档案鉴定必须按照党和国家制定的鉴定工作原则和鉴定标准进行；

4. 档案鉴定工作必须有组织、有领导地进行，一般应有领导、专业人员和有关单位代表参加的鉴定小组负责进行；

5. 凡是经过认真的鉴定，判定为保存或销毁的档案，必须按照规定的程序，办好鉴定手续；

6. 档案鉴定工作，是一项决定档案命运的工作，档案工作人员必须严肃、慎重地对待鉴定工作，严格遵守档案鉴定工作制度。

(六)档案借阅

为了加强本单位档案管理，搞好各门类档案的提供和利用工作，特制定以下制度：

1. 本单位各部门借阅档案，必须按照单位制定的各门类档案借阅管理标准办理借阅手续。

2. 外单位来人查阅本单位档案，需持单位介绍信并经单位有关部门领导签字批准，方可查阅，不得抄录或借出。

3. 机密、秘密、绝密档案借阅一律按照《档案安全保密标准》中的要求办理。

4. 查阅各门类档案应在阅览室内进行，不划道、涂改、折卷、裁剪、拍照、撕毁等。特殊情况需借出的，需经部门负责人批准，但借出时间不得超过一周，不得转借他人。需继续使用者要办续借手续，确保档案的完整与安全。

5. 珍贵的实物档案、重要的照片、底片、缩微胶片等档案一律不借出。

6. 凡私自抄录、摄、描绘、拆散、删刮、撕毁档案等行为者严格按照国家《档案法》、《保密法》予以追究法律现行责任。

(七)档案保密

1. 档案是国家的宝贵财富，企业各门类档案本身具有机要性质，因此，档案部门和工作人员，必须遵守保密制度，履行保密手续，严格遵守保密十条原则，确保档案的安全。

2. 凡是利用档案，必须经档案人员提供，任何人不得直接动用。

3. 借阅档案必须严格按照档案借阅制度办理手续，限期使用，按期返还。返还档案要认真检查核对，发现问题及时追查。

4. 利用绝密、机密档案以及引进技术资料、科研成果、发明创造、专利、新产品、新工艺等技术文件材料，须严格履行审批手续，未经批准的，严禁提供利用。

5. 外单位查阅档案，需持介绍信经领导和主管部门批准。

复制档案和外供图纸和技术文件，统一由档案信息中心严格按照审批手续提供，任何单位和个人一律无权外供。

对于擅自向外转借、提供图纸资料和技术文件等档案材料者，必须追查责任，对于严重损害国家和社会利益者，要依法追查刑事责任。

6. 各种已不再使用的图纸和文件材料以及其他经鉴定审批拟销毁的档案资料，统一按文件由档案信息中心组织回收，统一销毁，其他任何单位和个人一律无权处理或自行销毁。

7. 发现有关泄密事件，应立即报告，及时追查。

8. 不允许传抄、自行翻印机密文件和带密级的档案材料。

9. 不允许将机密文件带回家中和到领导办公室随意翻阅文件。严禁携带机密文件、档案资料游览、参观、探亲、访友及出入公共场所。

10. 单位领导和保密小组要定期检查保密工作，总结经验，堵塞漏洞严防失密、泄密发生。

(八)档案复制制度

1. 本单位人员因工作需要复制一般文件材料时要经档案室审批。

本单位人员复制本职工作范围以外的档案，需经有关业务部门负责人同意；复制机密档案材料(会议记录等)须经档案员和分管档案工作的领导审批后方可复制。

2. 外单位一般不予复制，确因工作需要应持单位介绍信，经档案员同意方可复制。

3. 复制后要及时进行登记。

(九)档案统计制度

1. 档案统计工作是以档案工作中大量的现象为对象，以表格、数字的形式揭示档案和档案工作中诸现象的现状、发展过程及其一般规律性的工作。

2. 统计作用。档案统计工作，为制定档案工作的方针、政策，编制档案事业发展规划，开展档案科学研究，进行定性分析与定量分析，提供科学的依据。

3. 统计内容。对档案的收进、移出、整理、鉴定、保管数量和状况，以及档案的构成、利用、机构和人员等情况的基本统计和其他专门统计。

4. 统计任务。对档案和档案工作的发展情况进行统计调查、统计分析、提供资料，实行统计监督。

5. 统计对象。对档案实体及其管理状况的统计和档案事业的组织与管理现状的统计。

6. 统计方法。档案统计工作，必须把零星的个别的原始资料，进行综合整理，使之成为能反映整体现象的资料，再进行分析和研究，总结出典型性的经验教训，以提高档案的科学管理水平。

7. 按期统计。平时必须积极收集资料，做好单项的统计；半年必须做好各项工作的初步统计；年终必须进行全面的系统的统计。

8. 专人统计。配备统计人员，熟悉统计业务；掌握统计资料，数字统计连贯；准确统计数字，按时统计上报。

(十)档案库房管理制度

1. 档案保管工作是采用一定的技术设备、措施和方法，对档案实行科学保管和保护，防治档案损毁，延长档案寿命，维护档案安全。

2. 按专业类项进行保管，做到档案存放条理化、排列系统化、保管科学化，以利于档案的保护管理。

3. 坚持以防为主、防治结合方针，切实做好档案"十防"(即防盗、防水、防火、防潮、防尘、防鼠、防虫、防高温、防强光、防泄密)工作，确保档案完整安全。

4. 加强库房基础设施建设，逐步购置先进设备，改善库房管理条件；引用先进科学技术，实行科学管理。

5. 库房要保持温度在 14℃～24℃，相对湿度在 45％～60％之内；保持清洁干净，做到无尘、无虫、无鼠、无有害气体污染。

6. 库房管理人员要做到天天打扫卫生，每天上下班各检查一次温湿度，每月清理二次档案柜卫生，发现有字迹蜕变和纸张破损的案卷，及时进行抢救。

7. 接交进馆的档案，要认真清点，履行签字交接手续；档案外借，要认真清点，履行批准手续，并保证按期归还；非工作人员不得进库房，以防意外；在库房里不准吸烟。

(十一)档案销毁制度

1. 档案的销毁是指对没有保存价值的不归档文件和保管期限已满无须继续保存的档案进行销毁处理。

2. 档案销毁必须按照国家规定档案销毁的标准，严格进行鉴定。

3. 经过鉴定确需销毁的档案，必须写出销毁档案内容分析报告，列出档案销毁清册。

4. 档案销毁必须严格执行审批制度，履行批准手续。

5. 批准销毁的档案，应及时送造纸厂化为纸浆或焚毁，且要有两人监销；销毁完毕，监销人要在销毁清册上写明某年、某月、某日已销毁并签名盖章。

6. 档案的销毁必须在相应的《案卷目录》、《档案总登记簿》和《案卷目录登记簿》上注明"已销毁"。

例文格式

文件归档表格

归档文件名称					
文件编号		文件总页数		归档编号	
归档存放处		保密等级		保管期限	
备注：					
归档时间		送交人		接收人	
修改变更记录					

续表

修改日期	更改单号	送交人	接收人	存档变更记录	

子项目四
档案的整理与保管

➡ 情境导入

档案的整理

D是"安享"养老服务公司的文员，管理档案工作。对一些有保存价值的文件，需要进行整理。按照相关的档案法规，D对这些档案选择并整理，他通过编制图表来进行整理。

档案的保管

E是"天命敬老院"办公室的文员，负责档案管理。为便于档案保管，敬老院领导决定由他对敬老院档案工作进行整改。E发现了以下问题：

1. 档案室办公楼建筑质量较差，档案室房顶有一处漏水。

2. 借阅的登记簿显示，一些档案员工借出后没有及时归还，影响了档案的后续利用。

3. 借阅人不注重保护，接触档案有破损现象。

4. 由于档案室较小，无阅览区，带回家查阅现象较多，不利于保密。

针对这些档案保管的问题，敬老院领导安排E设计一份档案室改造方案。要求就库房选址、设备采购、制度建设、档案流动等方面设计出一份可行性方案。

1. 请帮助D分析一下应该编制哪些图表以便于整理，采用什么方法来整理。

2. 请帮助E设计一份档案整改方案。

📖 知识归纳

一、档案整理

档案整理是指将处于零乱的和需要进一步条理化的档案进行基本的分类、组合、排列、编号、编制目录、建立健全案卷等，组成有序体系的过程。

档案的整理是发挥档案信息资源作用的一项前提条件，档案整理的质量直接关系到档案的利用，是整个档案工作中重要基础。档案整理科学化和标准化的提高，对于档案管理工作的总体优化具有直接和广泛的影响。

(一)档案整理的基本要求

1. 遵循文件材料的形成规律和特点;

2. 保持文件材料之间的有机联系;

3. 区分文件材料的价值;

4. 确定档案的保管期限;

5. 便于保管和利用。

(二)整理工作的原则

1. 充分利用原有基础

(1)充分地重视和利用先前的整理基础,以确定档案整理的任务和要求,不要轻易打乱重整;

(2)在整理过程中,应该充分研究和利用原来整理的成果,不要轻易破坏以往整理和保存的历史状况。

2. 保持文件之间的历史联系

文件之间的历史联系,主要体现在文件的来源、时间、内容等几个方面。

(1)文件在来源方面的联系

文件是以一定的机关及其内部组织机构或一定的个人为单位,有机地形成的。形成文件的这些单位或个人,使文件构成了来源方面不可分割的历史联系。

(2)文件在时间方面的联系

形成档案的机关或个人所进行的具体活动,都有一定的过程和阶段性,因而使文件之间具有自然的时间联系。

(3)文件在内容方面的联系

文件是机关或个人在履行一定职责的各种活动中,为了解决一定问题而产生的。它是形成者的特定活动,使文件之间在内容上具有密切联系。

(三)整理的内容和步骤

1. 内容包括

区分全宗、分类、组卷、卷内文件整理、编目、装订(或"装盒")、排列案卷目录的编制。

2. 整理步骤

(1)了解情况;

(2)区分全宗和分类;

(3)细分和组卷、草拟案卷标题;

(4)初步排列案卷顺序,检查分类是否合理,并进行适当调整;

(5)全面审查修改标题;

(6)固定排列位置、编制案卷目录以及文件的张号、页号、件号。

(四)档案整理的文件范围

凡是本机关工作活动中形成的,具有查考保存价值的文件材料,包括收发文电、内部文件、会议文件、电话记录、图表、簿册、照片、录音、录像、计算机盘片、实物以及本机关编印的出版物等，在办理完毕后均须整理保存。

(五)整理参照文件

1. 整理的参照文件是国家档案局颁布的《归档文件整理规则》；

2. 电子档案整理的参照文件是国家档案局颁布的《电子公文归档管理暂行办法》《电子文件归档与管理规范》；

3. 照片档案整理的参照文件是国家档案局颁布的《照片档案管理规范》；

4. 科技档案按"卷"整理，其参照文件是国家质量技术监督局颁布的《科学技术档案案卷构成的一般要求》；

5. 科研档案整理的参照文件是国家档案局颁发的《科学技术研究课题档案管理规范》；

6. 基建工程档案的参照文件是国家档案局、国家计委颁发的《基本建设项目档案资料管理暂行规定》；

7. 会计档案按"盒(卷)"整理，其参照文件是财政部、国家档案局颁布的《会计档案管理办法》。

(六)档案整理的方法

1. 以"案卷"为单位整理

所谓案卷，就是一组密切联系的文件的组合体。以"案卷"为单位整理就是立卷，即按照文件材料在形成和处理过程中的联系将其组合为案卷。

2. 以"件"为单位整理

以"件"为单位整理就是按照文件材料形成和处理的基本单位进行整理。基本保管单位是件，其最后要装入档案盒内。

(七)档案整理步骤

1. 按"件"整理的档案整理步骤

文件分类、鉴定保管期限、装订、排列、编号、盖归档章、编制归档文件目录、装盒、填写备考表、填写档案盒封面、编写归档文件整理说明、编制归档文件目录册、档案排架。

2. 按"卷"整理的文件整理步骤

文件分类、鉴定保管期限、排列、编页号、编制卷内文件目录、装订案卷、填写备考表、填写案卷封面、编写立卷说明、编制案卷目录、编制全引目录、档案排架。

(八)档案整理的外形要求

1. 档案整理的装具要求

(1)采用规范化的装具材料；

(2)购置合适的装订工具。

2. 填写案卷或档案盒封面要求

立档单位名称应用毛笔书写或刻章盖印，其他项目应用钢笔(黑色墨水)按规定逐项填写清楚，字迹工整、清晰，也可以刻章盖印。

3. 案卷或文件装订要求

(1)案卷或文件的装订主要是为了固定"件"，使其便于保管和利用；

(2)破损的文件应在装订前修复，字迹模糊或易蜕变的文件应予复制或进行字迹加固处理；

(3)文件的修整，复制要在保持原貌的前提下进行；

(4)装订应结实整齐，不压字、不掉页、不倒页、不损坏文件、不妨碍阅读；

(5)对于小于 A4 纸型规格的介绍信等文字材料，应将它们粘贴在 A4 纸上，空白纸张抽除；

(6)单份文件装订，装订前将"件"内的各页对齐，用三孔一线的装订方式装订；

(7)排列编目是指归档文件确定文件先后次序，并使这种系统化的次序固定化的过程；

(8)卷内文书材料排列完毕后，编制页号，加盖红色或黑色印泥的归档章。

二、档案保管

(一)归档章

归档章设置全宗号、年度、保管期限、件号、页数、盒号等必备项。

1. 全宗号

是同级档案馆给立档单位编制的代号。由档案部门统一确定，未确定全宗号的在档案未进馆之前该号可暂不填写。

2. 年度

是指文件形成年度，以四位阿拉伯数字标注公元纪年。

3. 保管期限

归档文件保管期限标注。直接标明"永久"、"30 年"、"10 年"。

4. 件号

件号为文件的排列顺序号。件号又分为室编件号和馆编件号两种。

5. 盒号

档案盒的排列顺序号。

6. 页数

每一份归档文件的页数。

7. 机构

是指作为分类方案类目的机构名称或规范化的简称。

(二)卷内文件或归档文件编目要求

1. 编目是指编制归档文件目录或卷内文件目录，编目应做到准确、全面、详细、深入，以适应档案管理现代化及计算机检索的需要；

2. 目录项目包括件号或顺序号、责任者、文号、题名、日期、页数或页号、备注七项；

3. 填写归档文件目录项时，应使用耐久的书写材料进行填写，且字迹必须工整，

美观;

4. 永久、30 年保管的档案要求用计算机打印目录一式五份。分别装入档案盒和作目录汇编装订成册;

5. 卷内文件目录放在卷首,归档文件目录放置在归档文件的最前面;

6. 填写卷内文件目录和归档文件目录;

7. 责任者是指制发文件的组织或个人,即文件的发文机关或署名者;

8. 填写文件制发机关的发文字号。文号一般由机关代字、年度、顺序号三部分组成;

9. 填写目录中的题名应将责任者、问题、文种三个部分照实抄录;

10. 目录日期必须是印章所盖处和文件形成时的日期;

11. 备注用于填写归档文件需要补充和说明的情况。包括密级、缺损、修改、补充、移出、销毁等。

(三)归档文件装盒要求

1. 归档文件应严格按照件号的先后顺序装入档案盒。

2. 装盒时,应按照分类方法,将不同类别的归档文件装入不同的档案盒中。

3. 装盒的具体要求:

①不同形成年度的归档文件一般不应放入同一档案盒;

②不同保管期限的归档文件原则上不应放入同一档案盒;

③分机构(问题)的情况下,不同机构(问题)的归档文件原则上不能放入同一档案盒;

④装盒时应视文件的厚度,选择适宜的档案盒,不使文件弯曲受损,也不能太空;

⑤档案盒是归档文件的装具。档案盒可竖式摆放,也可横式摆放,但不能平卧摆放。

(四)档案盒书写要求

1. 封面应使用全称或规范化简称标明全宗名称(即立档单位名称);

2. 档案盒盒脊应根据不同的摆放方式,在盒脊或底边准确填写各检索项;

3. 检索项目有:全宗号、年度、保管期限、机构(问题)、起止件号、盒号。

(五)档案卷皮书写要求

1. 封面项目有:立档单位名称、类目名称、案卷名称、文件起止日期、页数、保管期限;

2. 档案卷皮背脊项目有:全宗号、目录号、案卷号、案卷标题、年度、保管期限。

(六)填写卷末或盒底备考表

每卷卷尾或盒底应放置备考表,备考表项目包括:盒(卷)内文件情况说明、整理人、检查人和日期,说明卷(盒)内文件缺损、修改、补充、移出、销毁等情况,填写立卷人、检查人和时间,以示负责。

(七)编制立卷说明或归档文件整理说明

各立档单位在整理完毕当年的档案后,必须编制立卷说明或归档文件整理说明,打印 6 份，4 份放永久档案的归档文件目录册里，置于索引的前面。一份放全宗卷里，一份存档。

立卷说明或归档文件整理说明应简单扼要地反映立档单位基本情况及全宗内案卷数量、分类原则、整理状况、存在问题等。

(八)案卷排列及编制案卷目录

1. 案卷的排列格式

依照"档案分类方案"对案卷进行系统排列，采用保管期限、年度、组织机构（或问题）的排列方法。

2. 编制档案案卷目录

案卷目录由案卷号、题名、年度、页数、保管期限、备注等组成，应对照案卷封面上的内容准确填写，可以多年编成一本。

(九)编制档案全引目录或归档文件目录册

档案整理完毕后必须编制档案全引目录或归档文件目录册。

1. 档案全引目录

档案全引目录由立卷说明、案卷目录和卷内文件目录组成。须按照案卷的排列顺序，逐卷填写。

2. 归档文件目录册

归档文件目录册由归档文件整理说明、归档文件目录索引、归档文件目录组成。用档案部门制作的专用归档文件目录夹单独装订成册。

3. 归档文件目录索引

归档文件目录索引的内容有盒号、保管期限、年度、问题、页次。

4. 归档文件目录夹封面的填写

全宗名称填写立档单位的全称或规范的简称；年度填写档案的形成年度；保管期限填写永久、30 年（或长期）、10 年（或短期）；问题栏填大类名称。

(十)档案排架

排架方法：在同一保管期限中，按年度顺序，从左至右，从上至下。

附　录

党政机关公文处理工作条例

（中办发〔2012〕14 号）
（2012 年 4 月 16 日由中共中央办公厅和国务院办公厅联合印发）

第一章　总　　则

第一条　为了适应中国共产党机关和国家行政机关（以下简称党政机关）工作需要，推进党政机关公文处理工作科学化、制度化、规范化，制定本条例。

第二条　本条例适用于各级党政机关公文处理工作。

第三条　党政机关公文是党政机关实施领导、履行职能、处理公务的具有特定效力和规范体式的文书，是传达贯彻党和国家的方针政策，公布法规和规章，指导、布置和商洽工作，请示和答复问题，报告、通报和交流情况等的重要工具。

第四条　公文处理工作是指公文拟制、办理、管理等一系列相互关联、衔接有序的工作。

第五条　公文处理工作应当坚持实事求是、准确规范、精简高效、安全保密的原则。

第六条　各级党政机关应当高度重视公文处理工作，加强组织领导，强化队伍建设，设立文秘部门或者由专人负责公文处理工作。

第七条　各级党政机关办公厅（室）主管本机关的公文处理工作，并对下级机关的公文处理工作进行业务指导和督促检查。

第二章　公文种类

第八条　公文种类主要有：

（一）决议。适用于会议讨论通过的重大决策事项。

（二）决定。适用于对重要事项作出决策和部署、奖惩有关单位和人员、变更或者撤销下级机关不适当的决定事项。

（三）命令（令）。适用于公布行政法规和规章、宣布施行重大强制性措施、批准授予和晋升衔级、嘉奖有关单位和人员。

（四）公报。适用于公布重要决定或者重大事项。

（五）公告。适用于向国内外宣布重要事项或者法定事项。

（六）通告。适用于在一定范围内公布应当遵守或者周知的事项。

（七）意见。适用于对重要问题提出见解和处理办法。

（八）通知。适用于发布、传达要求下级机关执行和有关单位周知或者执行的事项，批转、转发公文。

（九）通报。适用于表彰先进、批评错误、传达重要精神和告知重要情况。

（十）报告。适用于向上级机关汇报工作、反映情况，回复上级机关的询问。

（十一）请示。适用于向上级机关请求指示、批准。

（十二）批复。适用于答复下级机关请示事项。

（十三）议案。适用于各级人民政府按照法律程序向同级人民代表大会或者人民代表大会常务委员会提请审议事项。

（十四）函。适用于不相隶属机关之间商洽工作、询问和答复问题、请求批准和答复审批事项。

（十五）纪要。适用于记载会议主要情况和议定事项。

第三章　公文格式

第九条　公文一般由份号、密级和保密期限、紧急程度、发文机关标志、发文字号、签发人、标题、主送机关、正文、附件说明、发文机关署名、成文日期、印章、附注、附件、抄送机关、印发机关和印发日期、页码等组成。

（一）份号。公文印制份数的顺序号。涉密公文应当标注份号。

（二）密级和保密期限。公文的秘密等级和保密的期限。涉密公文应当根据涉密程度分别标注"绝密""机密""秘密"和保密期限。

（三）紧急程度。公文送达和办理的时限要求。根据紧急程度，紧急公文应当分别标注"特急""加急"，电报应当分别标注"特提""特急""加急""平急"。

（四）发文机关标志。由发文机关全称或者规范化简称加"文件"二字组成，也可以使用发文机关全称或者规范化简称。联合行文时，发文机关标志可以并用联合发文机关名称，也可以单独用主办机关名称。

（五）发文字号。由发文机关代字、年份、发文顺序号组成。联合行文时，使用主办机关的发文字号。

（六）签发人。上行文应当标注签发人姓名。

（七）标题。由发文机关名称、事由和文种组成。

（八）主送机关。公文的主要受理机关，应当使用机关全称、规范化简称或者同类型机关统称。

（九）正文。公文的主体，用来表述公文的内容。

（十）附件说明。公文附件的顺序号和名称。

（十一）发文机关署名。署发文机关全称或者规范化简称。

（十二）成文日期。署会议通过或者发文机关负责人签发的日期。联合行文时，署最后签发机关负责人签发的日期。

（十三）印章。公文中有发文机关署名的，应当加盖发文机关印章，并与署名机关相符。有特定发文机关标志的普发性公文和电报可以不加盖印章。

（十四）附注。公文印发传达范围等需要说明的事项。

（十五）附件。公文正文的说明、补充或者参考资料。

（十六）抄送机关。除主送机关外需要执行或者知晓公文内容的其他机关，应当使用机关全称、规范化简称或者同类型机关统称。

（十七）印发机关和印发日期。公文的送印机关和送印日期。

（十八）页码。公文页数顺序号。

第十条　公文的版式按照《党政机关公文格式》国家标准执行。

第十一条　公文使用的汉字、数字、外文字符、计量单位和标点符号等，按照有关国家标准和规定执行。民族自治地方的公文，可以并用汉字和当地通用的少数民族文字。

第十二条　公文用纸幅面采用国际标准 A4 型。特殊形式的公文用纸幅面，根据实际需要确定。

第四章　行文规则

第十三条　行文应当确有必要，讲求实效，注重针对性和可操作性。

第十四条　行文关系根据隶属关系和职权范围确定。一般不得越级行文，特殊情况需要越级行文的，应当同时抄送被越过的机关。

第十五条　向上级机关行文，应当遵循以下规则：

（一）原则上主送一个上级机关，根据需要同时抄送相关上级机关和同级机关，不抄送下级机关。

（二）党委、政府的部门向上级主管部门请示、报告重大事项，应当经本级党委、政府同意或者授权；属于部门职权范围内的事项应当直接报送上级主管部门。

（三）下级机关的请示事项，如需以本机关名义向上级机关请示，应当提出倾向性意见后上报，不得原文转报上级机关。

（四）请示应当一文一事。不得在报告等非请示性公文中夹带请示事项。

（五）除上级机关负责人直接交办事项外，不得以本机关名义向上级机关负责人报送公文，不得以本机关负责人名义向上级机关报送公文。

（六）受双重领导的机关向一个上级机关行文，必要时抄送另一个上级机关。

第十六条　向下级机关行文，应当遵循以下规则：

（一）主送受理机关，根据需要抄送相关机关。重要行文应当同时抄送发文机关的直接上级机关。

（二）党委、政府的办公厅（室）根据本级党委、政府授权，可以向下级党委、政府行文，其他部门和单位不得向下级党委、政府发布指令性公文或者在公文中向下级党委、政府提出指令性要求。需经政府审批的具体事项，经政府同意后可以由政府职能部门行文，文中须注明已经政府同意。

（三）党委、政府的部门在各自职权范围内可以向下级党委、政府的相关部门行文。

（四）涉及多个部门职权范围内的事务，部门之间未协商一致的，不得向下行文；擅自行文的，上级机关应当责令其纠正或者撤销。

（五）上级机关向受双重领导的下级机关行文，必要时抄送该下级机关的另一个上级机关。

第十七条　同级党政机关、党政机关与其他同级机关必要时可以联合行文。属于党委、政府各自职权范围内的工作，不得联合行文。

党委、政府的部门依据职权可以相互行文。

部门内设机构除办公厅(室)外不得对外正式行文。

第五章　公文拟制

第十八条　公文拟制包括公文的起草、审核、签发等程序。

第十九条　公文起草应当做到：

（一）符合党的理论路线方针政策和国家法律法规，完整准确体现发文机关意图，并同现行有关公文相衔接。

（二）一切从实际出发，分析问题实事求是，所提政策措施和办法切实可行。

（三）内容简洁，主题突出，观点鲜明，结构严谨，表述准确，文字精练。

（四）文种正确，格式规范。

（五）深入调查研究，充分进行论证，广泛听取意见。

（六）公文涉及其他地区或者部门职权范围内的事项，起草单位必须征求相关地区或者部门意见，力求达成一致。

（七）机关负责人应当主持、指导重要公文起草工作。

第二十条　公文文稿签发前，应当由发文机关办公厅(室)进行审核。审核的重点是：

（一）行文理由是否充分，行文依据是否准确。

（二）内容是否符合党的理论路线方针政策和国家法律法规；是否完整准确体现发文机关意图；是否同现行有关公文相衔接；所提政策措施和办法是否切实可行。

（三）涉及有关地区或者部门职权范围内的事项是否经过充分协商并达成一致意见。

（四）文种是否正确，格式是否规范；人名、地名、时间、数字、段落顺序、引文等是否准确；文字、数字、计量单位和标点符号等用法是否规范。

（五）其他内容是否符合公文起草的有关要求。

需要发文机关审议的重要公文文稿，审议前由发文机关办公厅(室)进行初核。

第二十一条　经审核不宜发文的公文文稿，应当退回起草单位并说明理由；符合发文条件但内容需作进一步研究和修改的，由起草单位修改后重新报送。

第二十二条　公文应当经本机关负责人审批签发。重要公文和上行文由机关主要负责人签发。党委、政府的办公厅(室)根据党委、政府授权制发的公文，由受权机关主要负责人签发或者按照有关规定签发。签发人签发公文，应当签署意见、姓名和完整日期；圈阅或者签名的，视为同意。联合发文由所有联署机关的负责人会签。

第六章　公文办理

第二十三条　公文办理包括收文办理、发文办理和整理归档。

第二十四条　收文办理主要程序是：

（一）签收。对收到的公文应当逐件清点，核对无误后签字或者盖章，并注明签收时间。

（二）登记。对公文的主要信息和办理情况应当详细记载。

（三）初审。对收到的公文应当进行初审。初审的重点是：是否应当由本机关办理，是否符合行文规则，文种、格式是否符合要求，涉及其他地区或者部门职权范围内的事项是否已经协商、会签，是否符合公文起草的其他要求。经初审不符合规定的公文，应当及时退回来文单位并说明理由。

（四）承办。阅知性公文应当根据公文内容、要求和工作需要确定范围后分送。批办性公文应当提出拟办意见报本机关负责人批示或者转有关部门办理；需要两个以上部门办理的，应当明确主办部门。紧急公文应当明确办理时限。承办部门对交办的公文应当及时办理，有明确办理时限要求的应当在规定时限内办理完毕。

（五）传阅。根据领导批示和工作需要将公文及时送传阅对象阅知或者批示。办理公文传阅应当随时掌握公文去向，不得漏传、误传、延误。

（六）催办。及时了解掌握公文的办理进展情况，督促承办部门按期办结。紧急公文或者重要公文应当由专人负责催办。

（七）答复。公文的办理结果应当及时答复来文单位，并根据需要告知相关单位。

第二十五条　发文办理主要程序是：

（一）复核。已经发文机关负责人签批的公文，印发前应当对公文的审批手续、内容、文种、格式等进行复核；需作实质性修改的，应当报原签批人复审。

（二）登记。对复核后的公文，应当确定发文字号、分送范围和印制份数并详细记载。

（三）印制。公文印制必须确保质量和时效。涉密公文应当在符合保密要求的场所印制。

（四）核发。公文印制完毕，应当对公文的文字、格式和印刷质量进行检查后分发。

第二十六条　涉密公文应当通过机要交通、邮政机要通信、城市机要文件交换站或者收发件机关机要收发人员进行传递，通过密码电报或者符合国家保密规定的计算机信息系统进行传输。

第二十七条　需要归档的公文及有关材料，应当根据有关档案法律法规以及机关档案管理规定，及时收集齐全、整理归档。两个以上机关联合办理的公文，原件由主办机关归档，相关机关保存复制件。机关负责人兼任其他机关职务的，在履行所兼职务过程中形成的公文，由其兼职机关归档。

第七章　公文管理

第二十八条　各级党政机关应当建立健全本机关公文管理制度，确保管理严格规范，充分发挥公文效用。

第二十九条　党政机关公文由文秘部门或者专人统一管理。设立党委（党组）的县级以上单位应当建立机要保密室和机要阅文室，并按照有关保密规定配备工作人员和必要的安全保密设施设备。

第三十条　公文确定密级前，应当按照拟定的密级先行采取保密措施。确定密级后，应当按照所定密级严格管理。绝密级公文应当由专人管理。

公文的密级需要变更或者解除的，由原确定密级的机关或者其上级机关决定。

第三十一条　公文的印发传达范围应当按照发文机关的要求执行；需要变更的，应当经发文机关批准。

涉密公文公开发布前应当履行解密程序。公开发布的时间、形式和渠道，由发文机关确定。

经批准公开发布的公文，同发文机关正式印发的公文具有同等效力。

第三十二条　复制、汇编机密级、秘密级公文，应当符合有关规定并经本机关负责人批准。绝密级公文一般不得复制、汇编，确有工作需要的，应当经发文机关或者其上级机关批准。复制、汇编的公文视同原件管理。

复制件应当加盖复制机关戳记。翻印件应当注明翻印的机关名称、日期。汇编本的密级按照编入公文的最高密级标注。

第三十三条　公文的撤销和废止，由发文机关、上级机关或者权力机关根据职权范围和有关法律法规决定。公文被撤销的，视为自始无效；公文被废止的，视为自废止之日起失效。

第三十四条　涉密公文应当按照发文机关的要求和有关规定进行清退或者销毁。

第三十五条　不具备归档和保存价值的公文，经批准后可以销毁。销毁涉密公文必须严格按照有关规定履行审批登记手续，确保不丢失、不漏销。个人不得私自销毁、留存涉密公文。

第三十六条　机关合并时，全部公文应当随之合并管理；机关撤销时，需要归档的公文经整理后按照有关规定移交档案管理部门。

工作人员离岗离职时，所在机关应当督促其将暂存、借用的公文按照有关规定移交、清退。

第三十七条　新设立的机关应当向本级党委、政府的办公厅（室）提出发文立户申请。经审查符合条件的，列为发文单位，机关合并或者撤销时，相应进行调整。

第八章　附　　则

第三十八条　党政机关公文含电子公文。电子公文处理工作的具体办法另行制定。

第三十九条　法规、规章方面的公文，依照有关规定处理。外事方面的公文，依照外事主管部门的有关规定处理。

第四十条　其他机关和单位的公文处理工作，可以参照本条例执行。

第四十一条　本条例由中共中央办公厅、国务院办公厅负责解释。

第四十二条　本条例自2012年7月1日起施行。1996年5月3日中共中央办公厅发布的《中国共产党机关公文处理条例》和2000年8月24日国务院发布的《国家行政机关公文处理办法》停止执行。

党政机关公文格式

（中华人民共和国国家标准 GB/T 9704—2012）

（国家质量监督检验检疫总局、国家标准化管理委员会 2012 年 6 月 29 日公布）

1　范围

本标准规定了党政机关公文通用的纸张要求、排版和印制装订要求、公文格式各要素的编排规则，并给出了公文的式样。

本标准适用于各级党政机关制发的公文。其他机关和单位的公文可以参照执行。

使用少数民族文字印制的公文，其用纸、幅面尺寸及版面、印制等要求按照本标准执行，其余可以参照本标准并按照有关规定执行。

2　规范性引用文件

下列文件对于本标准的应用是必不可少的。凡是注日期的引用文件，仅所注日期的版本适用于本标准。凡是不注日期的引用文件，其最新版本（包括所有的修改单）适用于本标准。

GB/T 148 印刷、书写和绘图纸幅面尺寸

GB 3100 国际单位制及其应用

GB 3101 有关量、单位和符号的一般原则

GB 3102（所有部分）量和单位

GB/T 15834 标点符号用法

GB/T 15835 出版物上数字用法

3　术语和定义

下列术语和定义适用于本标准。

3.1　字　word

标示公文中横向距离的长度单位。在本标准中，一字指一个汉字宽度的距离。

3.2　行　line

标示公文中纵向距离的长度单位。在本标准中，一行指一个汉字的高度加 3 号汉字高度的 7/8 的距离。

4　公文用纸主要技术指标

公文用纸一般使用纸张定量为 $60 \text{ g/m}^2 \sim 80 \text{ g/m}^2$ 的胶版印刷纸或复印纸。纸张白度 80％～90％，横向耐折度≥15 次，不透明度≥85％，pH 值为 7.5～9.5。

5　公文用纸幅面尺寸及版面要求

5.1　幅面尺寸

公文用纸采用 GB/T 148 中规定的 A4 型纸，其成品幅面尺寸为：210 mm × 297 mm。

5.2　版面要求

5.2.1　页边与版心尺寸

公文用纸天头（上白边）为 37 mm±1 mm，公文用纸订口（左白边）为 28 mm±1 mm，版心尺寸为 156 mm×225 mm。

5.2.2　字体和字号

如无特殊说明，公文格式各要素一般用 3 号仿宋体字。特定情况可以作适当调整。

5.2.3　行数和字数

一般每面排 22 行，每行排 28 个字，并撑满版心。特定情况可以作适当调整。

5.2.4　文字的颜色

如无特殊说明，公文中文字的颜色均为黑色。

6　印制装订要求

6.1　制版要求

版面干净无底灰，字迹清楚无断画，尺寸标准，版心不斜，误差不超过 1 mm。

6.2　印刷要求

双面印刷；页码套正，两面误差不超过 2 mm。黑色油墨应当达到色谱所标 BL 100％，红色油墨应当达到色谱所标 Y80％、M80％。印品着墨实、均匀；字面不花、不白、无断画。

6.3　装订要求

公文应当左侧装订，不掉页，两页页码之间误差不超过 4 mm，裁切后的成品尺寸允许误差±2 mm，四角成 90°，无毛茬或缺损。

骑马订或平订的公文应当：

a)订位为两钉外订眼距版面上下边缘各 70 mm 处，允许误差±4 mm；

b)无坏钉、漏钉、重钉，钉脚平伏牢固；

c)骑马订钉锯均订在折缝线上，平订钉锯与书脊间的距离为 3 mm～5 mm。

包本装订公文的封皮（封面、书脊、封底）与书芯应吻合、包紧、包平、不脱落。

7　公文格式各要素编排规则

7.1　公文格式各要素的划分

本标准将版心内的公文格式各要素划分为版头、主体、版记三部分。公文首页红色分隔线以上的部分称为版头；公文首页红色分隔线（不含）以下、公文末页首条分隔线（不含）以上的部分称为主体；公文末页首条分隔线以下、末条分隔线以上的部分称为版记。

页码位于版心外。

7.2　版头

7.2.1　份号

如需标注份号，一般用 6 位 3 号阿拉伯数字，顶格编排在版心左上角第一行。

7.2.2　密级和保密期限

如需标注密级和保密期限，一般用 3 号黑体字，顶格编排在版心左上角第二行；

保密期限中的数字用阿拉伯数字标注。

7.2.3　紧急程度

如需标注紧急程度，一般用 3 号黑体字，顶格编排在版心左上角；如需同时标注份号、密级和保密期限、紧急程度，按照份号、密级和保密期限、紧急程度的顺序自上而下分行排列。

7.2.4　发文机关标志

由发文机关全称或者规范化简称加"文件"二字组成，也可以使用发文机关全称或者规范化简称。

发文机关标志居中排布，上边缘至版心上边缘为 35 mm，推荐使用小标宋体字，颜色为红色，以醒目、美观、庄重为原则。

联合行文时，如需同时标注联署发文机关名称，一般应当将主办机关名称排列在前；如有"文件"二字，应当置于发文机关名称右侧，以联署发文机关名称为准上下居中排布。

7.2.5　发文字号

编排在发文机关标志下空二行位置，居中排布。年份、发文顺序号用阿拉伯数字标注；年份应标全称，用六角括号"〔　〕"括入；发文顺序号不加"第"字，不编虚位（即 1 不编为 01），在阿拉伯数字后加"号"字。

上行文的发文字号居左空一字编排，与最后一个签发人姓名处在同一行。

7.2.6　签发人

由"签发人"三字加全角冒号和签发人姓名组成，居右空一字，编排在发文机关标志下空二行位置。"签发人"三字用 3 号仿宋体字，签发人姓名用 3 号楷体字。

如有多个签发人，签发人姓名按照发文机关的排列顺序从左到右、自上而下依次均匀编排，一般每行排两个姓名，回行时与上一行第一个签发人姓名对齐。

7.2.7　版头中的分隔线

发文字号之下 4mm 处居中印一条与版心等宽的红色分隔线。

7.3　主体

7.3.1　标题

一般用 2 号小标宋体字，编排于红色分隔线下空二行位置，分一行或多行居中排布；回行时，要做到词意完整，排列对称，长短适宜，间距恰当，标题排列应当使用梯形或菱形。

7.3.2　主送机关

编排于标题下空一行位置，居左顶格，回行时仍顶格，最后一个机关名称后标全角冒号。如主送机关名称过多导致公文首页不能显示正文时，应当将主送机关名称移至版记，标注方法见 7.4.2。

7.3.3　正文

公文首页必须显示正文。一般用 3 号仿宋体字，编排于主送机关名称下一行，每个自然段左空二字，回行顶格。文中结构层次序数依次可以用"一、""（一）""1.""（1）"标注；一般第一层用黑体字、第二层用楷体字、第三层和第四层用仿宋体字标注。

7.3.4　附件说明

如有附件，在正文下空一行左空二字编排"附件"二字，后标全角冒号和附件名称。如有多个附件，使用阿拉伯数字标注附件顺序号（如"附件：1.　××××××"）；附件名称后不加标点符号。附件名称较长需回行时，应当与上一行附件名称的首字对齐。

7.3.5　发文机关署名、成文日期和印章

7.3.5.1　加盖印章的公文

成文日期一般右空四字编排，印章用红色，不得出现空白印章。

单一机关行文时，一般在成文日期之上、以成文日期为准居中编排发文机关署名，印章端正、居中下压发文机关署名和成文日期，使发文机关署名和成文日期居印章中心偏下位置，印章顶端应当上距正文（或附件说明）一行之内。

联合行文时，一般将各发文机关署名按照发文机关顺序整齐排列在相应位置，并将印章一一对应、端正、居中下压发文机关署名，最后一个印章端正、居中下压发文机关署名和成文日期，印章之间排列整齐、互不相交或相切，每排印章两端不得超出版心，首排印章顶端应当上距正文（或附件说明）一行之内。

7.3.5.2　不加盖印章的公文

单一机关行文时，在正文（或附件说明）下空一行右空二字编排发文机关署名，在发文机关署名下一行编排成文日期，首字比发文机关署名首字右移二字，如成文日期长于发文机关署名，应当使成文日期右空二字编排，并相应增加发文机关署名右空字数。

联合行文时，应当先编排主办机关署名，其余发文机关署名依次向下编排。

7.3.5.3　加盖签发人签名章的公文

单一机关制发的公文加盖签发人签名章时，在正文（或附件说明）下空二行右空四字加盖签发人签名章，签名章左空二字标注签发人职务，以签名章为准上下居中排布。在签发人签名章下空一行右空四字编排成文日期。

联合行文时，应当先编排主办机关签发人职务、签名章，其余机关签发人职务、签名章依次向下编排，与主办机关签发人职务、签名章上下对齐；每行只编排一个机关的签发人职务、签名章；签发人职务应当标注全称。

签名章一般用红色。

7.3.5.4　成文日期中的数字

用阿拉伯数字将年、月、日标全，年份应标全称，月、日不编虚位（即 1 不编为01）。

7.3.5.5　特殊情况说明

当公文排版后所剩空白处不能容下印章或签发人签名章、成文日期时，可以采取调整行距、字距的措施解决。

7.3.6　附注

如有附注，居左空二字加圆括号编排在成文日期下一行。

7.3.7　附件

附件应当另面编排，并在版记之前，与公文正文一起装订。"附件"二字及附件顺

序号用 3 号黑体字顶格编排在版心左上角第一行。附件标题居中编排在版心第三行。附件顺序号和附件标题应当与附件说明的表述一致。附件格式要求同正文。

如附件与正文不能一起装订，应当在附件左上角第一行顶格编排公文的发文字号并在其后标注"附件"二字及附件顺序号。

7.4 版记

7.4.1 版记中的分隔线

版记中的分隔线与版心等宽，首条分隔线和末条分隔线用粗线（推荐高度为 0.35 mm），中间的分隔线用细线（推荐高度为 0.25 mm）。首条分隔线位于版记中第一个要素之上，末条分隔线与公文最后一面的版心下边缘重合。

7.4.2 抄送机关

如有抄送机关，一般用 4 号仿宋体字，在印发机关和印发日期之上一行、左右各空一字编排。"抄送"二字后加全角冒号和抄送机关名称，回行时与冒号后的首字对齐，最后一个抄送机关名称后标句号。

如需把主送机关移至版记，除将"抄送"二字改为"主送"外，编排方法同抄送机关。既有主送机关又有抄送机关时，应当将主送机关置于抄送机关之上一行，之间不加分隔线。

7.4.3 印发机关和印发日期

印发机关和印发日期一般用 4 号仿宋体字，编排在末条分隔线之上，印发机关左空一字，印发日期右空一字，用阿拉伯数字将年、月、日标全，年份应标全称，月、日不编虚位（即 1 不编为 01），后加"印发"二字。

版记中如有其他要素，应当将其与印发机关和印发日期用一条细分隔线隔开。

7.5 页码

一般用 4 号半角宋体阿拉伯数字，编排在公文版心下边缘之下，数字左右各放一条一字线；一字线上距版心下边缘 7 mm。单页码居右空一字，双页码居左空一字。公文的版记页前有空白页的，空白页和版记页均不编排页码。公文的附件与正文一起装订时，页码应当连续编排。

8 公文中的横排表格

A4 纸型的表格横排时，页码位置与公文其他页码保持一致，单页码表头在订口一边，双页码表头在切口一边。

9 公文中计量单位、标点符号和数字的用法

公文中计量单位的用法应当符合 GB 3100、GB 3101 和 GB 3102（所有部分），标点符号的用法应当符合 GB/T 15834，数字用法应当符合 GB/T 15835。

10 公文的特定格式

10.1 信函格式

发文机关标志使用发文机关全称或者规范化简称，居中排布，上边缘至上页边为 30 mm，推荐使用红色小标宋体字。联合行文时，使用主办机关标志。

发文机关标志下 4 mm 处印一条红色双线（上粗下细），距下页边 20 mm 处印一条红色双线(上细下粗),线长均为 170 mm,居中排布。

如需标注份号、密级和保密期限、紧急程度,应当顶格居版心左边缘编排在第一条红色双线下,按照份号、密级和保密期限、紧急程度的顺序自上而下分行排列,第一个要素与该线的距离为 3 号汉字高度的 7/8。

发文字号顶格居版心右边缘编排在第一条红色双线下,与该线的距离为 3 号汉字高度的 7/8。

标题居中编排,与其上最后一个要素相距二行。

第二条红色双线上一行如有文字,与该线的距离为 3 号汉字高度的 7/8。

首页不显示页码。

版记不加印发机关和印发日期、分隔线,位于公文最后一面版心内最下方。

10.2 命令(令)格式

发文机关标志由发文机关全称加"命令"或"令"字组成,居中排布,上边缘至版心上边缘为 20 mm,推荐使用红色小标宋体字。

发文机关标志下空二行居中编排令号,令号下空二行编排正文。

签发人职务、签名章和成文日期的编排见 7.3.5.3。

10.3 纪要格式

纪要标志由"×××××纪要"组成,居中排布,上边缘至版心上边缘为 35 mm,推荐使用红色小标宋体字。

标注出席人员名单,一般用 3 号黑体字,在正文或附件说明下空一行左空二字编排"出席"二字,后标全角冒号,冒号后用 3 号仿宋体字标注出席人单位、姓名,回行时与冒号后的首字对齐。

标注请假和列席人员名单,除依次另起一行并将"出席"二字改为"请假"或"列席"外,编排方法同出席人员名单。

纪要格式可以根据实际制定。

11 式样

A4 型公文用纸页边及版心尺寸见图 1;公文首页版式见图 2;联合行文公文首页版式 1 见图 3;联合行文公文首页版式 2 见图 4;公文末页版式 1 见图 5;公文末页版式 2 见图 6;联合行文公文末页版式 1 见图 7;联合行文公文末页版式 2 见图 8;附件说明页版式见图 9;带附件公文末页版式见图 10;信函格式首页版式见图 11;命令(令)格式首页版式见图 12。

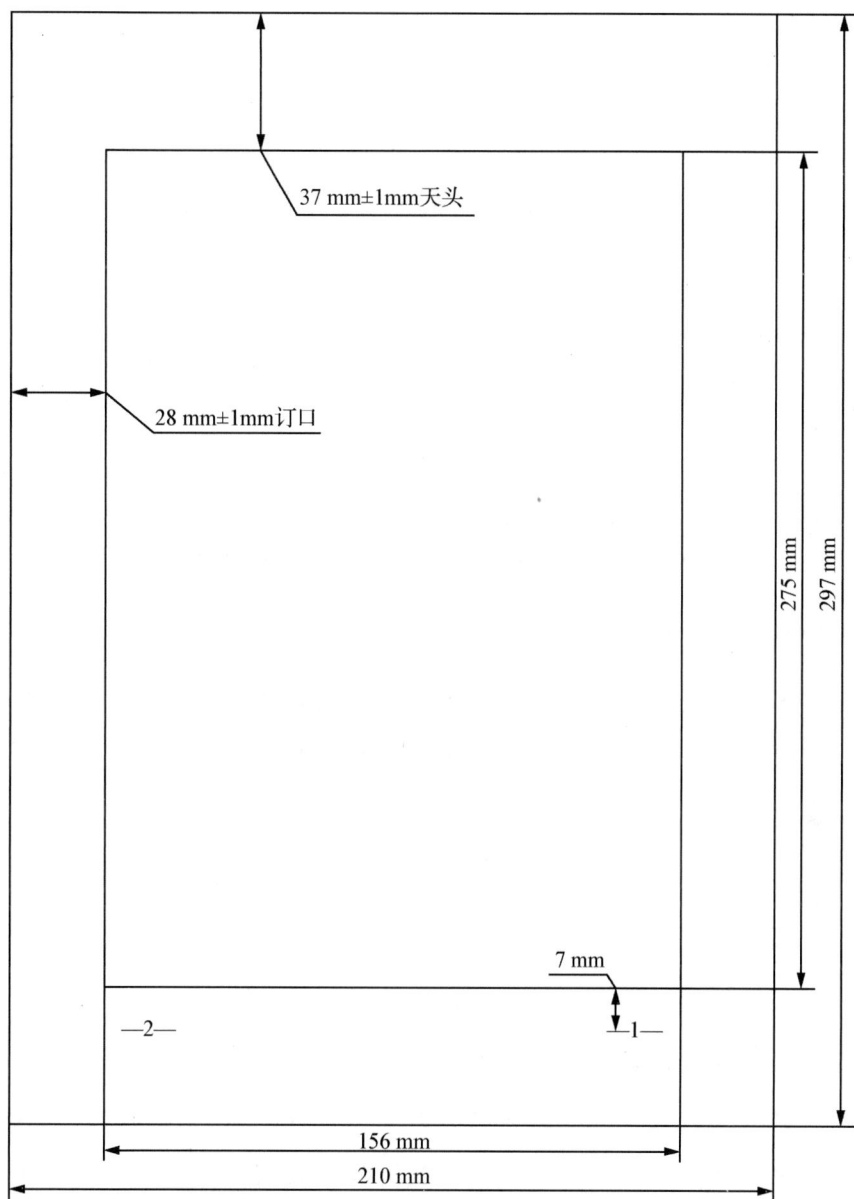

37 mm±1mm天头

28 mm±1mm订口

275 mm

297 mm

7 mm

—2—

—1—

156 mm

210 mm

图1 A4型公文用纸页边及版心尺寸

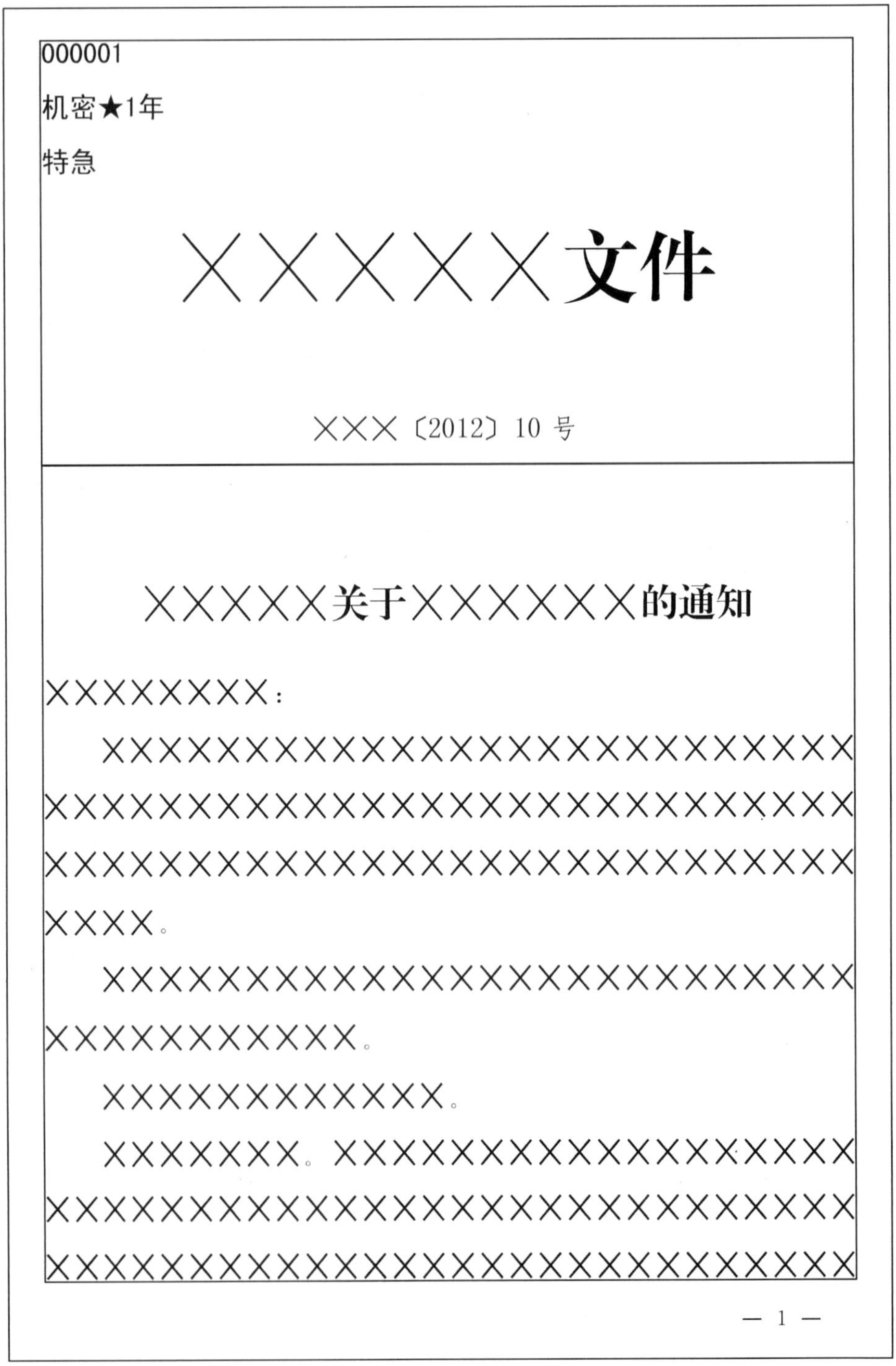

000001

机密★1年

特急

××××××文件

×××〔2012〕10 号

×××××关于××××××的通知

×××××××××:

　　×××××××××××××××××××××××

×××××××××××××××××××××××××

×××××××××××××××××××××××××

××××。

　　×××××××××××××××××××××××

××××××××××。

　　××××××××××。

　　××××××。××××××××××××××××

××××××××××××××××××××××××××

××××××××××××××××××××××××

— 1 —

图 2　公文首页版式

注：版心实线框仅为示意，在印制公文时并不印出。

000001

机密★1年

特急

$$\times\times\times\times\times\times$$
$$\times \quad \times \quad \times \quad \text{文件}$$
$$\times\times\times\times\times$$

×××〔2012〕10 号

×××××××关于×××××××的通知

×××××××××：

　　×××××××××××××××××××××××××。
×××××××××××××××××××××××××××
×××××××××××××××××××××××××××
×××××××××××××××××××××××××××
××××。
××××××××××××××××××××××××××××

图 3　联合行文公文首页版式 1

注：版心实线框仅为示意，在印制公文时并不印出。

000001

机　密

特　急

$$\times \times \times \times \times \times$$

$$\times \qquad \times \qquad \times$$

$$\times \times \times \times \times$$

签发人：×××　×××

×××〔2012〕10 号　　　　　　　　×××

×××××关于×××××××的请示

×××××××：

　　×××××××××××××××××××××××××××××××

××××××××××××××××××××××××××××××××××

××××××××××××××××××××××××××××××××××

×××。

　　××××××××××××××××××××××××××××××

— 1 —

图 4　联合行文公文首页版式 2

注：版心实线框仅为示意，在印制公文时并不印出。

XXXXXXXXXXXXXXXX。

　XXXXXXXXXXXXXXXXXXXXXXX

XXXXXXXXXXXXXXXXXXXXXXXXX

XXXXXXXXXX。

（XXXXX）

抄送：XXXXXXXX，XXXXXX，XXXXX，XXXXX，
　　　XXXXX。

XXXXXXXXX　　　　　　　2012 年 7 月 1 日印发

— 2 —

图 5　公文末页版式 1

注：版心实线框仅为示意，在印制公文时并不印出。

XXXXXXXXXXXXXXX。

　　XXXXXXXXXXXXXXXXXXXXX

XXXXXXXXXXXXXXXXXXXXXXX

XXXXXXXX。

　　　　　　　　XXXXXXXXXXX

　　　　　　　　2012 年 7 月 1 日

（XXXXX）

抄送：XXXXXXXXX，XXXXXX，XXXXX，XXXXX，
　　XXXX。

XXXXXXXX　　　　　　　2012 年 7 月 1 日印发

图 6　公文末页版式 2

注：版心实线框仅为示意，在印制公文时并不印出。

XXXXXXXXXXXXXX。

XXXXXXXXXXXXXXXXXXX
XXXXXXXXXXXXXXXXXXX
XXXXXXXXXX。

2012 年 7 月 1 日

(XXXXX)

抄送：XXXXXXXX，XXXXXXX，XXXXX，XXXXX，
XXXXX。

XXXXXXXX   2012 年 7 月 1 日印发

— 2 —

图 7 联合行文公文末页版式 1

注：版心实线框仅为示意，在印制公文时并不印出。

×××××××××××××××××。
　　×××××××××××××××××××××××
××××××××××××××××××××××××
××××××××××××。

2012 年 7 月 1 日

（×××××）

抄送：×××××××××，×××××××，×××××，×××××，
　　　×××××。

×××××××××　　　　　　　　2012 年 7 月 1 日印发

— 2 —

图 8　联合行文公文末页版式 2

注：版心实线框仅为示意，在印制公文时并不印出。

×××××××××××××××××。

　　×××。

　　附件：1. ××××××××××××××××××××××××××

　　　　　　×××××

　　　　　2. ×××××××××××××

　　　　　　　　　　　×××××××

　　　　　　　　　×　×　×　×

　　　　　　　　　　2012 年 7 月 1 日

（×××××）

图 9　附件说明页版式

注：版心实线框仅为示意，在印制公文时并不印出。

附件2

$$×××××××××××$$

　　×××××××××××××××××××××
×××××××××××××××××××××××
×××。
　　××××××××××××××××××××××
××××××××××××××××××××××××
×××××××××××××××××××××××
×××××××××××××××××××××××
×××××××××××××××××××××××
×××××××××××××××。

抄送：××××××××，××××××，×××××，×××××，
　　　×××××。

××××××××　　　　　　　　　　2012 年 7 月 1 日印发

图 10　带附件公文末页版式

注：版心实线框仅为示意，在印制公文时并不印出。

中华人民共和国×××××部

000001　　　　　　　　　　　　　×××〔2012〕10 号

机　密

特　急

×××××关于××××××的通知

×××××××:

　　×××××××××××××××××××××
××××××××××××××××××××××××
××××××××××××××××××××××××
×××××××××××××××××××××。

　　×××××××××××××××××××××××
××××××××××××××××××××××××
×××××××××××××××××××××××。

　　×××××××××××××××××××××××
××××××××××××××××××××××××
××××××××××××××××××××××××
××××××××××××××××××××××××
××××××××××××××××××××××××
××××××××××××××××××××××××
××××××××××××××××××××××××

图 11　信函格式首页版式

注:版心实线框仅为示意,在印制公文时并不印出。

××××××令

第×××号

×××。

部　长　×××

2012 年 7 月 1 日

— 1 —

图 12　命令（令）格式首页版式

注：版心实线框仅为示意，在印制公文时并不印出。

参考文献

1. 陈婵．应用文写作[M]．北京：中国铁道出版社，2010

2. 张振华．经济应用文写作教程[M]．北京：化学工业出版社，2011

3. 尹相如．新编实用写作教程[M]．北京：中国铁道出版社，2010

4. 曾玉宏，王素娟．新编应用写作教程[M]．武汉：武汉理工大学出版社，2011

5. 张美云，王丽．应用文写作[M]．北京：清华大学出版社，2014

6. 李娜．现代应用文写作[M]．北京：清华大学出版社，2012

7. 刘金同，张寿贤．应用文写作教程[M]．北京：清华大学出版社，2014

8. 张浩．新编政务信息稿写作指导与公文规范处理大全[M]．北京：工业大学出版社，2013

9. 张浩编著．广告文案写作格式与范本．北京：蓝天出版社，2005

10. 许彩国著．市场营销策划[M]．长沙：湖南大学出版社，2002

11. 匡仲潇主编．星级酒店活动策划与文书写作范本[M]．北京：化学工业出版社，2013

12. 常桦．企业文体活动策划与实施手册[M]．北京：中国工人出版社，2008

13. 李玺，叶升．企业活动策划——理论、方法与实务[M]．北京：清华大学出版社，2014

14. 王春泉．现代新闻写作(上)[M]．西安：西安出版社，2009

15. 王彬华编著．应用文写作基础[M]．成都：电子科技大学出版社，2005